일본문화의 선구자들

고마 도시로 저

임명수 · 문순희 역

　　1853년 7월, 미국의 페리(Matthew Calbraith Perry, 1974~1858) 제독이 이끌고 온 군함 페리Perry호가 일본의 우라가浦賀항에 도착했다. 갑판 위에서 수차례의 예포禮砲를 터뜨리며 병사들의 군장검열과 점호식을 거행하는 모습은, 우라가의 작은 항구 주민에게 엄청난 공포로 다가왔다. 페리 제독은 미국 대통령의 친서와 함께 일본의 개항을 요구하며 서양 물질문명의 위력을 유감없이 보여주었다.

　　페리호 사건(일명 구로부네黑船 사건) 이래 일본은 서양 문물을 수용할 것인가 아니면 쇄국정책을 고수할 것인가에 대한 선택의 기로에 놓였다. 16세기 이래로 계속 이어진 유럽의 팽창은 19세기에 이르러 기술력, 군사력 등에서 압도적으로 동양보다 우위에 선 모습을 보였다. 그리고 이것은 일본에게 심각한 충격을 던져 주었다. 일본은 서양 문명이라는 이질적인 문명으로부터 받은 충격에 대응하고, 거기에서 탈피해야 하는 운명에 처해졌던 것이다.

　　이처럼 근대 일본의 역사는 서양 문명의 충격 하에서 아시아의 한 문명이 보여준 대응의 기록이라 할 수 있다.

　　구舊를 버리고 신新을 취하는 일본의 근대화 정책은, 정부의 주도로 정치, 사회, 교육, 문화 등의 모든 분야에 걸쳐 급진적으로 실행되었다. 이러한 서양화의 급물결은 신분 계급의 해체와 가치관의 변화에까지 파고들어 일본인 본연의 근성(specialism)을 자극하는 결과를

3

가져오게 되었다.

일본의 전통적 학문과 기술(장인정신)을 고수해 온 그들에게 있어서 서양 문물을 여과 없이 수용한다는 것은 자신의 정체성을 포기한다는 것을 의미했다. 그들은 〈일본=서양〉이라는 공식, 즉 모방 원리에서 벗어나 서양 문물을 이용하여 모국에 접목시키는 이른바 절충의 노선을 택했던 것이다. 여기서 탄생한 것이 바로 화혼양재和魂洋才 정신이었다. 일본의 전통적 정신(근성)을 바탕으로 서양 기술을 수용한다는 의미일 것이다.

이러한 의미에서, 본 역서는 화혼양재 정신을 실천한 개척자들의 혼적이라 할 수 있다.

서양 오르간을 보고, 순수 국산 오르간 제작에 착수한 야마하 도라쿠스(山葉寅楠, 야마하 악기 설립자), 서양빵과 일본의 전통 만쥬(팥이 들어 있는 전통 생과자)와의 절충을 시도한 기무라木村 부자(일본 단팥빵의 효시 분에이도文英堂 설립자) 등의 고뇌에 찬 성공담 등은 일본인의 기발한 아이디어, 끈기, 그리고 개척정신을 실감나게 대변해 주고 있다.

물론 이 역서에는 근대화 이전(전국시대, 에도 시대)의 인물 이야기도 포함되어 있지만, 일본인 특유의 근성을 보여주고 있다는 점에서는 근대 시기의 인물들과 그 맥락을 같이하고 있다고 생각한다. 또한 일본에 기독교를 전파한 자비엘(Francisco Xavier)의 이야기는, 비록 시대적 배경은 전국시대이지만 일본의 서양과의 접촉이라는 면에서 그 의미를 찾을 수 있다고 하겠다.

일본의 근·현대문화는, 〈근대화〉의 실체를 바라보지 않고서는 이해할 수 없다. 우리는 당시의 그들의 충격과 대응 자세를 관찰함으로 써, 오늘날의 일본의 문화 상相을 피부로 느끼게 될 것이다.

그러한 의미에서 본 역서가 보여주고 있는 일본 근대사 속에서의 선구자적 인물 탐구는, 일본학 비교문화론 연구에 있어서 폭 넓은 시야와 발상의 실마리를 제공해 줌과 동시에 일본 문화와 일본인을 이해하는 데에 많은 도움을 주리라 확신한다.

본 역서에 등장하는 역사적 인물, 지명, 사항 등은 철저한 검증을 통하여 가능한 한 한글 표기법에 맞추어 기재했으며, 학술용어나, 표현이 어색한 부분은 각주를 활용하여 최대한 이해하기 쉽게 풀어 설명했다. 그럼에도 미진한 부분이 있다면 독자들의 기탄없는 질정을 바라는 바이다.

마지막으로 어려운 출판계의 사정에도 잘 팔리지도 않는 인문학 책을 흔쾌히 내 주신 도서출판 어문학사의 사장님께 감사드린다. 그리고 어려운 문장을 다듬어준 허선주, 정지영 등 제자들에게도 이 자리를 빌어 고마움을 전한다.

2007년 6월 18일
역자 일동

제1장 근대

—— 앙빵의 탄생

—— 오르간 이야기

—— 빨간 양철 깃발

제2장 전국·에도 시대

제1장

근대

앙빵의 탄생

아버지 야스베와 아들 에이자부로

에도江戶가 도쿄東京로 개칭되고 1년이 지났다.

익숙하지 않은 그 새로운 명칭을 좋아하는 사람들은 억양이 강한 사투리를 구사하는 서쪽 지방 등지에서 온 사람들이었으며, 300여 년 동안 이곳에서 태어나 살아온 사람들은 여전히 그리운 '에도'를 버리려 하지 않았다.

에도성은 도쿄성으로 바뀌고 주인 또한 바뀌었다. 장군이 황급히 떠나고 이어서 교토京都에서 장군보다 더 귀한 분이 긴 행렬을 지으며 엄숙한 분위기로 들어왔다.

그분은 하코네箱根의 관소를 지날 때 관문보다 가마가 높아 빠져나갈 수 없자 관문 밑의 땅을 파고 지나갔다고 한다. 그런 소문을 들으면서, 맑은 가을하늘 아래의 도오리마치通町에서는 고후쿠바시吳服橋를 지나 니시노마루西の丸를 지나가는 그 행렬을 맞이했다. 길 양쪽에 울타리를 만들고 요코마치橫町는 급하게 판자로 만든 울타리로 막아 버리는 등의 어마어마한 경호에 주눅이 들 정도였다.

온 시내에 축하주를 하사한다는 소문이 퍼지자 마을 곳곳에서 사람들이 술을 받으러 올라갔다. 마른 오징어 한 줄과 술통을 수레에 싣고 깃발을 높이 들어올리고 악기를 두드리며 끌고 갔다. 다음날부터는 하사받은 술을 마시며 3, 4일간 시중의 모든 가게가 쉬었다. 장식한 수레 페레이드와 함께 사람들이 나와 춤을 추기도 하면서 축제 분위기에 휩싸였다. 그때의 소란이 먼 옛날의 일 같은데 겨우 반년 전의 일이었다.

일왕이 도쿄로 입성한 다음날부터 변화가 일어났다.

사람들은 주변에 어떤 큰 변화가 일어나고 있다는 것은 실감하고 있었으나 그 변화의 실체와 영향 등에 대해서는 에도 주민들도 잘 이해할 수 없었다.

'도쿄'로 바뀌고 2년 째, 당시 눈에 띄던 것은 간사이關西 지방의 세련되지 못한 시골 사무라이가 조금씩 많아졌다는 것이다. 수도 이전으로 도쿄에 올라온 그들은 으쓱대며 주민들을 위협했고 가게에서는 물건값을 깎으려고 했다. 생활용품을 비롯하여 음식값을 깎고 연극의 입장료를 깎았으며 심지어 보리나 두부의 값까지 깎으려 하니 에도 주민들은 모두 그들을 싫어했다.

어쨌든 도쿄로 개칭된 '에도'는 아주 초라해졌다. 여러 곳에 빈집이 생겼고 그렇지 않아도 조용했던 무사 마을은 더욱 조용해졌다. 겸손을 미덕으로 여기지 않고 의지를 굽히려 하지 않는 강직한 무사들은 명주 깃발에 등을 돌리고 도호쿠東北 지방으로 떠났으며, 도호쿠로 가지 않은 사람들은 시즈오카靜岡의 순푸駿府로 간 도쿠가와德川 집안을 따라 에도를 떠났다. 그러한 혼란이 얼마 전의 일이었는데 무사들의 빈집에는 벌써 황량함이 감돌았다.

요즘 도쿄에서 유행하는 것은 골동품 가게와 점쟁이와 매춘부였다.

저녁에 불이 켜지기 시작할 때쯤 혼고本鄕, 요쓰야四谷, 간다神田 거리에서는 돗자리를 깔고 집안 대대로 전해진 생활용품이나 서화, 골동품, 심지어는 검까지 내다 파는 사람들이 나타났다. 밤바람에 흔들리는 등불로부터 얼굴을 피하듯 조용히 앉아 있는 그들은 이쪽에서 말을 걸지 않으면 얼굴도 들지 않았다. 생활의 기반을 잃은 하급 무사 가족들이 300여 년의 '에도'를 팔아먹는 초라한 모습이었다.

상가商家, 직업알선업도 과거에 무사 집안과 거래가 있었던 집안은 불이 꺼졌고, 인력거를 끄는 자가 활개 치는 세상이 되었다.

기무라 야스베木村安兵衛[1] 일가가 현재의 신바시新橋역 옆에 있는 시바히가게마치芝日陰町에 작은 가게를 연 것은 이러한 혼란 중이던 1869년이었다.

가게 이름은 '분에이도文英堂'였다. 잡화도 있었지만 특이한 물건도 팔았는데, 면포麵包라고 어려운 한자를 썼지만 그냥 빵 종류였다.

야스베는 1917년 히타치노쿠니常陸国 가와치군河内郡 다쿠무라田宮村[2] 농가의 차남으로 태어났다. 그리고 26, 27살 때는 시모우사노쿠니下総国 기타소마군北相馬郡 가와하라무라川原村 스나쓰바砂波의 기무라 집안에 양자로 들어갔다. 히타치노쿠니와 시모우사노쿠니, 나라 이름은 다르나 생가와 양가는 10킬로도 떨어져 있지 않았다.

---

[1] 1817~1889, 메이지 시대 실업가.

[2] 현 茨城県稲敷郡牛久.

양자로 들어간 기무라 집안은 오미近江의 가모군蒲生郡 출신으로 옛날에 선조가 지방관으로 종사하면서 이 지역으로 내려와 정착했다고 한다. 야스베는 이 집을 물려받아 '야스'라는 이름을 받게 되었다.

생가와는 비교가 안될 만큼 큰 농가였으나 이 가와하라다이 마을의 스나쓰바라는 곳은 지명으로도 추측할 수 있겠지만 수백 년 간 물로 인한 피해를 입은 지역이었다.

기타간토北関東의 산중에서 시작하는 고카이小貝강이 히타치노쿠니와 시모우사노쿠니의 국경을 흐르고 이리저리 굽이치며 오토네大利根로 흘러간다. 고카이강의 최단 하류 지역에 위치하는 스나쓰바에서 3킬로 정도 북쪽으로 가면 우시쿠牛久늪이 있는데 그 배수로인 핫켄八間강이 바로 위쪽에서 고카이강과 합류한다. 숲 사이의 구릉에서 펼쳐지는 옥토는 도네강, 기도강, 고카이강 등 간토평야의 대부분의 강물이 모여드는 홍수지대이기도 했다.

비가 오랫동안 계속되면 우시쿠늪의 물이 넘쳐흘렀는데 무엇보다 가장 무서운 것은 고카이강의 제방이 무너지는 일이었다. 야스베는 결혼 직후인 1844년 그 강물의 범람을 경험했다. 정성을 쏟은 논밭이 한순간에 황무지로 변해버렸다. 구릉지에 있었던 생가에서는 경험하지 못했던 물의 공포였다.

홍수는 그로부터 2년이 지난 후에도 일어났다. 1859년에는 태풍과 홍수라는 두 가지 피해를 입었다. 야스베가 양자의 몸으로 한 가정을 이끌고 고향을 떠날 결심을 한 것도 계속되는 물과의 전쟁에 이미 지친 상태였기 때문이 아닐까 생각된다.

에도에 온 야스베는 아는 사람의 소개로 후지도번藤堂藩의 시내 단속 일을 맡았다. 무진전쟁戊辰(1868)[3]이 시작되었을 무렵에는 산짓켄

보리三十間堀에 있었던 기슈번紀州藩의 창고지기를 했는데 무사라고 해도 신분은 아주 낮았고, 도쿠가와 막부의 붕괴와 함께 녹봉이 끊겼다.

이때 야스베는 52살로 빠른 세상의 변화에 대응하여 당시까지의 생활 방식을 신속하게 전환할 수 있는 나이가 아니었다. 사실 무사들의 대부분은 수백 년 동안 유지한 자신들의 신분을 바로 버릴 수 없었으며, 그들은 가구나 생활용품까지 파는 것을 감수하면서 생활 방식을 바꾸려 하지 않았다.

다행이도 야스베는 원래 무사집안 출신이 아니었기에 시내 단속관이나 창고지기라는 직업도 그저 살기 위한 수단으로 생각했다. 때문에 미련을 버리고 무사 생활을 청산할 수 있었던 것이다.

또 하나 운이 좋았던 점은 에이자부로英三朗라는 영리한 아들을 가진 것이었다. 야스베는 3남 1녀를 두었다. 이중에서 첫째 요시노스케義之助는 무사들의 녹이 끊긴 시점에 귀향하여 고향인 가와하라다이에 정착해 얼마 안 되는 땅을 일구며 살고 있었다. 차남은 에이자부로였고 막내는 기시로儀四郎였다.

에이자부로는 당시 19살이었는데 19살의 소년에게 있어서 메이지유신明治維新[4]은 바로 새로운 시대의 도래를 의미했다.

녹이 끊긴 상태에서 한 가정이 생활하기 위해서는 무엇인가 시작하지 않으면 안 되었다. 에이자부로는 빵집 개업을 계속 주장했다. 어떤 장사라도 이미 경험이 풍부한 오래된 가게들이 많았다. 무사 출신이 갑자기 그런 세계에 들어가서 경쟁하여 이길 도리가 없었다. 반

---

3 신정부군과 구막부 측과의 전쟁.
4 에도막부가 붕괴되고 일왕을 중심으로 하는 신정부가 성립되는 과정.

면에 빵집은 일본 사람들이 아직 손을 안 댄 업종이었다.

메이지 유신 후 모든 것들이 서양식으로 변하고 있다는 것은 불을 보듯 뻔했다. 빵은 서양 사람들의 주식이었지만 머지않아 일본 사람들의 입에도 맞게 될 것이었다.

단순히 머릿속에 떠오른 아이디어가 아니었다. 에이자부로는 그때까지도 자주 요코하마에 갔다. 요코하마에는 새로운 문물들이 거리를 메우고 있었다. 이미 외국인이 경영하는 빵집이 두세 군데 생겼으며 에이자부로는 그 가게에서 빵을 먹어봤던 것이다.

야스베는 에이자부로의 열정에 마음이 움직였다. 바로 그 무렵 기무라의 본가에서 나와 신정부의 관원이 된 기무라 시게요시木村重義가 이 직종을 권장했다. 시게요시는 실업자를 위한 실업자 상담소에서 근무했는데 거기서는 이미 빵을 굽고 있었다.

이 시게요시가 오랫동안 나가사키에서 빵 굽는 기술을 배웠다는 제빵사 우메기치梅吉를 소개하자 야스베는 마음을 굳혔다. 문명개화의 '분文'자와 에이자부로의 첫 자인 '에이英'자를 조합하여 '분에이도'라고 점포 이름을 지었다. 빈집들은 얼마든지 있었기 때문에 적당한 점포를 얻는 것은 쉬웠다.

이렇게 일본인이 제조하고 판매하는 일본 최초의 베이커리가 탄생한 것이다. 시바히카게마치의 작은 베이커리는 후에 앙빵(단팥빵)으로 유명한 기무라야木村屋로 성장하는데 그 앙빵이 만들어질 때까지의 일본의 빵의 역사를 잠시 되돌아보자.

성스러운 빵

밀가루를 반죽하여 구운 유럽풍의 빵을 처음으로 먹어본 일본인은 16세기 중순 규슈九州의 어느 한 사람이었다는 것은 확실하다.

이때쯤부터 자주 일본으로 들어온 포르투갈 배들은 기독교 선교사와 함께 꼭 빵을 굽는 장인들을 동행시켰다. 빵은 신의 사도나 그것을 싣는 배의 승무원들에게는 필수 식품이었다. 기독교 의식에서도 없어서는 안 될 성스러운 것이었다.

서양의 제빵사들은 선교사를 따라 일본 땅을 밟았고 각지에 세워진 교회에서 묵묵히 빵을 굽기 시작했다. 구워진 빵은 교회의 새크라먼트(sacrement, 秘跡)로 사용되었고, 포교를 위해 일본 사람들에게도 주어졌다. 16세기 말이 되자 간단한 문답체로 쓰인 기독교 교의서인 『도치리나 기리시탄(Doctrina Christa)』이 아마쿠사天草나 나가사키長崎의 교회에서 출판되었다.

그 책을 보면 제3의 새크라먼트로서 선택된 성스러운 빵은 '예수 그리스도의 육체'라고 설명되어 있다. 색도 맛도 똑같은 빵이 성스러운 빵聖別이 되면, 왜 예수의 육체가 되는지 일본 사람들이 의아하게 생각할 것이라는 것을 미리 예측하고 문답을 써놓은 점이 재미있다.

그러나 일본 사람에게는 물건이 그 모양 그대로 바뀐다는 설명은 신기할 수밖에 없었으며 오히려 그것을 먹는다는 행위 자체가 이해하기 어려웠을 것이다.

'부처님이 남기신 음식'을 먹는 일은 있어도 부처님 자체를 먹는다는 것은 생각할 수도 없었다. 그러니까 주님의 육체를 먹는다는 기독교의 새크라먼트를 기이한 것으로 느끼는 것은 당연했다. 그리고 공손하게 입에 넣은 한 조각 빵의 특이한 맛에 강렬한 '이국'을 느꼈을 것이다.

그들이 먹은 빵은 반죽한 밀가루를 발효시켜 구운 빵이었지만 색깔이 까맣고 잘 부풀어 오르지도 않은 신맛이 강한 빵이었다. 색깔이 까만 것은 제분 기술이 안 좋았던 탓으로, 이것은 18세기에 증기기관이 등장할 때까지 기다려야 했는데 문제는 색이 아닌 그 맛이었다.

당시의 빵은 거의 자연발효를 시켜 부풀어 오르게 했다. 반죽한 밀가루가 부패균腐敗菌을 죽이고 유산균과 효모를 만들게 했던 것이기에 유산균이 너무 많아지면 맛은 자연히 시게 되었다. 정도를 잘 맞추는 것이 제빵사들의 기술이었는데 만들어낸 밀가루 반죽을 잘 보존하면 언제까지나 빵의 원료로 보존할 수 있었다. 이것은 그 제빵사만의 비전秘傳으로 절대 문밖으로 새나가지 않았다.

즉 당시 빵은 만든 사람에 따라서 맛에도 차이가 많이 났는데 그래도 전체적인 특징은 퍼석퍼석하고 신맛이 강했다.

이스트균이 발견된 것은 그 후 100여 년 뒤의 일이고, 발효의 화학적 해명은 더 늦은 200여 년 후의 일이다.

굽는 방법도 복잡했다. 돌을 쌓아올려 만든 아궁이 안에 불을 지피고 내부의 온도를 올린 후 재를 걷어내어 반죽한 밀가루를 넣고 구웠다. 원시적인 오븐이었다. 잘 익지만 구워진 빵은 딱딱했다.

1613년 히라도平戶[5]에 입항한 영국선 클로브호는 히라토 영주인 마쓰라 시게노부松浦鎭信[6]로부터 대환영을 받았다. 선장인 존셀리스[7]

---

5 나가사키 북부 도시.

6 1549~1614, 에도 시대 다이묘.

7 Saris. John, 1579~1643. 영국의 상인, 동인도회사 무역선대 사령관.

는 통역을 시켜서 파와 무청을 넣고 찐 영국산 소고기 한 조각과 포
도주 한 병과 빵 6개를 시게노부에게 보냈다. 66살이었던 시게노부
는 아주 기뻐하며 손자 다카노부隆信, 노부사네信実와 히라토에 와 있
었던 가라쓰唐津성 성주인 데라사와 히로타카(寺沢広高, 1563~1633)
와 함께 이 이국의 맛을 보았다고 한다.

존셀리스의 일기에 하얀 빵이라고 기록되어 있는 것으로 보아 밀
가루만으로 반죽하여 구운 빵이었겠지만 현재의 빵에 비하면 '하얗
다'고는 할 수 없는 색깔이었을 것이다.

표면에 십자 모양을 찍은 검은 빵은 기독교와 함께 널리 보급되었
겠지만 일본인의 생활 속에 깊숙이 자리 잡을 수는 없었다. 그 후에
에도 막부가 금교정책으로 기독교를 엄하게 단속하면서 교회라는 거
점을 잃은 빵은 모습을 감추게 되었다.

하나 예외가 있었는데 그것은 나가사키의 데지마出島였다. 시볼
트[8]가 '국립감옥'이라고 부른 이 작은 섬 안에서는 네덜란드인들이
빵도 굽고 서양 음식도 만들었다.

인공섬에 갇힌 네덜란드 상인들의 최고의 재미는 성탄절과 태양력
으로 1월 1일의 새해를 축하하는 행사였다. '아란타동지阿蘭陀冬至',
'아란타정월阿蘭陀正月'이라고 불린 이 두 날에는 데지마와 관계있는
사람이나 나가사키 유지들이 초대받아 네덜란드 음식을 먹었다. 초
대받은 일본 사람은 술과 스프는 그곳에서 마셨지만, 다른 음식은 맛
만 보고 나머지는 종이에 싸서 가져갔다. 네덜란드의 음식은 일본인
들에게 있어서 신기한 것이었기에 친척과 지인들에게 조금씩 나눠주

---

8 Siebole. Alexander Georg Gustav von, 1846~1911. 독일 외교관, 제국 공사관 대리공사, 요
코하마 영사대리.

기 위해서였다. 네덜란드인들이 구운 빵이 국내에 들어오는 일은 그런 날밖에 없었다.

1724년 네덜란드 상관장商館長이었던 요하네스 테이덴스는 정기적으로 에도 막부를 배알했다. 그때의 네덜란드 사람들의 식사 모습을 통역이 자세하게 관찰하여 기록으로 남기고 있다.

빵에는 버터를 발라서 먹는다. 두 개를 먹으면 많이 먹은 것이다. 빵이라고 말하는 것은 보리로 만든 떡이다. 나가사키에서 준비해 온 빵을 다 먹고 나서는 여기서 팥을 안 넣은 만쥬(생과자)를 만들어 그것을 살짝 구워 빵 대신 먹었다.

오쓰키 겐타쿠大槻玄沢[9]도 『난설변혹蘭説弁惑』의 문답에서 "밀가루에 단술을 넣고 반죽하여 쪄서 구운 것이다"라고 하고 있고 『화한삼세도회和漢三才図絵』에서는 "찐 떡, 즉 만쥬인데 팥이 없는 것"이라고 어설픈 해설을 하고 있다.

오쓰키가 말하는 '찌고 굽다'의 찌는 쪽을 중심으로 보면, 밀가루에 단술을 넣고 반죽하여 찌면 감주피甘酒皮가 된다. 또 팥을 넣고 찌면 술만쥬인데 이것은 포르투갈 사람들이 내항하기 오래 전부터 일본에서 만들어졌다.

굽는 방법을 중심으로 보면 마쓰카제松風[10]를 만들 수 있다. 이 경우 단술 대신에 물엿과 하얀 된장을 넣는데 이것을 시도한 사람은 이미 있었다.

유럽의 제빵사가 정확한 빵 제조법의 비밀을 지켜서 일본 사람들

---

[9] 1757~1827, 에도 중·후기 의사, 난학자(네덜란드 학자).
[10] 보리 가루로 만든 생과자 일종.

이 유추하여 만들었기에 이러한 것이 만들어졌을 수도 있고, 아니면 일본에서 이미 빵 굽는 방법을 나름대로 터득하고 있었던 것일 수도 있다.

하여튼 나가사키의 마을에는 데지마에 빵을 납품하는 빵집이 있었다는 기록이 있고 니시카와 죠켄西川如見[11]의『나가사키화초長崎夜話草』에도 나가사키의 특산물로 빵을 열거하고 있는 점에서 에도 시대 나가사키에서는 유럽식 빵과 비슷한 음식이 만들어지고 있었을 가능성이 있다.

그것이 보급되지 않았던 이유로는 일본인의 입맛에 맞지 않았다는 것을 생각할 수 있다. 손재주가 좋고 입맛이 까다로운 일본 사람은 신맛이 나는 검은 빵을 술만쥬나 마쓰카제로 개량해버린 것이다.

기무라 야스베도 이후 똑같은 문제로 고민한 끝에 앙빵을 만들게 된다.

에가와 단안과 할리스

산성 밀가루 반죽법으로 만드는 서양의 빵을 처음으로 데지마 밖에서 만든 사람은 이즈伊豆의 대관代官 에가와 단안 다로자에몬(江川 坦庵 太郎左衛門, 1801~1855)이었다.

에가와 단안하면 누구나 서양포술을 연상할 것이다. 빵을 구웠다는 사실에는 별로 주목을 못 받아서 아는 사람도 별로 없다. 그러나 이즈의 니라야마韮山에 있는 에가와 저택의 뒷마당 한 구석에는 도쿠토미 소호德富蘇峰[12]의 글씨로 '빵의 시조 에가와 단안 선생 저택'이라

---

11 1648~1724, 에도 시대 초·중기 천문가天文家.

는 기념비가 세워져 있다.

에가와 단안은 1801년에 태어나 1835년 35살의 나이로 아버지의 뒤를 이어 이즈의 대관직에 올랐다. 이국선 퇴치령이 내려진 1825년은 단안이 25살이 되던 해로 외국의 압력이 심했던 막부 말기에 장년기를 맞이한 것이었다.

다카시마 슈한高島秋帆[13]에게 서양 포술을 배우고 자택에 다카시마류高島流 포술砲術 니라야마숙韮山塾을 연 것이 1841년이고 그 다음 해에는 이미 빵을 굽기 시작했다.

단안은 뛰어난 병기를 갖춘 외적과의 실전을 항상 예상하고 있었다. 파괴력도 착탄거리도 우리와 비교가 안 될 정도로 뛰어난 대포와 총을 장비한 외적이 공격을 해 오면 아무리 용감하게 싸워도 결국 그들은 땅에 상륙할 것이다. 그렇게 되면 들이나 산에 숨어 싸워야 된다.

그럴 때 가장 문제가 되는 것은 식량이다. 밥은 불편한 것으로 취사를 하면 바로 연기가 피어올라 적에게 노출되게 된다. 비라도 오면 더욱더 안 좋다. 그리고 여름철에는 금방 쉰다. 쉬어서 냄새가 나는 밥과 물만으로는 오래 싸울 수 없다.

이런 이유에서 볼 때 서양 사람들이 먹는 빵은 한 번 구우면 오랫동안 보존할 수 있고 소지하기 편했다. 빵은 이런 점에서 단안의 포술과 연결되었던 것이다.

신의 검은 빵이 일본에 들어왔을 때로부터 300년이 지났다. 당시 일본의 바닷가를 둘러싸고 있던 외국선들은 이제 정제한 밀가루를

---

12 1863~1957, 메이지, 다이쇼, 쇼와기의 평론가.
13 1798~1866, 에도 후기 포술가.

사용한 하얀 빵을 싣고 있었을 것이다. 단안은 검은 빵으로 하얀 빵을 이기려고 한 것이다.

다카시마 슈한을 따르는 사람 중에 사쿠타로作太郎라는 사람이 있었다. 그는 오랫동안 데지마의 네덜란드 상관商館 주방에서 근무한 관계로 빵 굽는 기술을 가지고 있었다. 단안도 그를 몇 번 만난 적이 있었다. 그 사쿠타로가 슈한의 일로 에도에 나와 있다는 말을 들은 단안은 바로 에도 저택에 있는 가시와기 소조柏木総蔵한테 편지를 써서 사쿠타로에게서 빵의 제조 기술을 자세히 알아오라고 명했다.

이때까지 단안은 전부터 일본에서 굽던 종래의 방법으로 빵을 만들어 보려고 했는데 이 방법은 우동가루에 단술을 넣고 굽는 방법이었다. 그러던 중 가시와기한테서 답장이 왔다. 사쿠타로는 "우동가루에 단술을 넣는 방법은 나가사키에서 연구한 방법으로 맛이 달아서 열흘을 먹으면 싫증나게 된다. 하지만 네덜란드의 빵은 거친 밀가루에 소금을 조금 넣고 굽는 방식으로 이렇게 잘만 구우면 1년 정도는 그대로 맛이 유지되며 아무리 먹어도 질리지 않는다"라고 설명하면서 빵을 굽는 가마를 만드는 방법까지 자세히 가르쳐 주었다.

가시와기는 "한 끼에 하나씩이고 많이 먹는 사람은 두 개를 먹는다. 그 후에 차나 물을 마시면 배 속에서 빵이 불어나 포만감이 느껴진다"고 보고하고 있다.

니라야마는 사쿠타로를 불러 1842년 4월 12일 처음으로 네덜란드식 빵을 굽게 했다.

일 년이나 보존이 가능하다고 했으니 보통 생각하는 빵이 아니라 건빵과 비슷한 것이었을 지도 모른다. 단안은 이것을 한 번에 반 년 동안 소비할 분량을 굽고 저장하도록 했다고 한다. 『니라야마숙 일기韮山塾日記』를 보면 아마시로天城산에 사냥을 나간 내용의 기록이 자주 보인다. 단안의 사냥은 문하생들의 행군과 사격 훈련을 겸한 것으로 일주일에서 10일 동안 산을 돌아다녔다. 식량으로서의 빵의 가치도 이때 시험해 본 것이었다.

1851년 도사土佐의 나카하마 만지로中浜万次郎[14]가 미국에서 돌아온 후, 단안은 막부에 요청하여 그를 자신의 에도 저택에서 일하게 했다. 11년의 미국 생활을 경험한 만지로에게서 단안은 미국식 빵 제조법을 배웠다.

또한 1854년에는 시모다下田항에서 대지진이 일어나 러시아군함 지아나호가 도다우라戸田浦에서 회항하는 중에 좌초되는 사건이 일어났다. 러시아인들은 구조되긴 했지만 새로운 배를 만드는 동안 식량 걱정을 해야 했다.

단안은 니라야마에서 빵을 가져가게 하여 다소 그들의 식량난을 해소시켜 주었는데, 얼마 지나지 않아 러시아 사람들은 스스로 가마를 만들고 빵을 굽기 시작했다. 단안은 예상치 않게 서양의 조선술造船術뿐만 아니라 러시아식 빵 제조법까지 배우게 되었다.

네덜란드, 미국, 러시아 세 나라의 빵을 구울 수 있는 사람은 당시 일본에는 없었다. 단안은 '빵의 시조'라고 불리기에 마땅한 사람이었다.

그가 에도 니혼바시日本橋의 저택에서 급사한 것은 1855년 미국, 영국, 러시아, 프랑스, 네덜란드의 다섯 나라와 화친조약을 맺은 다음 해였다.

그리고 그 다음 해인 1856년에는 초대 미국총영사로 타운센드 할

---

14 1827~1898, 에도 후기, 메이지 시대의 표류자, 교육자.

리스(Harris Townsend, 1804~1878)가 부임했다. 시모다 다마센지玉泉寺의 일본 하늘 아래에는 처음으로 성조기가 펼쳐졌다.

이 초대 총영사는 막부의 애매모호한 시간 끌기 작전에도 골치를 앓았지만 식사 면에서 더욱 힘들어했다. 할리스는 본국에서 빵, 차, 커피, 조미료 등을 가져 왔는데 얼마 지나지 않아 바닥이 났고, 부임한 지 8개월째부터는 음식 때문에 거의 견딜 수 없는 상황에 이르렀다.

나의 건강은 아주 심각한 상태에 있다. 소화불량으로 인한 위산과다를 치료할 수가 없다. 먹는 음식은 빵과 쌀, 그리고 여기서 잡히는 고기뿐이며, 버터, 기름, 과일, 그리고 감자 이외의 야채는 먹지 않는다. 그래도 나의 건강은 회복되지 않고 여전히 살만 빠지고 있다(『일본체류기』 1857년 4월 30일)

그러나 일본산 밀가루로 빵을 굽고, 보리를 수확할 때가 되면 할리스의 마음은 한결 밝아졌다.

지금 보리 수확이 계속되고 있다. 세어 보면 한 이삭에 50~60알이 붙어 있다(일본체류기』 1857년 5월 29일)

하코다테 미국상무관商務官에서 연락이 왔다. 홍콩에서 두 척의 미국선이 입항하면 그 배에 당신들을 위한 물건이 조금 실려 있으니까 물건이 도착하면 보내겠다는 내용이었다. 느긋하고 권위적인 어투로 적혀 있는 편지를 본 할리스의 짜증은 절정에 달했다.

시모다와 하코다테 사이에서는 일본 선박들 간의 직접적인 통신이 허용되지 않기 때문에 내가 필요한 식량은 하코다테보다 홍콩에서 구하는 것이 빠르다. 나에게는 밀가루, 빵, 버터, 라드, 베이컨, 햄, 올리브 오일이 없다. 그리고 실제로는 두 달 전부터 본국 식량이 떨어져서 없다. 나는 쌀과 생선 그리고 아주 빈약한 고기로 식생활을 계속하고 있다.(『일본체류기』1857년 6월 23일)

할리스는 '대포냐, 조인調印이냐'라는 식의 극단적인 협박으로 겨우 수호통상조약에 조인하게 되는데 그 거만한 자세의 뒤에는 식생활의 불편함에서 오는 스트레스와 한시라도 빨리 제대로 만든 빵을 먹고 싶다는 초조함이 존재했는지도 모른다.

베이커리와 브레드

개항 후, 요코하마橫浜만큼 눈부신 발전을 이룬 도시는 없다. 50호戶도 채 안 되었던 초라한 항구는 몇 년 사이에 일본 유수의 무역항으로 변모했다. 그 발전 모습은 시간이 지날 때마다 새로운 지도가 필요할 정도였다고 한다.

이 근대화가 시작된 도시에는 현란한 문명개화가 만개하고 있었다.

외국인 거류지가 형성되어 외국인들이 살기 시작한 다음 해인 1860년에는 놀랍게도 벌써 일본 사람이 혼마키本牧에 빵집을 개업하고 있었다. 노다 효고野田兵吾라는 제빵사로, 아마도 일본인 빵집의 효시일 것이다.

당시 거류지에 살고 있던 외국인들은 빵을 구입하기 어려워 입항하는 외국 선박에서 빵을 사들이고 있었다. 그래서 이것을 보고 "비슷한 것을 만들어서 팔아 보면 장사가 잘 될지도 모른다"고 생각해

시작한 것이었다고 한다.

반죽한 밀가루를 발효시킨다는 개념을 아예 몰랐기 때문에 그냥 밀가루를 반죽하고 구운 것으로 도저히 빵이라고 할 수 없는 것이었지만 그래도 잘 팔렸다니 놀랍기도 하다.

4, 5년 뒤에는 나카가와야中川屋 가헤이嘉兵衛가 모토마치元町에서 빵을 팔기 시작했다. 나카가와야는 영국의 주둔 부대에서 쇠고기 등을 도매했는데, 그때 병사들에게 빵 굽는 방법을 배웠다. 그는 1867년 '만국신문万国新聞'에 공손한 문장으로 광고를 냈다. 이것이 빵 광고의 제1호였다.

이 무렵부터 외국인 거류지에서는 외국인이 경영하는 베이커리도 점점 많아졌고 이렇게 요코하마는 빵의 원조로서 그 위치는 다이쇼(大正, 1912~1926) 시대 초기까지 바뀌지 않았다.

흥미로운 것은 처음 요코하마의 빵의 주류는 가다랑이포와 같은 모양을 한 작은 프랑스빵이었는데 메이지 시대에 들어가면서 점점 크기도 크고 산 모양을 한 영국빵으로 주류가 변했다는 것이다. 프랑스와 조약을 맺은 막부를 대신하여 영국과 조약을 맺은 삿쵸薩長의 신정부가 탄생하자 빵 세계에 있어서도 신·구세력의 교체현상이 나타난 것이었다.

기무라 에이자부로가 찾아간 요코하마는 그런 눈부신 도시였다. 이 도시에서는 베이커리(빵집)의 브레드(빵)를 먹고 티(차)에 슈거(설탕)를 넣어 마시는 것이 문명개화의 최첨단이라고 인식되고 있었다. 도쿄에서도 뎃포즈鉄砲州[15]의 구번주旧藩主 저택을 허물고 외국인 거류지가 개발되려 하는 시점에서, 앞으로는 빵의 시대가 도래할 것이

---

15 현 東京中央区.

라는 젊은 에이자부로의 예상은 당연한 일이었다.

그러나 야스베와 에이자부로가 막상 가게를 해 보니 그리 호락호락하지 않았다.

빵은 확실히 새로운 시대를 상징하는 색다른 식품이긴 했으나 도쿄에서는 전혀 팔리지 않았다. 밥과 된장국에 익숙한 일본 사람이 그렇게 쉽게 식습관을 바꿀 리 없었다. 제품 자체도 왠지 요코하마에서 맛본 그 맛과 달랐다. 신맛이 잘 빠지지 않았고 빵은 푸석푸석해서 품위 있는 맛이 나지 않았다. 발효에 문제가 있었다. 당시 서구에서는 부폐균을 죽이고 유산균을 억제하기 위해 맥주의 홉을 졸인 액체를 사용하는 법을 고안하고 있었다. 외국인의 빵 제조는 그러한 방법으로 구운 것이었으나, 조제법을 공개하지 않았던 탓에 일본인의 빵집은 어림짐작으로 그것을 흉내 낼 수밖에 없었다. 또한 그 홉 자체도 쉽게 얻을 수 있는 것이 아니었다.

야스베는 큰 짐수레에 빵을 싣고 매일 행상하러 나갔다. 하루 종일 수레를 끌고 다녀도 빵은 조금도 줄어들지 않았다. 수레 손잡이의 무게를 양손으로 느끼면서 녹초가 되어 집에 돌아가는 날이 계속되었다.

야스베가 살았던 시대로부터 20년이 지난 후의 이야기이지만 교토에서 베이커리를 연 세이요켄西洋軒도 역시 동일한 경험을 했다고 한다. 세이요켄은 처음에 오미야近江屋라는 상호로 도쿄에서 가게를 시작했는데 로쿠메이칸 시대鹿鳴館時代[16]의 서구화 분위기 속에서 하루 3천 개의 빵이 팔릴 정도로 호황이었다. 그러나 교토로 이전한 이

---

16 메이지 정부가 설립한 외국인과의 교류를 위한 사교장. 정부요인, 화족, 외국사신들이 어울려 무도회를 열었다. 서양화의 상징적 존재가 되었다.

후에는 사정이 달라졌다. 도쿄와 달리 생활 변화의 속도가 아주 느린 교토에서는 빵은 아직도 희귀한 식품이었다. 가게에 나란히 진열된 빵을 보고 '이것 봐. 아주 큰 밀기울을 팔고 있네'라는 것이 교토 사람들의 반응이었고 하루 판매량은 고작 15개 정도였다고 한다.

에이자부로는 열심히 빵을 구웠다. 구운 빵이 마음에 안 들면 미련 없이 모두 시바우라芝浦 바다에 버렸고, 그것을 원하는 사람한테는 무료로 줬다.

분에이도는 빵가게와 겸업으로 잡화도 팔았다. 잡화는 점점 수요가 늘었지만, 그렇게 열정을 쏟아 시작한 빵장사는 전혀 되지 않았다.

1869년 말 12월 27일 새벽에 모토카즈기야마치元数寄屋町의 쌀가게에서 불이 났다. 이것이 북풍으로 인해 점점 크게 번졌고 31개의 동네가 다 불타버렸다. 이로 인해 분에이도는 영업을 시작한 지 반년 만에 모두 불타버렸다.

있는 돈을 다 털어 개업한 가게가 하루아침에 재로 변했다. 야스베에게는 큰 타격이었다. 일단 아카사카赤坂로 집을 옮겼고, 어느 정도 안정을 되찾았을 때에는 다시 빵을 굽기 시작했다. 이 시점이 후에 기무라야의 미래를 좌우하게 되는데, 물론 이때의 야스베는 그런 것을 전혀 의식하지 않았다.

야스베가 다시 빵을 굽기 시작한 이유는 오직 그의 확고한 신념에서였다. 일본인의 식생활에 빵이 자리를 잡는 것은 시간문제다, 여기서 모두 포기해버리면 지금까지의 고생이 물거품이 된다는 생각에서였다.

실제로 메이지 초기의 생활 변화의 속도는 눈이 휘둥그레질 정도였다. 처음에는 진기한 것으로만 생각되었던 짧게 자른 머리에 양복 모습도 지극히 당연한 것으로 여겨지게 되었다. 서양식 호텔도 생겼다. 전신電信이라는 아주 편리한 것이 도쿄와 요코하마를 연결했고, 바로 의사를 전달할 수 있게 되었다. 요코하마에서는 벌써 이발소나 서양 음식점이 생겼고, 도쿄에서도 인력거들이 영업을 시작했고, 니혼바시의 남쪽 끝에는 새로 보는 쇠바퀴 인력거가 손님을 기다리는 모습을 볼 수 있었다.

야스베와 에이자부로는 다음 해 오바리마치尾張町 신치新地에 새로운 가게를 열었다. 이번에는 가게 이름을 바꿔 '기무라야'라는 간판을 냈다. 여전히 잡화도 같이 팔았는데 빵의 수요도 조금씩 증가했다.

그러나 이 새로운 가게도 겨우 궤도를 타기 시작한 1872년 2월, 또한 번의 화재로 소실되었다. 후에 긴자銀座 4쵸메丁目로 옮긴 기무라야는 가게에 소화기를 설치하고 동네 전체에 사용할 만큼의 호스를 준비했다고 한다. 기무라야의 백 년은 그야말로 화재와의 싸움의 기록이라는 느낌이 든다. 창업 시절 2번의 화재 외에 간토대지진과 태평양전쟁에서도 피해를 입었는데 그때마다 가게는 전부 불에 타 없어졌다.

앙빵, 일왕이 맛보다

1872년의 대화재 이후 긴자 거리는 일 년여에 걸쳐 벽돌 거리로 새로이 태어났다. 1층에는 원기둥을 만들고 2층에는 발코니가 있는 벽돌 건물의 집들이 이어지는 긴자 거리는 도쿄에 유럽이 이주하여

온 듯한 느낌으로, 벚꽃나무와 단풍나무가 새로운 거리를 장식하고 있었다.

기무라야는 4번지의 동쪽, 현재 미쓰코시 백화점이 있는 장소에 3번째로 가게를 열었다. 거리가 서양풍으로 바뀌었다고 해서 갑자기 빵이 잘 팔리는 것은 아닐 텐데도 예상 밖으로 잘 팔리는 결과를 낳게 되었다.

당시 다케바시竹橋에 있었던 근위부대에서는 각기병의 유행이 문제가 되고 있었다. 다케바시의 부대에는 농촌 출신자가 많았기 때문에 도쿄에서 백미를 먹기 시작하면서 각기병이 발생했던 것이다. 환자가 급증함에 따라, 한때는 전염병이 아니냐는 소문도 퍼져 환자 격리까지 논의될 정도였다.

사망률이 높은 '에도병'이라고 불린 이 병에 빵이 현저한 효과를 주었다.

다케바야시의 군인 아저씨 무엇을 먹을래
빵을 먹을래 어떡할래 먹을래 먹을래

나팔소리에 맞춰 부르는 속요가 남아 있다. 맛이 있고 없고가 문제가 아니라 안 먹으면 생명이 위험했다. 기무라야의 가게 앞에는 창백한 얼굴을 한 각기 환자들이 모이게 되었다.

빵은 에가와 포술숙砲術塾의 군인 식사에서 이번에는 각기 환자들의 병원식으로 바뀌게 되었다. 그러나 잘 팔리는 것은 좋았으나, 각기병 환자가 아닌 일반 사람들의 생활 속에 들어가지 못한 아쉬움이 있었다.

일본인은 이천 년 전부터 쌀을 주식으로 해 왔다. 아무리 문명개화라 해도 서양식 식빵이 쉽게 보급되지 않는 것은 어쩔 수 없는 일이었다. 그러나 어떻게든 연구, 개발하여 빵을 일본 사람들의 입맛에 맞추는 방법이 없을까, 야스베와 에이자부로도 창업 당시부터 그 부분에 대해 생각했다.

가루 식품이란 것 자체는 일본인들에게도 신기한 것이 아니었다. 만쥬의 반죽도 가루였기 때문이다. 그러나 사람들에게 만쥬는 즐겨 먹는 음식이었지만, 식빵은 왠지 익숙하지 않았다. 그것은 외국인이 먹는 음식이라는 인식 때문이었다. 그렇다면 빵과 만쥬를 절충하면 어떨까. 빵 속에다 일본식 단팥을 넣는다면. 아주 일본적인 발상인 이 힌트를 준 것은 셋째인 기시로였다.

기시로는 후에 기무라야 4대째를 계승하고 기무라야를 빵의 대명사로 만들어내는 업적을 쌓은 사람으로, 애초부터 호방한 성격을 타고난 사람이었다. 한때는 나니와마치浪速町(오사카 부근) 친척집에 양자로 갔는데 거기서 2번 의절당하고, 온후한 성격으로 거의 화를 내는 일이 없었던 야스베로부터도 4번이나 의절당한 대단한 사람이었다. 이 기시로가 간다의 떡집에서 일한 경험이 있어, 그 경험에서 단팥을 넣어보면 어떻겠냐는 제안을 한 것이었다.

에이자부로는 이 발상에 흥미를 가졌고 또 우연히도 이때 요코하마에서 빵 제조를 배우고 있었던 다케시마 가쓰쿠라武島勝藏라는 사람이 기무라야에 들어왔다. 가쓰쿠라는 이후 60년간 기무라야의 제조 기술의 기둥이 되었던 자인데 에이자부로는 가쓰쿠라와 함께 단팥을 넣은 빵의 제조를 연구하게 되었다.

그러나 간단할 것 같았던 일이 막상 시작해 보니까 의외로 어려웠다. 종래의 자연 효모는 설탕의 분량을 늘리면 발효가 멈춰 버리는 것이었다. 몇 번의 실패를 거듭한 끝에 발효의 방법도, 일본에 있는 술누룩으로 바꿔 보기로 했다. 나중에 긴자의 명물이 되었으며, 기무라야의 번영의 기반이 된 '앙빵'은 이렇게 만들어졌다.

이것은 아주 복잡한 작업이었다. 쌀을 씻은 물속에 작은 주먹밥을 넣고 섭씨 28도를 유지하면서 하루를 기다리면 물에 변화가 일어난다. 이 변화의 정도를 측정하는 것은 전문가의 감이다. 상태를 확인하면서 그것을 짜내고 짜낸 물로 술누룩을 섞어 다시 하루를 기다린다. 이렇게 원료를 만들었다.

가마는 내분식의 돌 아궁이였는데 앙빵을 구울 때의 온도는 식빵을 구울 때보다 80도 이상 열을 높여야 했다.

발효라는 복잡한 유기변화를 눈과 혀의 감 하나로 조절하는 것이니만큼 전문가의 솜씨에 승패가 달려 있었다. 따라서 앙빵을 만들려면 먼저 기무라야에서 고용살이를 하고 원료 제조법의 비법을 전수받아야 했다.

1875년에 메이지 일왕이 고이시小石강의 구 미토번水戸藩 저택으로 행차할 일이 있었다. 당시 시종으로 근무하던 야마오카 뎃슈(山岡鉄舟, 1935~1867)는 야스베의 아내의 남동생인 기무라 사다스케木村定助와 아사리浅利도장의 동문이었던 관계로 기무라야와 친했다. 죽기 바로 전 년에는 기무라야를 위한 간판까지 써 주기도 했다. 이 뎃슈의 알선으로 신개발 식품인 앙빵을 행차 중인 일왕에게 올리게 되었다. 그때까지 일왕의 음식을 담당한 자는 교토에서 온 오래된 요리사뿐이었다. 창업한 지 얼마 되지도 않은, 그것도 서양과자인 빵이 일왕에게 바쳐진다는 것은 기무라야에 있어서는 그야말로 상상할 수도 없는 파격적인 사건이었다.

야스베는 앙빵의 중앙 부분을 약간 움푹 패게 하고 거기에 소금으로 절인 벚꽃을 얹었다. 이 벚꽃의 신맛이 앙빵의 단맛과 잘 어울렸다.

일왕께서 크게 기뻐하셨다는 말을 들었을 때, 메이지 시대 사람인 야스베와 에이자부로는 6년간의 고생을 한순간에 털어버린 듯한 기분으로 눈을 적셨다.

기무라야의 앙빵은 궁내성에서 쓰는 품목으로 선정되었고, 그 사실이 알려지자 앙빵에 대한 소문이 전국적으로 퍼졌다. '배꼽빵'이라는 애칭으로 긴자의 명물이 된 앙빵은 빵의 선구자로서 일본인의 식생활 속에 자리 잡을 수 있었다.

이 술누룩 원료에 벚꽃을 얹은 앙빵은 지금도 옛날을 잊지 않고 기무라야 본점에서만 만들고 있다. 작은 앙빵이지만 그 그리운 단맛에는 빵의 보급에 열정을 쏟은 기무라야 창업 부자父子의 고뇌와 메이지 시대 초기의 문명개화의 역사가 함께 스며들어 있다.

니라야마, 에가와 저택의 정문

기무라 야스베와 부인의 기념비

에가와 단안의 기념비

참고자료

『일본의 빵 400년사』

『빵의 메이치 백년사』

『도치리나 기리시탄』

『빵 유래기』 아다치 이와오

『이바라기의 얼굴』 이바라기신문사

『요코하마 연혁사』 오타 히사요시

『다케에 연표』 (도요문고)

『할리스 일본체류기』 (이와나미문고)

오르간 이야기

야마하와 가와이

1887년 9월말 어느 날 도카이도東海道 미시마三島에 있는 값싼 여인
숙에 두 남자가 투숙하고 있었다. 한 명은 여윈 몸매에 눈이 날카로
운 남자로 모습은 언뜻 보기에도 불량해 보였지만 말이나 행동은 차
분했다. 짚신을 벗고 발을 씻는 모습은 한 눈에도 여행에 익숙한 것
처럼 보였다. 다른 한 명은 온후한 직공과 같은 모습이었다. 이 두 사
람은 검게 그을린 모습이었는데, 여행 때문에 갑자기 탄 것인지 삿갓
에 가려지는 이마만 하얀 것이 특히 눈에 띄었다. 둘은 함께 큰 짐 하
나를 어깨에 들쳐 메고 있었다. 상당히 귀중한 물건인 듯이 여관 주
인에게는 손도 대지 못하게 하고 방안으로 천천히 옮겨다 놓았다.

새벽에 갑자기 소란이 일어났다.

온후하게 생긴 남자가 갑자기 일어나서는 베게 주변을 더듬거리더
니 짐 쪽으로 기어가 짐을 뒤지기 시작했다.

"무슨 일이야?"

눈이 날카로운 남자가 잠자리에서 일어나며 물었다.

"없어. 당했어."

목소리가 떨렸다. 당했다는 말이 돈을 도둑맞았다는 소리라는 것을 안 눈이 날카로운 남자는 벌떡 일어났다.

두 사람은 본격적으로 짐을 뒤지기 시작했다. 조금 후 눈이 날카로운 남자가 목에 붙은 모기를 때리며 묘한 표정을 지었다.

"가와이 씨 그건 뭐야?"

그 말을 들은 남자는 흠칫 뒤돌아보더니 급하게 손을 허리에 가져갔다. 허리띠 사이로 얇은 주머니가 나와 있었다. 양손으로 그것을 만지다가 손을 내려놓았다. 가와이 씨라 불린 그 남자는 우는 듯한 표정으로 미소를 지었다.

어렵게 모아 장만한 30엔이다. 큰돈이기도 하고, 무엇보다 이 돈이 없으면 도쿄에 가더라도 길거리에서 헤맬 수밖에 없다. 그렇기 때문에 일부러 허리띠에 몇 겹으로 말아놓은 것이다.

다음날, 화창한 날씨의 하코네 길을 두 남자는 아무 일도 없었다는 듯 큰 물건을 함께 지고 걸었다.

신바시에서 서쪽으로 쭉 뻗은 철도 길은 그해 7월 1일 겨우 고쿠후쓰国府津까지 연결되었으나 도쿄와 게이한京阪(교토와 오사카)의 사이를 왕래하는 여행자들은 이 위험한 길을 걸어서 넘어야 했다.

에도 이래 많은 여행자들이 지나다닌 돌계단은 곧게 뻗은 삼목 아래로 구비 구비 이어져 있었다. 산기슭에 위치한 미시마에서는 나무들도 아직 푸릇푸릇했지만, 지리적으로 높고 햇살이 맑은 하코네 길의 나무들 중에는 벌써 나뭇가지의 색깔이 변한 것도 있어 산을 오르는 사람들에게 마치 가을 길을 걷는 듯한 느낌을 주었다.

오래된 삼목나무 아래로 이어지는 돌계단을 두 남자는 한 걸음 한 걸음 천천히 올라가고 있었다. 어깨에 멘 짐은 커다란 네모 모양의 함 같은 것으로, 줄로 묶고 그 위에 기름종이를 덮어 놓았다. 그리 무거워 보이지 않는데도 들고 있는 두 사람의 다루는 태도가 조심스러운 것으로 보아 대단히 소중한 것임에 틀림없었다. 지나가는 사람들 중에는 뒤돌아보는 사람도 있었지만 이것이 과연 무엇인지는 짐작조차 할 수 없었다.

고개를 넘자 새파란 호수가 나무 사이로 보이기 시작했으며 시원한 바람이 불어왔다. 둘은 안심한 듯 발을 멈추었다. 이제부터는 오르막길은 거의 없고 오다와라小田原까지 긴 내리막길이 계속된다. 길 옆의 들에 짐을 내려놓을 때에도 둘은 아주 신중한 표정을 지으며 평탄한 곳을 찾아서 서로 소리를 맞춰가며 천천히 허리를 굽혔다. 짐이 땅에 닿은 순간 둘은 동시에 큰 한숨을 쉬며 밝은 표정으로 허리를 펴고 수건으로 목에 흐르는 땀을 닦았다.

야윈 몸매에 눈이 날카로운 쪽이 야마하 도라쿠스(山葉寅楠, 1851~1916)였고, 온후한 직공 스타일인 쪽이 가와이 기자부로河合喜三郞였다. 이 두 사람은 하마마쓰浜松에서부터 이 큰 짐을 들고 온 것이었다. 기름종이와 줄로 감싼 이 짐의 정체는 바로 오르간이었다. 이 오르간은 그들에게 있어서, 그리고 일본의 서양 악기 역사상에 있어서도 아주 큰 의미가 있었다. 이 오르간이 일본인 손으로 만들어진 국산 오르간 제1호였으며 이것을 만든 사람이 다름 아닌 야마하 도라쿠스와 가와이 기자부로였기 때문이다.

그들이 하코네를 넘어 도쿄까지 수백 킬로의 길을 메고 간 오르간은 그들의 두 달간에 걸친 고심의 결정체였다. 그들은 이것을 도쿄의 음악조사소音樂取調所에 가져가 전문가의 심사를 받으려고 했던 것이다.

인간의 운명은 알 수 없는 것이다. 야마하도 가와이도 반년 전까지는 자기들이 오르간을 만들 것이라고는 꿈도 꾸지 못했다. 또한 그 당시 그들은 외국에서 건너온 오르간을 보지도 못한 상태였다. 국산 제1호의 오르간은 이렇게 생각지도 못한 우연한 계기에서 탄생했다.

일본 최초의 오르간

일본의 오르간 역사는 이렇게 시작되었다.

오르간이 일본에 들어온 것은 기독교 전래와 함께였다. 1551년 4월, 야마구치山口를 재차 방문한 프란시스코 자비엘[17] 인도총독과 고아대사교가 일본 정부에 보낸 문서를 가지고 영주領主 오우치 요시타카(大内義隆, 1507~1551)를 방문했다. 이때 시계, 악기, 총, 안경 등 13종류의 진기한 물건을 함께 보냈기에 요시타카는 크게 기뻐했다. 그 헌상품 중에 오르간이 포함되어 있었을 것으로 추정된다.

일본 측의 기록인 『오우치 요시타카기大内義隆記』에 "13개의 금琴(현악기)실, 5음조 12음조가 울린다"라는 기록을 보면 오르간도 함께 들어온 것을 알 수 있다.

어쨌든 일본 사람들이 생전 보지 못했던 물건이었으므로 하나하나 사용법을 설명해야 했다.

아마도 자비엘은 스스로 오르간을 치면서 찬송가를 불렀을 것이

---

[17] Francisco de Xavier, 1506~1552. 포르투갈 선교사.

다. 이후 오르간의 열쇠는 요시타카의 손으로 넘어갔고 더 시간이 흐른 뒤 오르간은 야마구치의 파란 하늘로 사라져버렸다.

그 후 요시타카의 저택에는 한 대의 오르간이 장식되었다. 상아로 만들어진 건반을 누르면 신기한 소리가 나는 이국의 악기는 정쟁政爭에 지친 오우치의 호기심을 자극했을 것이다. 또한 7살의 아들 요시타카(大内義尊, 1545~1551)와 15살이 되는 히메姬도 여러 번 작은 손으로 건반을 눌러봤을 것이다.

자비엘은 이 선물의 대가로 포교의 허가를 받았는데, 그가 체류한 4개월 동안에 500명의 신자를 모았다. 그리고 그가 오르간을 두고 야마구치를 떠난 후, 스에 하루타카(陶晴賢, 1521~1555)의 난이 일어났다.

요시타카의 저택이 불타버리면서 열대를 건너 겨우 일본에 들어온 최초의 오르간도 연주다운 연주 한 번 들려주지 못한 채 전란의 불속에서 사라졌다.

자비엘이 가져온 오르간이 어떤 모양이었는지는 알 수 없지만 아마도 아주 단순한 크라비아(klavier)의 한 종류였다고 생각된다.

기독교 세력이 커짐에 따라 오르간도 계속 들어왔다. 1565년 아리마 요시나오有馬義直[18]의 요청을 받아들여 코스메 데 토르레스[19]는 아리마가 영주로 있는 구치노쓰口之津에 전도본부를 설치했다. 시마바라島原 반도 끝에 위치한 이 작은 항구도시는 이후 15여 년 동안 황금시대를 맞이하게 된다. 당시 인구는 약 1200명 정도였는데 전원이 기독교로 개종했다. 구치노쓰항에는 남반선南蛮船(서양선박을 일컬음)이

---

[18] 1521~1577, 전국시대 무장.

[19] Cosme de Torres, 1510~1570, 스페인 선교사.

자주 입항했는데 1579년에 들어온 배에 두 대의 오르간이 실려 있었다.

긴키近畿지방 전도 책임자였던 오르간티노 솔드[20]는 그 2년 전에 예수회 총장 앞으로 이러한 보고를 했다.

"일본 사람이 한 번 기독교로 개종하고 나면 일본 교회는 아주 훌륭한 교회가 될 것이다. 우리가 데우스天主예배 의식을 장엄하게 행하면, 수백만 명의 일본 사람들이 개종할 것이다. 만약 우리가 더 많은 성가대와 오르간을 가질 수 있다면, 1년 안에 교토나 사카이堺의 전 주민들을 개종시킬 수 있을 것이다."

일본 사람이 과거 들어본 적이 없는 매혹적인 소리를 내는 오르간은 소위 기독교 포교의 수단이었던 것이다. 예수회는 먼저 보낸 전도사들의 요청에 즉시 대응했다.

구치노쓰에서 들어온 오르간이 어떤 경로로 옮겨졌는지 알 수 없으나, 1년 뒤에는 아리마有馬의 세미나리요[21] 건설이 시작되었으며, 아즈치安土에는 노부나가織田信長[22]의 보호 아래 아즈치 세미나리요가 세워졌다. 교토에는 '피승천被昇天 성모' 천주당, 즉 서양식 예배당이 이미 3층짜리 건물의 위용을 자랑하고 있었다. 오르간은 아무리 들여와도 모자랄 정도였다.

16세기 말부터 17세기 초에 걸쳐 일본 전국에서는 오르간의 맑은 소리가 울려 퍼졌다. 그러나 전도사들이 가져온 서양 악기는 결국 교회라는 닫힌 장소에서 밖으로 나가지 못했다. 오르간티노가 쓴 것처

---

[20] Organtino. Gnecchi-Soldo, 1532~1609. 이탈리아 선교사.

[21] seminario, 일본인 성직자 양성기관.

[22] 1534~1582, 전국시대 무장. 무로마치 막부를 멸망시킴.

럼 그것은 어디까지나 포교의 효과를 높이기 위한 음악이었고 악기였다. '기독교인의 시대'가 끝이 나고 일본이 쇄국정책을 폄과 동시에 오르간들은 일제히 모습을 감추게 되었다.

200여 년의 세월이 흘러, 일본인은 새로이 서양 음악과 악기와 대면하게 되는데, 당시의 일본인들의 놀라움과 당혹감은 무로마치室町 말 일본인들이 기독교식 코러스를 듣고, 오르간 소리를 접했던 때의 놀라움과 별로 다르지 않았을 것이다.

근대 일본의 음악 교육의 아버지라고 불리는 이자와 슈지(伊沢修二, 1851~1917)는 1875년 미국의 브리지워톨사범학교에서 유학하면서 처음으로 서양 음악을 배웠다. 다른 학과에서는 남들보다 뒤떨어지는 일이 없었던 그가 제일 힘들어했던 것이 음악이었다. 천성적인 자존심으로 어떻게든 극복을 하면서, 이때 이자와는 너무 유교주의에 치우친 당시의 일본 교육의 문제와 음악 교육의 필요성을 절실히 느꼈다. 1878년 귀국한 이자와는 다음 해 고향 혼후지쵸本富士町에 신설된 음악조사국의 조사장이 되어 미국에서 유학 중일 때 친분이 있었던 메이슨[23]을 초청하고 음악 교육의 도입에 힘을 기울이게 된다. 일본 사람들에게 전혀 익숙하지 않은 다른 민족의 음악과 리듬을 보급시키는 것이었기에 매우 힘든 사업이었다.

원래 창가과唱歌科의 설치는 1872년에 교육 제도로 정해졌지만, 단지 형식뿐인 교과목으로 당분간 이 과목은 하지 않을 것이라고 처음부터 알려져 있었다. 즉 이 과목을 가르칠 수 있는 교사가 없었던 것이다.

악전樂典 번역, 창가 선정, 교사 양성, 학교에서의 시험 실시 등 모

[23] Luther Whiting Mason, 1818~1896. 미국 보스톤 초등음악교육 담당.

든 것이 한꺼번에 시작되었다. 오르간은 여기서 새로운 의미를 부여받고 등장한다.

'오르간은 음조가 아주 낮아 학교 창가 교육에 적절하고 배우기 쉬운 것'이기 때문에 '상급소학교 혹은 중학교 등에서는 반드시 오르간을 설비해야 하는데, 만약 피아노가 있으면 더욱 좋다'(『창치처무개략創置処務概略』)고 했다.

1882년 1월 말 2년간의 음악 교육의 성과가 쇼헤이관昌平舘에서 발표되었다. 교육생과 남녀사범학교男子女子師範学校, 가쿠슈인学習院 학생들의 연주와 가창회였다.

도쿄사범학교에서 부속초등학교 학생들에게 가창 교육을 시작한 것이 1880년 4월이었으니 정확히 말하면 22개월간의 성과라 할 수 있다. 아무튼 같은 해에 음악교육기관인 조사국이 22명의 남녀 교육생을 선발했을 때에는 아직 악기 자체가 갖추어지지 않았던 교육 환경을 감안한다면 단기간에 대단한 성과를 이룩한 셈이었다.

이날 태정대신인 산죠 사네토미(三条実美, 1837~1891), 우대신 이와쿠라 도모사다(岩倉具視, 1852~1910), 외무공 이노우에 가오루(井上馨, 1836~1915), 대장공 마쓰카타 마사요시(松方正義, 1835~1924), 독일공사, 미국공사 등의 내외 귀빈들 앞에서 사범학교 부속초등학교 학생들은 피아노와 오르간을 반주로 음악조사담당이 선정한 노래를 불러 크게 감동을 주었다. 이렇게 일본의 근대음악교육은 드디어 첫발을 디디게 된다.

1885년 음악조사담당은 음악조사소로 승격되고 이자와는 소장으로 임명되었다. 다음 해인 1886년에는 학교령의 개정으로 초등학교에 정식 과목으로 창가과가 설치되었다. 이름뿐이었던 과목이 겨우 실시되기에 이른 것이다.

당시 하마마쓰에서는 슈도修道, 묘린明倫이라는 작은 규모의 두 학교를 합병하여 모토시로쵸元城町에 하마마쓰진죠浜松尋常소학교를 설립했다. 현재의 모토시로소학교의 전신이다.

학교 창가 교습에, 상등소학교에서는 오르간 보유가 필수적이었기 때문에 하마마쓰소학교에도 서양에서 들여온 오르간이 한 대 있었다. '1887년 4월 30일, 요코하마에서 구입한 오르간이 오늘 도착했다'고 교무일지에 기록되어 있다.

이것은 미국의 메이슨사 제품인 소형 오르간으로 가격이 45엔이었다. 그 당시에는 사범학교를 나온 교사의 초임금이 18엔이었고 연말의 상여금이 50엔이었다. 쌀 한 되를 1엔으로 살 수 있었으니까 매우 고가의 악기인 셈이었다.

하마마쓰의 소학교에서는 이 귀중품을 어떻게 보관할 것인지에 대해서 교사회의를 열었고 회의 결과 오르간 방 열쇠를 교장이 맡기로 하고 그의 허가 없이는 방 출입이 금지되었다. 하마마쓰에 오르간이라는 희귀한 서양 악기가 들어왔다는 소문은 금세 퍼졌고, 일부러 지방에서 수업을 구경하러 오는 사람도 적지 않았다.

"1887년 4월 16일, 후타마타촌二俣村의 사람인 시마다 데쓰자부로가 가창수업 참관 허가를 받기 위하여 신청했으니 이것을 허락하고 참관하도록 한다."

"동년 5월 16일 스치周智소학교 훈도 기무라木村 스즈, 스기야마杉山 신의 가창수업 참관을 원했다. 이것을 허락한다."

이와 같은 교무일지가 매우 많다.

그러나 이 고가의 서양 악기는 7월 15일에 고장이 난다. 사용한 지

두 달 반도 채 되지 않아 일어난 일이었기에 교장을 비롯하여 모두가 놀랐다. 물론 수리할 수 있는 사람도 없었다. 잘못 만져서 더 고장이 날까봐 사람들은 모두 만지지도 못하고 허둥댈 뿐이었다.

여기서 야마하 도라쿠스가 등장한다. 야마하는 우연히 그 전 해부터 하마마쓰의 이타야쵸板屋町의 싼 여인숙 시미즈야淸水屋에 머무르고 있었다. 직업은 서양 의료기구 수리공이었는데 의료기구 수리공이 악기를 고친다는 것은 대단한 모험이었다. 그러나 야마하는 시계 수리도 하고 있었고, 그의 손재주는 학무위원인 히구치바야시 지로樋口林次郞도 인정하고 있었다. 교장과 상담을 하는 도중 히구치는 바로 야마하라는 사람이 머릿속에 떠올랐던 것이다.

이렇게 야마하는 오르간과 운명적인 만남을 갖게 된다. 야마하가 1887년 하마마쓰에 우연히 거주하게 된 동기와 경위를 살펴보면 이는 그야말로 운명의 장난이었다고 할 수 있다.

떠돌이 기술자

야마하 도라쿠스는 원래 사무라이 집안 출신으로 1851년 4월 20일 기슈번 천문방天文方에 근무하는 야마하 고노스케山葉孝之助의 셋째 아들로 태어났다.

천문방이라는 곳은 천문 역학의 일뿐만 아니라 토목 설계와 토지 측정과 같은 일도 함께 했다. 와카우라和歌浦 불로교不老橋라는 돌다리는 야마하가 태어난 달에 도쇼궁東照宮의 오타비쇼御旅所[24]의 장소가 바뀌면서 고노스케가 설계하여 만든 다리라고 전해진다.

---

24 신사神社 제례 시 신불을 모시는 가마가 불궁에서 옮겨져 임시로 보관되는 곳.

이러한 연유로 야마하 집안에는 당연히 천문과 측량에 관한 서적과 도구들이 있었을 것이다. 야마하가 기계를 좋아했던 것도 그러한 집안 환경에서 자랐기 때문이라고 할 수 있다. 어렸을 적에 아버지를 도우면서 새로운 기계를 만들었다는 이야기도 있지만, 이는 단순히 성공한 사람들에게 존재하는 유년 시절의 전설 중의 하나일 것이다.

그는 기계를 만지는 것을 좋아하는 반면 장난이 심한 개구쟁이이기도 했다. 무사의 아들인 관계로 검도도 일찍부터 배웠다. 나중에는 야마토大和 오노파小野派의 일도류 사와다 다카토모沢田孝友로부터 비법을 전부 전수받았다고 한다.

오르간 제조회사 사장이 된 이후에도 종업원을 상대로 죽도를 휘두르는 일이 자주 있었다. 초기의 오르간을 만들었던 목수 스즈키 기타로鈴木喜太郎도 점심시간에 그와 검도를 한 추억을 기억하고 있다. 검도의 달인과 오르간은 아무리 생각해도 기묘한 조합이다.

18살 때 막번 체제의 붕괴를 경험하고, 3가家[25]의 하나였던 기슈번은 막부 말기에 불리한 일을 자주 맡았다. 게이후쿠慶福를 에도에 보낸 후 지번支藩에서 들어와 14대를 계승한 시게쇼茂承는 1864년 쵸슈 원정에서 총독으로 임명받았지만 세키슈구치石州口[26]에서 바로 패배하여 후퇴했고 게이슈구치芸州口[27]는 교착 상태였다. 재차 원정이 실행되지도 않은 채 휴전이 되어 군비 123만 량, 쌀 7만7천 석이라는 대적자를 지고 귀국한다. 그리고 1868년 1월에는 용감히 싸워 '귀신 미즈노'라는 별명이 붙은 미즈노 다다미키水野忠幹를 도바鳥羽, 후시미伏

見 전투에 파견했지만 막부군이 패배하는 대혼란에 휩쓸리게 된다.

야마하는 18살 때 이 전투에 종군했다. 아마 그는 이 전투에서 검과 총의 차이를 느꼈을 것이다. 와카야마和歌山에 돌아온 후, 갑자기 검도를 그만두고 총을 배우기 시작했는데, 이 일 때문에 아버지와 의절했다는 소문도 있지만 쵸슈 재 원정 이후 기슈번은 병제의 개혁을 도모하고 서양의 근대식 총포부대를 편성했을 정도이니 결코 의절까지 당하지는 않았을 것이다.

이어서 무사의 몰락기가 도래한다. 야마하 집안도 도시의 변두리로 옮겨가 익숙하지 않은 괭이를 들거나 잡일을 하면서 살아가게 되었다. 녹봉을 잃은 비참한 무사의 삶을 피부로 느끼면서 야마하는 이제 검으로는 살 수가 없으며 앞으로 살아남기 위해서는 상업이 중요하다는 것을 실감했다.

1871년 21살이었던 야마하는 고향을 떠나 오사카로 갔다. 그는 셋째 아들이었기 때문에 비교적 행동이 자유로웠다. 그러나 아무리 마음을 잡았다고 하더라도 자본도 경험도 없이 상인으로 전환할 수는 없었다. 그러다 보니 타고난 손재주에 의지할 수밖에 없어 시계 수리를 배우게 된다. 야마하의 기술자 생활이 비로소 시작되었던 것이다.

당시 문명개화의 파도를 타고 들어온 수많은 외국 문물들 중 사람이 가지고 다니는 것으로 가장 눈에 띈 것은 시계였다. 쇠를 단 커다란 은테두리로 된 시계는 신시대의 상징이자 서양문화의 꽃이었다. 사람들이 귀중하게 여기는 그 외국 문물을 수리한다는 것은 야마하에게 있어서는 서양문화를 지배하는 것을 의미했다. 비뚤어진 무사 정신이었다. 그런 고급 시계를 차고 다니는 이들은 근대의 승자들이었으니 도바, 후시미의 패배를 복수한다는 식의 음습한 기쁨도 담겨 있었을 것이다.

그러나 세월이 지남에 따라 야마하는 기계의 구조를 이해하는 재미에 푹 빠져들었다. 직업으로서도 전망이 있어서 철저히 배우려는 각오로 나가사키에 가서 대략 2년간 영국인 시계상에 붙어 수리 기술을 전수받았다.

이때 타고난 탐구심으로 서양 의료기구에 대한 수리 기술도 대부분 습득했는데 이것이 나중에 오르간과 만날 인연이 될 줄이야 상상도 못했을 것이다.

1976년 나가사키에서 돌아온 야마하는 무사에서 상인으로 완전히 탈바꿈했다. 간사이에 다시 되돌아간 야마하의 꿈은 나가사키의 외국 시계상인들처럼 가게를 내는 것이었다. 서양 의료기구에서 힌트를 얻어 두세 개의 의료기구도 생각하고 있었지만 자본을 투자해 줄 투자자를 만나지 못하면 어떻게 할 수 없는 일이었다.

1881년 야마하는 야마토다카다大和高田에 나타난다. 다카다는 인구 3600명 정도의 작은 마을이었지만 야마토 목화의 집산지라서 그 다카다오보高田御坊의 데라우치쵸寺内町는 상인의 마을로 활기가 넘쳤다.

야마하는 이 마을에서 작은 의료기구와 시계를 다루는 가게를 시작했는데 장사는 잘 되지 않았다. 시대도 또한 나빴다. 마쓰카타 마사요시의 통화수축정책이 시작되고 이후 수년간 야마하의 생활은 힘겨워진다. 스트레스 해소의 일환으로 시작한 도박에 빠져든 야마하는 야반도주 식으로 다시 오사카로 떠난다.

이후 야마하는 떠돌이 기술자가 되어 오사카, 고베神戸, 그리고 츄고쿠中国, 시코쿠四国 지방까지 유랑하는 나날을 보냈다. 과거 배웠던 검술로 길거리 장사꾼의 경호를 한 적도 있었다. 성공 후의 야마하는 온후한 신사였지만 그러나 가끔씩 날카로운 눈으로 상대방의 기를 죽일 때도 있었으며, 마른 몸매였지만 처음 만난 사람에게는 알 수 없는 위압감을 주었다. 30대 초에 경험한 유랑 생활의 흔적을 평생 몸에서 지울 수 없었던 것이다.

1886년 야마하는 의료 기구를 가지고 도쿄에 상경할 결심을 한다. 도카이도를 내려온 야마하는 하마마쓰를 지나갔을 것이다. 성 아래 마을이면서 개방적이고 활기찬 이 마을은 야마하에게 어떤 인상을 남겼을까. 후에 운명의 힘은 그를 이 마을로 다시 데리고 온다.

그즈음 하마마쓰의 오사五社 신사神社 앞에 있었던 국립 하마마쓰 병원에서는 오사카의 상사로부터 외과용의 서양식 기구를 구입했는데 그것이 망가져 수리에 고심하고 있었다. 고장 날 때마다 일부러 오사카까지 보내야 했다. 원장 후쿠시마 도요사쿠福島豊策는 기술이 좋은 기술자를 하마마쓰에 정주시키기 위해 그 취지를 오사카의 상사에게 요청했다. 상사는 곧 떠돌이 기술자인 야마하를 떠올렸으나, 그의 행방을 몰라 여러 방면에서 그를 찾기 시작했다.

한편 도쿄에 상경한 야마하는 갈 길을 잃고 있었다. 도쿄는 개국 이후 여섯 번이나 콜레라가 유행했다. 4년 전에 콜레라의 유행으로 3만여 명의 사상자를 낸 기억은 아직도 생생했다. 사람들은 두려워했고 '일본에서 콜레라로부터 안전한 곳은 니이가타新潟와 하마마쓰뿐이다'라는 소문이 떠돌았다.

겨우 도쿄에 와 앞날을 모색하고 있던 야마하는 운 좋게도 오사카의 상사로부터 연락을 받았다. 콜레라로부터 안전한 하마마쓰에 일자리가 있다는 소식에 야마하는 바로 도망가듯 도쿄를 떠났다. 도구함 하나와 입고 있는 낡은 옷이 전부인 그 모습이 바로 악기왕이라

불린 야마하 도라쿠스의 36살 때 모습이었다.

제1호 오르간, 62일 만에 세상에 선보이다

하마마쓰에 온 야마하는 먼저 큰길에 있던 시미즈야라는 싼 여인
숙에 들어갔다. 가와이 기자부로의 아내 마쓰는 "제가 처음 야마하
씨를 이타야쵸의 시미즈야라는 숙소에서 찾아뵈었을 때, 방에는 상
이 하나 있었고 그 외에는 별다른 물건다운 물건도 없어서 상황이 좋
아 보이지 않았다"고 회상하고 있다.

상황이 좋아 보이지 않았다고 할 정도가 아니었다. 입은 옷 하나만
가지고 하마마쓰까지 내려왔는데, 당시 떠돌이 기술자는 대부분이
다 그러했다.

병원의 요청으로 하마마쓰에 살기 시작했지만, 기계가 자주 고장
나는 것도 아니었다. 그래서 시계 수리를 시작했으나 인구가 고작 만
오천 명 정도인 이 마을에서는 도저히 장사가 되지 않았다. 병원 측
에서는 그가 도망이라도 가면 곤란해지기 때문에 어느 정도는 생활
을 봐 주었는데, 원장 후쿠시마와 야마하는 뜻이 잘 맞는 편이었다.
나중에 야마하가 오르간 제작소를 열었을 때에는 자신의 집을 담보
로 자금을 만들어 주기도 했다.

병원 이사직을 맡고 있는 히구치 린지로樋口林次郎라는 자가 있었
다. 그 또한 야마하를 귀여워했다. 히구치는 사카나쵸肴町에서 이세
야伊勢屋라는 큰 찻집을 경영하고 있었는데 야마하의 샤미센三味線이
그의 노래와 잘 어울렸다. 그들은 폐쇄적인 성격이 강한 마을에서 야
마하를 비호해 준 사람들이었다. 또한 그 두 사람은 학무위원이기도

했다.

1887년 7월 15일 하마마쓰학교에 불려온 야마하는 처음으로 오르간과 대면하게 된다. 조심스럽게 건반을 눌러보니 실제로 뭐라 표현할 수 없는 부드러운 소리가 울렸다. 흥미를 느낀 그는 오르간을 분해하여 그 안을 들여다보았다. 구조는 그렇게 복잡한 것이 아니었으며 고장의 원인도 금방 알 수 있었다. 리드가 두 곳 떨어졌을 뿐이었다. 외국에서 들여온 이 악기가 45엔이라는 말을 들은 야마하는 깜짝 놀랐다.

'나라면 이런 물건쯤은 10분의 1의 가격으로 만들 수 있다.'

과거 시계에 대해 느꼈던 적대심을 느끼는 동시에 야마하는 오르간의 장래성에 크게 마음이 흔들렸다.

당시 하마마쓰의 학교에서 가창과를 담임하던 야마다 구니타로山田国太郎는 "오르간을 본 야마하 씨는 그 오르간의 구조에 넋이 빠져버렸다. 제작도를 그리려고 하는 것을 그의 태도에서 알 수 있었는데, 나는 오랜 시간동안 오르간을 열어놓을 수가 없어서 그분을 혼내기도 했다"고 회상하고 있다. 기계를 좋아하는 그가 새로운 기계를 만난 것이다.

수리는 시계보다 훨씬 쉬웠다. 그리고 수리를 끝냈을 때 야마하는 오르간의 구조를 완전히 복사한 상태였다. 야마하는 오르간에 미쳐버렸던 것이다. 팔리고 안 팔리는 것이 중요한 게 아니라 무조건 자기 손으로 만들어 보고 싶은 욕망이 일어났던 것이다. 복사한 30장 남짓의 설계도를 가지고 야마하는 친분이 있는 가와이에게 상담을 하러 갔다.

가와이는 이케마치池町에서 고스기야小杉屋라는 작은 장식 가게를 하고 있는 기술자였다. 성격은 온후했지만 금속을 다루는 데에는 완벽한 기술을 보유하고 있었다. 한쪽은 떠돌이, 한쪽은 대대로 이어온 장식점을 경영하는 사람이었으나 둘 사이에는 기술자로서의 유대감이 있었다.

야마하의 이야기를 들은 가와이도 곧 오르간에 흥미를 갖게 되었다. 야마하보다 더 기계를 좋아했던 그였기 때문에 설계도를 보고 이런 정도의 기계도 만들지 못하면 기술자가 아니라고 자신의 장인정신을 자극시켰다.

오르간에 빠져드는 가와이를 보고 주변에서는 걱정을 했다. 당시 23살이었던 가와이의 아내 마쓰는 "야마하 씨는 기슈 사람이고 본성을 모른다. 고향 사람이라면 괜찮지만 다른 곳에서 살다 온 사람이라 믿을 수 없으니 같이 일을 하거나 돈을 주는 것은 하지 말라"며 많이 반대했다.

그러한 주변의 근심도 아랑곳하지 않고 두 유능한 기술자들은 일본 기술자의 능력을 보여 주려는 듯이 서양악기 제조에 도전했다.

가와이의 집이 작업실로 이용되었다. 야마하는 그 집에서 숙식을 같이 했다. 둘은 아침 5시에 일어나 밤에는 2시가 넘도록 일했다.

리드는 판금을 자르고 하나씩 돌뜨기를 해 모양을 만들었고 변[28]은 그들이 합금한 것을 줄질했다. 방수를 위해 입히는 고무제품의 공기 주머니는 그것을 대신할 만한 것은 없었지만 검은 천으로 어떻게든 비슷하게 만들어냈다. 건반에 붙일 셀룰로이드의 대용품은 재봉에 쓰는 소뼈의 주걱을 한 장 한 장 얇게 줄질하여 만들었다. 둘은 일생동안 단 한 번 열정과 창의력을 마음껏 쏟아냈다. 서양의 새로운

---

[28] 공기의 출입을 조절하는 기구의 총칭.

기계를 조립하려는 메이지明治 기술자들의 손재주는 아주 대단했다.

마쓰시로松代의 롯코샤六工社도 그런 경우였는데 그 복잡한 증기제도기를 철포, 창 등을 고치는 기술자와 목공 등 구번旧藩 시대의 기술자들이 불확실한 도면만을 보고 만들어냈다.

니시진西陣에 자카르(jacquard) 기계가 들어온 것은 1873년 12월이었는데 다음 해 3월 제3회 교토박람회 때에 처음으로 이 기계가 일반 기업가들의 눈앞에 등장했다. 당연히 국내 생산이라는 것은 상상도 못했고 수입을 하기에는 값이 비쌌다. 영세한 니시진의 기업가들에게는 한숨만 나오는 문젯거리였는데 1875년부터 니시진의 기계 전문가인 아라키 쇼헤이荒木小平가 기계의 조립에 도전했다. 먹고 자는 것도 잊어버린 채 밤낮 자카르의 구조를 연구한 그는 2년 후인 1877년에 백구百口와 이백구의 기계를 각각 한 대씩 만들어냈다.

자카르의 철 부분은 나무로 대신했고 그 값은 외국 제품과 비교가 안될 만큼 저렴했다. 또한 성능 면에서도 외국 제품과 비교해 조금도 뒤떨어지지 않았다. 니시진이 막부 말기 이래 침체를 극복할 수 있었던 것은 실제로 아라키의 국산 자카르 덕분이라고 할 수 있다. 만약 나무와 대나무가 철을 대신하여 제 역할을 못 했다면 일본의 근대산업의 발달은 조금 더 늦어졌을 것이다. 기술자들의 손재주가 일본의 근대화를 촉진시킨 반면에 전근대적인 무용지물의 부분도 여전히 존재하고는 있었다.

62일간의 각고 끝에 국산 제1호의 오르간이 완성되었다. 손으로 만든 오르간이 하마마쓰의 외국 제품과 똑같이 소리를 냈을 때 단순하고 순진한 두 기술자는 기뻐서 어쩔 줄을 몰라 했다.

둘은 바로 이 국산 제1호를 심사받기 위해 학교로 가져갔다. 그러나 하마마쓰에서는 그저 놀라움으로 감탄만 할 뿐이었다. 다시 이것을 시즈오카사범학교로 가져가 봤지만 여기서도 심사를 할 만한 사람은 없었다.

"그러면 도쿄로 가져가자. 음악조사소의 전문가에게 심사를 받자"는 것을 계기로, 두 사람은 오르간을 소중히 어깨에 메고 하코네를 넘어 이백수십 킬로의 길을 떠나게 된 것이다.

음악조사소의 이자와 슈지는 오르간을 보고 먼저 경탄을 표했다. 사실은 조사소에서도 5~6년 전에 3번에 걸쳐 제조에 도전했는데 만들어내지 못했던 것이다. 그것을 하마마쓰의 기술자들이 만들어냈다는 것은 아주 대단한 일이었다.

게다가 이 둘은 서양 음악에 관해서는 아무런 지식도 없다는 것을 알고서는 말문이 막혀버렸다. 무모한 일을 어떻게 해냈을까……. 이자와는 오르간을 쳐 보았다. 소리는 났지만 조율이 아주 엉망이었다. 쓸만한 것이 아니었던 것이다.

이자와는 밤새 잠도 못 자며 이 오르간을 만들어 먼 길을 들고 온 그들에게 어떻게 설명을 해야 할지 고민했다. 이자와는 한숨을 쉬며 무거운 입을 열었다.

"당신들은 참 대단한 사람들이요. 그러나 이 오르간은……."

낙담하는 둘을 보는 것은 애처로운 일이었다. 이자와의 입에서 나오는 전문적인 설명을 들은 둘은 물을 뒤집어쓴 강아지처럼 의기소침해졌다.

그러나 충격이 가라앉자 야마하는 다시 타고난 끈질긴 성격을 보여줬다. 조율법이라는 것을 배워서 다시 만들자는 것이었다. 이자와의 배려로 한 달간 특별 수강생으로 조율법을 배웠다. 그리하여 하마마쓰로 다시 돌아와서는 제2호 오르간 제작에 돌입했다.

제작 순서는 익혔으나 이번에는 자금이 없었다. 아내 마쓰는 여기까지 온 이상 끝까지 해내야 한다면서, 시부모의 반대를 무릅쓰고 부업을 하거나 행상을 하면서 자금을 만들어 지원했다.

이렇게 만들어진 국산 제2호 오르간은 그해 겨울에 완성되었다. 이자와가 칭찬할 정도의 작품이었으니 그 완성도는 물을 것도 없었다.

절터를 공장으로

태평양전쟁으로 하마마쓰는 27번의 공습을 받아 시내는 완전히 불타 없어졌다. 복구한 마을은 도로만 원형을 남겼고 건물들은 전부 새로 지어졌다.

야마하가 당도한 이타야쵸는 옛 도카이도와 이어지는 곳에 있었는데 1887년경에는 도로 양 측에만 집들이 있을 뿐이고 한 블록 뒤로 들어가면 밭만이 넓게 펼쳐져 있었다. 길은 신묘마치神明町의 서쪽에서 남쪽으로 들어가고 랜샤큐마치連尺町 상·중·하덴마마치伝馬町로 이어졌다. 이 부근이 전쟁 전의 하마마쓰의 중심지였다. 하마마쓰소학교는 그 신묘쵸의 서쪽 사거리에서 조금 북쪽으로 들어간 곳에 있었는데, 현재는 그곳에서 조금 더 북쪽으로 간 성지에 겐죠교元城校로 남아 있다. 원래의 하마마쓰소학교 터에는 현재 큰 빌딩이 세워져 있다. 가와이의 집이 있었던 이케마치池町 부근도 지금은 완전히 모습이 바뀌었다.

제2호 오르간이 음악조사소의 심사를 거친 후에는 시즈오카현静岡県 지사知事에서 5대, 사범학교에서 2대의 주문이 들어와 야마하와 가와이는 마을 남쪽 변두리인 나리코마치成子町에 있는 후다이지普大寺라고 하는 절터를 공장으로 만들어 오르간 제작에 들어갔다. 이 절은 시모후사下総의 이치가쓰지一月寺 계통의 허무승사로, 절이 폐쇄된 후 일시적으로 수도학교가 세워졌으나 곧 사라지고, 다시 그 터를 빌려 1888년 3월 기술자 10명을 데리고 오르간 제작을 시작한 것이 현재 일본악기의 전신이다. 신칸센新幹線, 도카이도본선東海道本線이 하마마쓰역으로 들어가기 직전에 이 구릉의 남쪽을 지나간다. 이 일본 최초의 오르간 공장이 1년 후에 역 앞으로 이전되고서는 90년 전의 공장터를 찾는 사람은 거의 없어졌는데, 나이 많은 사람들 사이에서는 이 구릉을 '오르간산'이라고 부르고 있다고 한다.

미가타가하라三方ヶ原 단구의 끝에 위치한 후다이지 구릉에서 한창 활기 넘치는 소리가 울려 퍼질 때였다. 야마하가 어느 날 동네 목욕탕에 들어가자 오르간 공장의 이야기를 하는 사람들이 있었는데 '요즘 후다이지에서 오르간이라는 것을 만들고 있다고 하는데 도대체 어디에 좋은 약일까'하는 것이었다. 오르간을 약이라고 생각하게 한 그 악기 제조는 90년 후인 오늘날 하마마쓰 최대의 산업으로 발전하여 일본 악기는 세계 최고의 악기 메이커로 성장했다. 하마마쓰가 꼭 악기 제조에 좋은 토지라는 것이 아니다. 1886년 콜레라를 피해 온 한 기술자가 이 마을에 정착했기 때문에 이렇게 된 것이다. 야마하가 만일 시즈오카에 살았다면 악기 제조는 시즈오카의 산업이 되었을 지도 모른다.

하마마쓰성지는 비가 온 후의 파릇파릇한 신록으로 덮여 있다. 늦게 핀 벚꽃도 이제 다 피었다는 듯 돌담 위에서 하얀 꽃잎을 뿌리고 있다. 그 남은 꽃들이 있는 구릉 위에는 쇼와텐슈昭和天守[29]가 있고,

콘크리트로 된 계단을 올라가면 있는 2층 건물의 전시실의 한 구석에는 오래된 한 대의 오르간이 쇼케이스 속에 전시되어 있다.

넓이와 높이는 80~90센티 정도이고 폭은 30~40센티 정도인 귀여운 49건반의 베이비오르간이다. 악보대는 비뚤어지고 페달에 붙여놓은 것은 닳아 있지만 'Yamaha Organ Hamamatsu'라는 글씨가 창문에서 들어오는 봄빛을 받아 금색으로 반짝이고 있다.

1907년에 만들어진 오르간이지만 야마하와 가와이가 어깨에 메고 하코네산을 넘었던 그 오르간과 크기도 모양도 거의 비슷하다.

야마하는 최초의 공장에서 만든 오르간 한 대를 하마마쓰소학교에 기념으로 기증했다. 1929년 창립하여 30주년을 맞이한 일본악기는 회사 정문의 들어오는 곳에 야마하의 동상을 세웠다. 이때 겐죠학교에서 그 오르간을 다시 회사에 반환했는데, 많은 공습으로 일본악기는 공장 4동을 남기고 괴멸상태가 되었고 오르간도 다 타버렸다.

왼손에는 메이슨의 오르간 건반을 들고 오른손은 허리에 대고 있는 2미터가량 되는 동상도 전쟁 말기에 보관되었고, 오랫동안 그곳에 남아 있던 기단은 1936년에 피아노 공장을 증축했을 때 헐어버렸다.

일본악기 본사에는 그 기단에 붙어 있던 릴리프가 남아 있다. 녹이 슨 청동판에는 삿갓을 쓰고 짚신을 신은 두 남자가 앞뒤로 큰 짐을 어깨에 메고 산길을 넘는 모습이 그려져 있다. 세로 75센티, 가로 45센티의 금속판이 외국에서 들어온 오르간에 도전한 남자들의 꿈과 열정에 대한 유일한 기념품이다.

---

29 옛 성곽의 전망대.

초기의 국산 오르간과 같은 형태의 오르간.

야마하 도라쿠스 동상 문양

참고자료

『야마하도라쿠스옹과 악기 제조』川上嘉市
『옥양명사전』山田万作
『일본악기제조주식회사와 야마하토라쿠스의 기업자활동』小野木吉兵衞
『야마하도라쿠스옹』동상건설사업소편
『양악효시』동양문고
『和歌山史』
『大和高田市史』외

빨간 양철 깃발

간다 긴키관錦輝館

1910년 7월 5일, 간다니시키마치神田錦町의 긴키관 주변은 아침부터 장사진을 이루고 있었다. 긴키관 앞에는 사람들이 두 줄로 길게 늘어서 있었는데, 줄이 히도쓰바시—ツ橋 거리의 고등상업학교 쪽으로 이어져 니시키마치錦町 전철역에까지 닿고 있었다. 경찰들까지 동원되어 열심히 열을 정리하고 있었으나, 오후 1시 개장 시간이 다가오면서 줄은 더 길어질 기세였다.

이날 긴키관에서는 시라세 노부(白瀬 矗, 1861~1946)의 '남극탐험 발표 연설회'가 개최되기로 되어 있었다. 며칠 전부터 신문들은 그것을 주제로 글을 싣고 있었다.

예비역 병참 중위 시라세 노부는 오랫동안 북지 탐험을 한 경험을 바탕으로 남극 탐험을 계획하게 되었다. 페어리, 스코트(Scott Robert Falcon 1868~1912, 영국의 남극 탐험가) 등의 실사 계획을 참고로 연구했으며, 아사노朝野의 유력자 등에게도 자문을 구하여 이 기획을 실현하게 되어 이번에 발표하기에 이르렀다. 오는 5일부터 간다 긴키관에서 제1회 남극탐험발표 연설회를 개최하기로 되어 있다.(아사히신문, 1910년 7월 2일)

시라세는 이미 1년 전에 도쿄마이니치東京毎日나 만쵸호万朝報 등의 신문에 자신의 남극 탐험에 대한 의지를 보여 주었다. 그러나 그해 가을 영국의 왕립지리학회회는 다음해 6월에 스코트를 남극에 파견할 계획을 발표했다. 아직 아무도 발을 들여놓지 않은 남극점 탐험에서 스코트와 경쟁하려면 무조건 빨리 출발하는 수밖에 없었다. 시라세는 1911년 2월 1일을 출발일로 결정했지만 자금이 생각보다 잘 안 모였다. 연설회가 급하게 개최된 것도 자금 조달을 위한 수단이었다.

신문이 전하는 시라세의 구상은 이렇다.

시라세 중위 일행은 8월 1일에 도쿄에서 출발한다. 오랫동안 북해의 고기잡이에 사용한 200톤의 범선에 기관機關을 붙여 승선하여 신항로를 잡아 오가사와라小笠原섬을 거쳐 곧바로 호주를 향한다. 9월 30일에 호주에 도착하면 그곳에서 식량을 보충하고 10월 5일에 출발, 11월 13일에 맥매드항에 도착할 예정이다.

그곳에 배를 두고 캠프를 세워 6일간 체류하는 동안 모든 준비를 갖춘 뒤, 11월 20일 남극을 향해 빙상 탐험 여행의 길을 떠난다. 이때 시라세의 일행은 두 팀으로 나뉘어 한 팀은 시라세의 조수 2명과 천문학자, 지리학자 각각 1명씩 동행하고, 5마리의 말에 식량을 싣고 하루 24킬로의 평균 속도로 남극으로 향한다. 다른 한 팀은 근거지에서 5마리의 말을 이끌고 남극탐험대가 돌아올 때 필요한 식량을 각 요지에 운반하는 역할을 한다. 이렇게 일행은 1911년 1월 28일에 남극점에 도달할 예정이며, 3일간 그곳에서 빙설을 조사하고 기념으로 철제함을 묻고 국기를 올릴 것이다. 그 근방 지역도 탐험하고 2월 1일 남극을 출발하여 4월 1일에는 캠프를 출발, 7월 말에 도쿄로 귀국할 예정이다.(아사히신문, 1910년 7월 2일)

이 구상에 의하면 남극점은 이제 시라세가 잡았다고 할 수 있다. 스코트가 도대체 어떤 자인데 우리의 시라세와 경쟁하느냐는 식으로 동아시아 일등국의 실력을 전 세계에 알리자는 말이 곳곳에서 터져 나왔다. 당시 일본은 러일전쟁에서 승리하여 대외적으로는 세계의 강국대열에 등극했지만, 대내적으로는 좌절감이 만연했고 왠지 꽉 막힌 분위기였다. 그러한 상황에서 남극의, 눈과 빙하의 대륙 저 끝에 일본 국기가 휘날린다는 환상은 일본인들의 마음을 자극하기에 충분했다.

개장과 동시에 긴키관 안은 서 있을 곳도 없을 만큼 사람들로 가득 찼다. 오후 한 시가 되자 성공잡지사成功雜誌社 사장 무라카미 다쿠로村上濁浪의 개회사에 이어 연설회가 시작되었다. 자전거로 세계무전여행을 한 나카무라 하루키치(中村春吉, 1871~1945)가 먼저 '남쪽으로 남쪽으로'라는 주제로 자신의 경험을 바탕으로 성공하기를 바라는 내용의 격려 연설을 했다. 이어서 몽고왕 사사키 야스고로佐々木安五郎[30]가 일본민족과 탐험과의 밀접한 관계를 설명했다. 그 후 대학 졸업식이 시작하기 전의 짧은 시간을 할애하여 출석한 오쿠마 시게노부大隈重信[31]가 설득력 있는 말투로 시라세의 인격과 실력을 보증하고 자금 보조를 호소했다. 관내의 열기는 점점 높아졌다.

미야케 세쓰레이(三宅雪嶺, 1860~1945)도 시라세의 강력한 후원자 중 한 명이었다. 미야케는 무게 있는 어투로, 10년 전 오스트리아에서 만난 스탄레의 인상을 전하면서 남자가 한번 결심을 하면 비용이 부족하더라도 실행해야 한다. 그리고 일본국민이 얼마나 냉철한 민

---

30 1872~1834, 메이지, 쇼와 초기의 대륙 여행가, 정치가. 몽고왕의 별명이 붙음.

31 1838~1922, 메이지, 다이쇼 시대 정치가. 와세다대학 설립자.

족인지를 세계에 보여줘야 한다. 살아서 돌아오지 말라고 열변을 토하며 분위기를 부추겼다. 사쿠라이 구마타로桜井熊太郎[32], 기모쓰키 가네유키胆村兼行[33], 다나카 히로유키田中弘行, 오이시 마사미大石正巳[34] 등 연사들이 이어서 연단에 나와 열변을 토했다. 관내의 분위기는 점점 뜨거워졌고, 어떤 학생은 갑자기 일어서더니 "여러분, 시라세 씨를 위하여 지금 당장 가지고 있는 돈을 모두 기부합시다"라고 외칠 정도였다.

5시간에 걸친 연설회가 끝나자 관계자들은 모두 모여 남극 탐험 후원회를 결성했다. 시라세의 남극 탐험은 이렇게 크게 한 걸음 전진했다.

시라세는 1861년 아키타현秋田県 남부의 일본해에 면한 어촌인 가네우라金浦에서 태어났다. 죠렌지淨蓮寺라는 진종真宗의 절이 생가인 그는 장남으로 태어났다.

절을 이어받아야 했음으로 8살 때부터 학문을 닦았다. 시라세가 다닌 곳은 히라타 아쓰타네平田篤胤[35]로부터 가르침 받은 사사키 셋사이佐々木節斎의 작은 학교였다. 셋사이는 의사였지만 난학을 배워 넓은 시야를 가지고 있었다. 양서를 읽을 수 있는 스승 밑에서 7년간을 배운 것은 시라세로서는 대단한 행운이었다.

셋사이는 소년들에게 탐험담을 즐겨 이야기해 주었다. 콜럼버스, 마젤란, 그리고 60세를 넘은 나이로 북서항로를 탐험하다 소식이 끊긴 영국의 해군대위 존 플랭클린[36]의 이야기 등은 어린 시라세의 마

---

[32] 1864~1911, 메이지 시대의 저명한 변호사.

[33] 1853~1922, 메이지, 다이쇼 시대 군인, 정치가.

[34] 1855~1935, 메이지, 다이쇼 시대 정치가.

[35] 1776~1843, 에도 시대 말기의 국학자.

음에 깊이 각인되었다. 가네우라항에는 홋카이도北海道 연안이나 치시마千島 방면에 어선이 많았기에 그의 북해 탐험은 단순한 공상이나 구상만이 아닌 실제 일어날 일처럼 느껴졌다.

11살 때 시라세는 셋사이에게 북극을 탐험하고 싶은데 어떻게 하면 되는지 방법을 가르쳐 달라고 부탁했다. 셋사이는 의외로 진지한 소년의 표정에 당황하면서 아직 그럴 나이가 아니라며 거절했으나, 시라세는 그 후에도 끈질기게 방법을 물어 보았다. 결국 셋사이는 그에게 5가지의 행동지침을 설명했다. 금주, 금연, 차를 마시지 말 것, 뜨거운 물을 마시지 말 것, 추위 속에서도 불을 쬐지 말 것, 이 5가지를 지키면, 성장해서 기회가 왔을 때 도움이 될 것이라고 가르쳤다.

아직 어리니까 어차피 시작해도 중도에 포기할 것이라고 생각했으나 시라세는 이 일을 충실히 실행했다. 후에 시라세는 술, 담배는 물론 뜨거운 차도 안 마셨고, 밥도 찬밥만 먹었다. 그리고 추위 속에서 불을 안 쬐도 추위를 못 느끼는 특이한 체질을 만들어 냈다.

1879년 19살이 된 히라세는 상경하여 아사쿠사浅草에 있는 히가시혼간지東本願寺의 소교교小教校에 입학했으나 곧바로 그곳을 뛰쳐나와 히비야日比谷에 있는 육군지도단에 들어갔다. 이후 12년간 군대 생활을 하게 되는데, 그동안에도 동북지방 사람다운 끈기를 보이며 극지極地로 가는 꿈을 접지 않았다.

시라세는 승부욕이 강하고 고집이 센 소년이었다. 남들이 가보지 않은 곳에 가고 남들이 못 해본 것을 하는 것이 그의 어렸을 때부터의 꿈이었고 신념이었다. 극지 정복은 이 두 조건을 모두 충족시킬 수 있는 절호의 방법이었다.

---

36 John Franklin, 1786~1847, 영국의 북극 탐험가.

1881년 센다이친다이仙台鎮台[37]의 수송대에 편입한 시라세는 1889년 가을 훈련을 하던 중 우연히 고다마 겐타로(児玉源太郎, 1852~1906) 소장과 말을 나눌 기회가 생겼다. 시라세가 북극 탐험의 의사가 있는 것을 전하자 고다마는 "그전에 치시마 근처에서 추위를 견디는 훈련을 하는 게 좋을 것"이라고 충고해 주었다.

이날부터 시라세의 가슴속에는 북국 탐험을 전제로 한 치시마행이 확실한 형태로 자리 잡았다.

북위 50도의 겨울

치시마 열도는 1875년 일본과 러시아 사이에 가라후토(사할린)·치시마 교환 조약이 체결되고 일본의 열도가 되었는데, 메이지 일본은 홋카이도의 개발에 바빠 이 북방의 작은 섬에는 신경을 쓰지 못했다. 그래서 이 섬은 정부의 손이 미치지 못하는 상태였다.

이 치시마에 국민의 관심이 모이게 된 것은 1891년에 칙명을 받은 가타오카 도시카즈片岡利和[38]가 치시마의 순찰을 시작했기 때문이다. 이해 오카모토 간스케岡本監輔[39]가 에토로프섬에 다녀왔고, 그 다음 해에 치시마 개척을 외치며 치시마의회를 설립한다. 같은 해 히로사키弘前 출신 사사모리 기스케笹森義助[40]는 치시마 최북단의 슈무슈무섬까지 다녀온다.

해군대위인 군지 시게타타郡司成忠[41]가 치시마를 탐험한 것은 이듬

---

[37] 메이지 전기의 육군 군단.
[38] 1836~1908, 막부 말, 메이지 시대 무사.
[39] 1839~1904, 막부 말, 메이지 시대 탐험가.
[40] 1845~1915, 메이지 시대 탐험가.

해인 1893년이었다. 이해는 육군 중사 후쿠시마 야스타다(福島安正, 1852~1919)가 말을 타고 시베리아를 횡단하는 데에 성공하여 신바시 역에서 국민들의 환호를 받은 해였다. 청일전쟁 직전 메이지의 젊은 내셔널리즘이 고조된 시기이기도 했는데, 탐험을 꿈꾸는 청년들 사이에서는 국내 무전여행이나 3엔 50전으로 가는 남해양 일주 등이 유행하고 있었다.

군지의 이상은 일본 북방의 국방을 갖추기 위해서 치시마에 이주 개척을 실현하는 것이었다. 청년들의 무전여행과 같은 것으로 취급하는 것은 좀 그렇지만, 물질적 부족을 정신·육체로 매워 보려는 실행 계획의 무모한 자세에서 비슷한 점을 발견할 수 있다.

군지가 조직한 보호의회에 모인 사람들은 해군의 퇴직 하사관들이었다. 그들과 함께 얻은 3척의 대형보트와 2척의 전통 목조선을 타고 치시마 열도 북단의 슈무슈무섬으로 건너갈 계획을 세웠다. 수뢰정을 타 본 경험이 있는 그는 길이 20미터, 폭이 3미터가 안 되는 대형 보트로 북해를 건너는 것에 자신이 있던 모양이었다.

때를 같이하여 예비군이 된 시라세도 치시마 원정 계획을 세우고 있었다. 센다이에서 동행자를 모집하고 배와 식량을 조달하기 시작했는데 군지의 계획이 발표되자 경쟁을 피하여 자신의 계획을 포기하고 해군 일행에 합류하려 했다. 해군 전역자만을 회원으로 하는 보교의회는 시라세를 비롯한 4명의 참가 희망에 난색을 보였지만 시라세가 집요하게 설득한 결과 하코다테函館에서 승선하는 조건으로 참가를 허락했다.

1893년 3월 20일, 수만 명의 사람들의 환호 속에서 출발한 일행은

41 1860~1924, 메이지 시대 군인, 개척자.

벚꽃이 피기 시작한 스미다墨田 둑에서 원정의 길을 떠났다. 불꽃이 쏘아 올려지고 환송하는 수십 척의 각 대학 보트들에 둘러싸였다. 마치 국민적 영웅을 환송하는 듯한 광경이었다.

도쿄에서 슈무슈무까지는 1,927해리, 하루 평균 12시간, 1시간 평균 5해리를 목표로 33일만의 도착을 예정하고 있었다. 날씨로 인한 지연을 고려하여 두 배의 시간을 잡아도 5월 중에는 슈무슈무섬에 도착할 것이라는 계산을 하고 있었다.

그러나 불행하게도 그해 날씨는 아주 불규칙했다. 치시마섬의 그림자를 바라보며 북상하고 있을 줄 알았는데, 5월이 되어도 일행은 겨우 이와테현岩手県의 구지久慈항 근처까지밖에 도달할 수 없었다. 그리고 출발 2달째인 5월 20일, 아오모리현青森県 시라카스白糟 부근에서 폭풍을 만나 대형 보트 한 척과 목조선 한 척을 잃어버리는 사건이 일어났다. 19명이 생명을 잃었다. 조난한 목조선은 70톤이나 되었는데 불행하게도 이 선박에는 1만 엔의 자금과 6척 포 5문, 소형 총 150정, 탄약, 물자 등이 실려 있었다.

급하게 출동한 군함 이와시로岩城의 원조로 겨우 하코다테로 운반되었지만 군지는 세간의 비난을 받을 수밖에 없었다.

그들은 정기선으로 에토로프로 건너갔다. 그리고 7월 20일 우연히 샤코탄섬에 유황을 채굴하러 가는 야스히로마루泰洋丸호가 입항했고 18명의 일행을 슈무슈무까지 데려다 주기로 했다. 시라세는 군복에 스펜셀총을 가지고 어깨에는 일본도를 멘 모습으로 이 18명의 일행과 합류했다.

샤코탄에 유황이 없었으므로 야스히로마루호는 애초의 예정을 취소하고 그대로 귀항하기로 했다. 군지는 샤코탄 관측을 위해 대원 9

명을 남게 했다. 그리고 그 후 이 9명은 월동 중에 비참한 최후를 맞이하게 된다.

에토로프로 귀항하는 사이, 군함 이와시로를 만난 그들은 승선을 허가받고 슈무슈무까지 갈 수 있게 되었다. 8월 31일, 5개월 만에 겨우 목적지 슈무슈무섬을 밟을 수 있었던 것이다.

치시마의 가을은 짧다. 군지들은 치시마의 아이누 민족의 거주지에 2채의 오두막을 짓고 정력적으로 치시마를 조사했다. 그리고 9월 22일 이와시로가 귀항한 후, 군지, 시라세 등 7명이 이 섬에서 겨울을 보내게 되었다. 또 한 명 와다 헤이하치和田平八가 단독으로 옆 섬인 파라무시루에 체류했으므로, 그해 치시마에서는 17명이 겨울을 지낸 셈이었다.

와다는 탐험대원과는 좀 다른 인물이었다. 그는 그리스구교의 신자로, 일본열도로 합병된 후 에토로프섬으로 강제 이주당한 치시마의 아이누인들을 원래 섬으로 귀주시켜 그들을 포교하려는 생각을 품고 있었다.

시라세 등은 그에게 긴급한 상황일 때는 해안의 잡초에 불을 붙여 신호를 보내라고 했는데 이것이 와다와의 마지막 이별이 될지는 꿈에도 생각 못했다.

11월 1일, 첫눈이 왔다. 북위 50도의 어둡고 힘든 겨울이 시작되었다. 12월에 들어서자 연일 초속 25미터의 눈보라가 쏟아져 시라세 일행은 오두막집에서 한 걸음도 밖으로 나갈 수 없었다.

기온은 영하 7도 정도였는데 해가 바뀌고부터는 하루하루 기온이 떨어져서 낮 동안에도 기온이 영하 10도 이하였다. 월동용 식량은 쌀이 100두斗, 해군 건빵이 10여 봉, 그리고 통조림, 설탕, 간장, 젓갈 등이 약 1년 분 준비되어 있었지만 간식은 충분하지 않았다. 눈보라가 더 심해지기 전에 서둘러 생선을 말려 건포를 만들고 그곳에 많이 서식하고 있는 바다표범, 매, 오리 등을 사냥하여 고기를 소금에 절여 놓았다. 그것이 유일한 간식이었다.

4월이 되자 안개가 바다를 덮었다. 치시마의 긴 겨울이 끝나고 있다는 것을 알 수 있었다. 해협의 얼음도 녹아 수로가 열려, 5월 10일 군지, 시라세 등 4명은 대형 보트를 타고 파라무시루의 와다를 찾아갔다.

해안가의 후미진 곳에 상륙해 보니 와다의 오두막집은 아직 눈에 덮인 채로 있었다. 강가에서 오두막집까지 이어진 길가에 덮인 눈 위에는 사람이 지나간 흔적 하나 없었다. 불길한 예감이 들어서 와다의 이름을 불러 보았으나 오두막집에서는 아무런 대답도 없었다.

오두막집의 입구에는 정월에 문 앞에 장식하는 작은 소나무가 세워져 있었고 고드름이 매달려 있었다. 눈을 헤치고 먼저 군지가 들어가더니 바로 나와 괴이한 표정을 지으며 '아무도 없다'고 소리쳤다. 시라세가 들어가 보니 눈부신 눈 속을 걸어온 탓에 어두운 집안은 아무것도 안 보였다. 그래서 지붕을 부숴 햇빛을 들어오게 하고 자세히 보니 와다는 오두막 한 구석에서 몸을 위로 향한 채 죽어 있었다. 그는 이빨을 꾹 악물고 있었고 양손의 주먹은 꽉 쥐어져 있었다. 고통스럽게 죽어갔음을 알 수 있었다. 또 죽은 지 시간이 오래 경과한 탓인지 얼굴은 검었고 양 눈은 움푹 패여 마치 미라 같았다. 4명은 말없이 그 자리에 선 채 꼼짝도 못했다.

6월 28일 기다리고 기다리던 이와시로호가 8개월 만에 모습을 나타냈다. 대원들은 한시름 놓았지만 동시에 충격적인 소식도 전해 들어야 했다. 샤코탄의 대원 9명이 전멸했다는 것이었다.

샤코탄의 대원 9명 중 5명은 옆 섬인 에카르마섬에 바다 사냥을 나갔다가 돌아오지 않았다고 한다. 식량 보급으로 인한 비극이었다. 남은 4명은 치시마의 풍토병이라는 수종증으로 사망했다. 야채 부족과 염분의 과다 섭취로 인해 각기병과 같은 증상을 보이고 걸을 수 없게 된 후 심장을 앓는 병이었다. 그러나 직접적인 사인은 심한 추위로 인해 오두막집을 밀폐한 상태로 불을 피워 일산화탄소 중독으로 사망했다고 한다.

이와시로호의 승원이 인기척이 없는 오두막 문을 밀어보니까 반쯤 열린 상태에서 다시 닫혔다. 다시 힘주어 문을 밀어보니까 무거운 것이 넘어지는 소리가 났다. 문밖으로 나오려고 하던 한 명이 문을 열려고 하는 상태에서 숨이 끊어져 그 시체가 문에 기대고 있었던 것이다. 실내의 냄새는 지독했다. 사후 6개월 이상이 지난 시체는 이미 썩어 있었고 하얀 털 같은 것이 온몸에 나 있었다고 한다.

세상을 흥분시켰던 군지 나리타다의 치시마 탐험은 치시마에 도착하기도 전에 19명의 희생자를 내고 극심한 추위에 도전한 17명의 월동부대원 중 10명이 사망하는 결과로 끝났다. 계획의 무모함에 대한 비난은 어쩔 수 없었다.

제2차 월동

이와시로호는 슈무슈무의 7명을 전원 데리고 돌아오라는 명령을 받았다. 1894년 청나라와의 국교國交는 최악의 상태였고 전쟁은 거의 불가피해졌다. 전쟁이 개시되면 치시마에 군함을 파견할 여유가 없어지기 때문이었다.

그러나 이와시로호에는 군지의 아버지 고다 시게노부幸田成延와 5명의 청년이 타고 있었다. 이 노인은 아들 대신 섬에 남겠다고 선언하고 버티고 있었다. 군지는 이에 동의하지 않고 아버지를 설득하였고 결국에는 시라세가 대신 노인과 함께 있는 청년들과 겨울을 슈무슈무에서 보내기로 했다. 나머지 청년들의 이름은 도가와 노부조杜川延三, 가쓰하라 마스키치葛原益吉, 세키 세이이치関誠一, 미소노 가메자부로御園生亀三郎였다. 시라세는 이들 다섯 청년들과 함께 지옥을 맛보게 된다.

지난 해 겨울을 보낼 때 간식 부족으로 어려움을 겪었던 시라세는 청년들을 지도하면서 눈이 오기까지 꾸준히 고기를 잡고 새를 사냥하는 등 만반의 준비를 했다. 또 한편으로는 러시아 영토인 캄챠카반도로의 도항을 계획하기도 했다. 이 계획은 풍랑으로 성공하지 못했지만 슈무슈무섬 일주로 계획을 바꿔 탐험의 실적을 올렸다.

1894년 치시마의 겨울은 예년보다 일찍 왔으며 또한 추위도 심했다. 열도의 최고봉 2,339미터의 아라이드산은 9월 4일이 되자 완전히 눈에 덮였고 10월 16일에는 풍속 20미터의 바람이 슈무슈무섬에 첫눈을 가져왔다.

시라세는 오두막에서 조금 떨어진 곳에 혼자 쓰는 오두막을 지어 가끔씩 거기서 지냈다. 청년들과 공동생활을 하면서 따뜻한 불에 익숙해지는 것을 스스로 경계하기 위해서였다. 그에게 있어 치시마의 월동은 어디까지나 북극 탐험을 위한 훈련에 지나지 않았다.

그러나 해가 지나도 한기는 더욱 심해졌다. 불을 지피지 않는 시라세의 오두막집은 천장과 벽이 서리에 덮였고 시라세는 추위로 밤잠을 못 이루기도 했다.

그나마 시라세는 꽁꽁 언 슈무슈무 해협을 걸어서 횡단하고 캄챠카반도의 로파트카고개에 올라가기도 했지만 갑자기 이 맹렬한 냉한 지옥에 던져진 나머지 다섯 명의 청년들은 견딜 수가 없었다.

월동 중의 식단을 보면 아침은 밥하고 국, 점심에는 생선이나 조류 고기 등으로 국을 끓여 밥을 말아 먹고 저녁에는 간이 벤 죽을 먹었다. 도시에서의 생활이라 해도 영양실조에 걸릴 식단이었다. 또한 오두막집은 환기가 잘 안되어 습도가 높았다.

4월이 되자 청년들은 날로 쇠약해져 갔고 수종증水腫症 증상을 보이기 시작했다. 처음에 증상을 보인 것은 도가와였다. 양 다리에서 허리까지 붓고, 잇몸에서 피가 나며 호흡곤란을 호소하다 끝내 4월 19일에 죽었다. 고베 출신인 이 청년은 '미나토가와湊川신사의 떡을 먹고 싶다'고 말하면서 죽었다고 한다. 시라세도 한때 도가와와 비슷한 증상을 보였지만 타고난 정신력으로 일주일 동안 단식하고 그 후 더 며칠간 물을 안 마시는 민간요법으로 회복했다.

5월 7일에 미소노가 죽고 13일에는 야마모토가 뒤를 따랐다. 오두막 안에 시체들이 엎드려 있는 상태였는데, 밖에는 풍속 20미터의 바람이 불고 대륙은 꽁꽁 얼어서 그들을 매장할 수 없었다. 더욱이 남은 두 청년의 체력도 바닥이 난 상태여서 시체를 매장할 방법이 없었다. 24일에 겨우 날씨가 잠시 개어 시체를 매장했는데 시체는 완전히 부패해서 들어올리면 썩은 살 조각이 떨어져 나가는 섬뜩한 상황이었다.

그 후 3개월을 세 사람은 식량 부족으로 고생하면서 슈무슈무에서 지냈다. 북해도청 장관이 보낸 하치구모마루八雲丸가 모습을 보인 것은 8월 21일이었다. 만 2년이 지난 시라세의 치시마 체류는 겨우 끝났다.

시라세는 청일전쟁이 발발한 것도 전혀 몰랐다. 이와시로가 돌아간 한 달 후에 도요시마豊島 해안에서 전투가 시작되었고 하치구모마루가 마중을 나왔을 때에는 강화가 맺어진 지 4개월이 지난 후였다. 고향에는 시라세의 소집 영장이 7번이나 온 상태였다. 가족들은 그때마다 네무로根室 시청으로 회송했다. 슈무슈무까지 그 영장을 보낼 배가 없었던 것이다.

보효의회의 치시마 탐험은 결과적으로 32명의 많은 희생자를 냈다. 실패 그 자체였다. 그러나 거기에 합류했던 시라세로서는 치시마에서 목숨을 건 겨울 생활을 두 번이나 한 것은 큰 경험이었다. 북극의 추위와 빙설에 견딜 자신을 얻은 것이다.

고향에 돌아온 시라세는 월동 기록을 정리하거나 치시마 개척 운동을 꾸준히 진행시키면서 하루하루를 보냈다. 북극에 대한 동경심은 잊지 않았지만 치시마와는 달라 그렇게 섣불리 도전할 수 있는 곳이 아니었다.

1902년 상경한 시라세는 고다마를 찾아가 북국 탐험 시도를 호소했지만 고다마는 적기가 아니라는 이유로 거절했다. 당시 일본은 만주와 한반도를 둘러싸고 러시아와 대치 상태에 있었기 때문에 분위기가 그리 좋지 않았다. 고다마에게는 북극이 문제가 아니었다.

1904년 2월 10일 일본은 드디어 러시아에 선전포고를 하게 되었다. 소집을 받은 시라세는 히로사키 제8사단 위생예비장으로 전쟁터로 떠났다. 오이시바시大石橋, 요양遼陽 등의 전투에 참전했고, 봉천奉天 전쟁터에서는 손에 부상을 입었다.

히로사키에 돌아온 시라세는 1906년의 여름 오자키 유키오尾崎行雄[42]에게 발탁되어 도쿄 시청에서 근무하게 되었다. 북극 탐험이라는 대사업을 실현하기 위해서는 아키타의 시골보다 도쿄에 있는 편이 유리했다. 시라세는 기꺼이 상경했는데 도쿄에 도착하자마자 비보를 접하게 된다. 고다마 겐타로 대장이 55살이라는 젊은 나이에 세상을 떠났다는 것이다.

자신을 이해해 주는 유일한 사람이라고 믿었던 고다마의 사망 소식은 시라세에게 큰 충격을 안겨 주었다. 북극이 갑자기 멀어진 느낌이 들었다. 그러나 그는 북극 탐험에 재도전하기 위해 새로운 마음으로 꾸준히 정보를 수집했다.

오랫동안 인류를 거부해 왔던 눈과 얼음의 북극점은 노르웨이의 난센[43]이 1893년 북위 86도 12분까지 육박한 상태였다. 군지의 치시마 탐험대가 태평양 해안을 북상하던 그때였다.

20세기의 막이 열리자 각국의 탐험대가 이 기록에 도전을 하고 나섰다. 1900년에는 이탈리아의 아브르지공[44]이 인솔하는 탐험대가 3명의 희생자를 내면서 북위 86도 34분까지 도달했다. 그리고 1905년에는 미국인 페어리가 죽을 고비를 넘기고 북위 87도 6분 지점에 도착했다.

이러한 뉴스가 세계를 떠들썩하게 할 때마다 시라세는 조바심이 났고 자신의 주위를 돌아봤다. 추위에 견딜 체력에 있어서는 누구한테도 지지 않을 자신이 있었지만 그 밖의 준비는 전혀 되어 있지 않

---

[42] 1858~1854, 메이지, 쇼와 시대 정치가.

[43] Nansen Fridtjof, 1861~1930, 노르웨이 북극 탐험가, 정치가.

[44] Abruzzi, 1873~1933. 이탈리아 해군장교, 탐험가.

왔다.

그리고 1909년 9월 결정적인 뉴스가 만쵸보에 실렸다. 재도전한 페어리가 이번 4월 6일에 드디어 지구 북극점에 미국 국기를 꽂았다는 것이었다. 시라세는 마치 지옥으로 떨어지는 것 같은 실망감을 느꼈다. 40년간 마음속에서 키워온 북극점 정복의 꿈이 순식간에 무너진 것이다.

> 나는 전인미답의 경계로 가고 싶다. 사람이 괭이나 낫으로 잡초를 깎고 가지런히 갖춘 평탄한 길을 천천히 걸어가는 것은 너무 싫다. 뱀이 있고, 곰이 나와도 아직 사람의 흔적이 없는 경계를 자유롭게 돌아다니고 싶다(『남극탐험』)

이것이 시라세의 신념이었다. 북극점은 사람들이 아직 아무도 가지 못했던 곳이기에 충분히 가치가 있었다. 세계의 탐험가들도 먼저 가려고 벼르고 있었다는 사실이 시라세의 마음에 불을 붙였던 것이다.

시라세는 절망 속에서 새로운 목표를 정했다. 가치를 잃은 북극점은 이제 관심 밖의 일이고 지축의 또 한 끝에는 남극점이 있다. 그곳은 아직 깃발을 꽂은 자가 아무도 없었던 것이다.

남극을 향한 먼 길

목표를 북극에서 남극으로 180도 전환한 것은, 시라세에게는 빙설의 처녀지라는 점에서 아무런 문제가 없었다.

그러나 남극 탐험도 서둘러야 했다. 이미 영국 샤클튼 탐험대가

1909년 1월 남자극南磁極을 확인하고 샤클튼 자신은 극점에서 180킬로 떨어져 있는 남위 88도 23분까지 다가가고 있었다. 게다가 뒤이어 스코트 탐험대가 출발 준비에 들어가고 있었다.

1910년 1월 시라세는 남극 탐험 계획서를 제출하고 10만 엔의 자금 원조를 국회에 청원했다. 이 청원은 귀족원에서 3만 엔으로 줄었지만 무사히 안건은 통과할 수 있었다. 몇 십만 엔의 돈이 있어도 모자란 터에 자금은 전혀 나올 기미가 없었다. 그래서 5월 5일 오쿠마 시게노부를 회장으로 하는 후원회가 조직되었다.

아사히신문사가 후원에 나서 7월 13일에는 일면에 '널리 천하에 의로운 성금을 모금한다', '우리 일장기가 저 멀리 유니온 잭에 앞서 남극 땅에 휘날리는 것은 우리 국민의 후원에 달려 있다' 등의 내용을 실었다. 만쵸보, 요미우리, 호치報知 등의 각 신문을 비롯하여 아키타가이秋田魁, 하코다테일일函館日日, 나고야신문, 츄고쿠민보中国民報 등의 지방 신문사에서도 국민적인 계획으로 지지하여 기부금은 10일 만에 2만 4천엔에 달했다.

출발 예정은 보름 지연되어 8월 15일로 정해졌다. 자금은 어느 정도 확보할 수 있었으나 문제는 타고 갈 적당한 배가 없다는 것이었다.

시라세는 200톤 급의 배로 출항할 생각이었으나 아시히신문사 측에서는 안전하게 600톤 정도의 배에 장비도 충분히 갖추고 출발해야 한다고 했다. 배를 준비하지 못하면 내년에 출발하면 된다는 식의 태도였는데 신문사로서는 당연한 배려였다.

후원회에서도 큰 배를 선택해야 한다고 주장했다. 시라세는 치시마에서 생활했을 때 밀엽선密獵船을 많이 보아 왔다. 그 많은 배들은

100톤 내외의 크기였으나 몇 천 킬로나 되는 북해 바다에서 바다표범이나 해달을 찾아 항해하고 있었다. 200톤만 되어도 충분하다는 것이 그의 생각이었다.

미지의 탐험인 까닭에 위험은 당연히 감수해야 했다. 시라세는 누구보다 먼저 남극점에 서고 싶다는 마음이 앞섰지만, 주변에서는 단순한 스포츠 탐험으로 끝내고 싶지 않아 했다. 사실 만약 군지탐험대가 연출한 조난사건과 같은 일이 일어나면 세상의 비난을 받을 대상은 후원회와 아사히신문사이기 때문이었다.

시라세는 몇 번이나 배를 보러 갔다. 치시마에서 인연이 깊어진 이와시로호를 빌려도 된다는 이야기도 나왔다. 이 배는 1880년에 만들어진 것으로 러일전쟁 이후인 1907년에는 제적除籍상태로 있었다. 배수량이 656톤으로 문제는 없었으나 새로이 정비하는데 10만 엔의 비용이 필요했다. 모금 목표가 10만 엔인 탐험에 있어서 그 가격은 너무나 컸다.

9월 하순이 되자 보효의회의 제2 보효마루가 연어잡이를 끝내고 돌아왔다. 이 배는 그해 3월에 건조한 것으로 199톤이긴 하지만 보조엔진을 부착하면 시라세가 원하는 배에 가깝다고 할 수 있었다.

8월 15일로 예정되었던 출발은 연기되었다. 세간의 기대가 컸던 만큼 이 연기는 비난을 면할 수 없었다. 무계획성을 지적하는 목소리도 나왔으며 나아가 시라세의 인격을 의심하는 발언까지 나왔다. 만쵸보도 예상 이상의 국민의 후원을 받았으면서 출항일이 다가오니까 연기를 한다는 것은 처음부터 그의 계획이 경솔했음을 인정할 수밖에 없을 것이라고 비난했다.

스코트의 테라노바호는 남극을 향해 순조롭게 도해하고 있었다.

이 소식을 들은 시라세는 그냥 있어야 되는 자신의 처지에 답답함을 느낄 수밖에 없었다. 시라세는 자서전『남극탐험』에서 당시 이미 스코트와의 남극정복 경쟁은 거의 포기한 상태였다고 회상하는데, 이것은 남극점에 도달하기 전에 귀향한 자신의 탐험 결과에서 그렇게 쓸 수밖에 없었을 것이다. 처음부터 포기한 상태에서 남극으로 출발했다는 것이 사실이라면 북극에서 남극으로 전환할 이유가 없었다. 또한 극점에 휘날리는 일장기를 꿈꾸며, 조금씩이나마 기부한 국민들을 배신하는 것이 된다.

9월 20일 군지를 태운 제2 보효마루가 돌아왔다. 바로 양도교섭을 하였지만 군지는 이를 거절했다. 치시마 탐험에서 이름을 떨친 그에 대한 미묘한 마음의 갈등이 있었던 것이다.

오쿠마가 설득하고 나서야 겨우 이야기가 진행되었다. 매도비는 2만 5천 엔이었다. 배는 바로 이시카와섬의 조선소에서 정비에 들어갔다. 이 배가 도고 헤이하치로東鄕平八郞[45]가 명명한 '가이난마루開南丸'이다.

후원회와 아사히신문사는 천문학자, 지리학자 등을 불러 학술적 의미도 갖추고 싶다고 생각하고 있었다. 상담을 받은 도쿄제국대학에서는 하마오 총장을 비롯하여 교수들이 회의를 열어 검토를 계속했지만, 아무래도 출발 날짜까지 기계 설비가 불가능하다는 이유로 대학에서는 참가할 수 없지만 학자가 개인적으로 참가하는 것은 자유라는 견해를 발표했다.

그러나 개인적으로 참가를 희망하는 자가 한 명도 없었다. 서양과는 달리 당시 일본에서는 아직 이공학자들이 많지 않았다. 마음이 끌

---

[45] 1848~1934, 메이지, 다이쇼 시대 군인.

린 자들도 200톤 남짓의 배로 남극의 빙해에 들어간다는 계획을 들은 순간 다 기가 막히기 마련이었다. 자금도 충분하지 않은 상태에서 참가해 봤자 연구 결과를 낼 수도 없을 것이라는 것도 이유 중의 하나였다. 오가사와라 부근까지 만이라도 간다면 성공이라고 비꼬아 말하는 학자들도 있었다. 열정은 좋지만 학술적 가치는 전혀 없는 탐험이라는 것이 학계의 견해였다.

가이난마루를 매수한 사실을 안 아사히신문은 화를 냈다. 이런 식으로 하면 지금까지 모은 4만 8천 엔이 넘는 기부금을 줄 수 없다는 태도였는데, 오쿠마와 신문사 사장 우에노 리이치(上野理一, 1848~1919)와의 사이에서 잘 해결되었다. 아사히신문은 탐험대가 출발한 다음날 시라세가 '나뭇잎처럼 가벼운 배'를 타고 만리의 길을 떠났다는 내용과 함께 그의 성공을 기원한다는 기사를 실었다. 또한 탐험대의 방침에 불만을 느끼는 사람이 있으면 기부한 돈을 돌려주겠다고 신문사의 입장을 밝혔다.

탐험은 선인의 유산을 계승하고 발전시키는 의미를 가지고 있다. 영토 확장에 광분한 서양 열강에는 그 전통이 오랜 옛날부터 있었으나 일본에는 없었다. 시라세가 맛 본 1년 반에 걸친 고뇌는 문호를 개방한 지 반 세기밖에 지나지 않았던 일본에서 처음으로 탐험다운 탐험을 하고자 했던 자가 감수해야 할 고생이었다.

11월 28일 시바우라 부두에는 미야케 세쓰레이三宅雪嶺[46]의 아이디어로 만든 남십자성을 모방한 탐험대 깃발을 든 1만여 명의 군중이 모였다. 오쿠마를 중심으로 후원회원들의 격렬한 연설이 이어졌고 시라세가 대표로 감사의 마음을 전했다. 식은 3시쯤에 끝났다. 세기

---

[46] 1860~1945, 메이지, 다이쇼, 쇼와 초기 평론가, 철학자.

의 출항을 보고자 하는 사람들은 해안에 넘쳐났고 그곳에서 출발을 기다리는 가이난마루호에 뜨거운 시선을 주고 있었다.

밤이 되어 출항이 내일로 연기된다는 소식이 전해졌다. 다시금 연기되었다는 소식이 전해진 것이었다. 제시간까지 짐을 다 실을 수 없다는 것이 연기 이유였는데 여기서 또 한 번 모인 군중들은 실망했다. 다음날인 29일 가이난마루는 닻을 올렸다. 전날에 비해서 환송하는 사람들의 모습은 줄어 있었다. 그럼에도 '목청을 높여 절규하는 만세 소리는 비통할 정도로 바다 위에 울렸다'고 아사히신문은 보도하고 있다.

그날은 다테야마館山에서 숙박했다. 30일에 출항할 예정이었는데 날씨로 인해 다시 한 번 연기를 했다. 12월 1일 날씨는 여전히 좋지 않았으나 시라세는 무리하게 출항을 감행했다. 어떻게든 빨리 일본 땅에서 '출발'하고 싶다는 것이 시라세의 솔직한 심정이었을 것이다.

야마토 설원의 깃발

12월 29일 가이난마루호는 적도를 통과했다. 이때 스코트의 데라노바호는 로스해로 진입하여 빙하에 닻을 던진 상태였다. 스코트 대원들 중 에드워드 7세는 육지 쪽에서 뜻하지 않게 한 척의 배를 목격하고는 깜짝 놀랐다. 아문젠의 프램호였다. 다음 해 2월 8일 가이난마루호는 뉴질랜드의 웨링턴에 입항했다. 여기서 물자를 싣고 2월 21일에 출항했다.

가이난마루호는 순조롭게 남극권으로 들어갔으나 문제는 출발이 너무 늦었다는 것이었다. 3월 5일 남극대륙의 그림자가 멀리 보이는 지점부터 배의 주위에 결빙이 많아졌고 진전이 어려워졌다.

3월 12일 남위 74도 16분, 상륙 지점의 선정이 불가능한 상태에서 결빙기가 시작되고 있었다. 이대로라면 배가 얼음으로 인해 꼼짝 못하게 된다. 시라세는 드디어 철수를 결심했다. 40년 간 간직한 꿈과 1년 반의 고생과 그리고 시바우라에서 배웅한 군중들의 환송을 생각한다면 시라세에게는 피눈물 나는 고통스러운 결심이었을 것이다. 시라세의 남극 탐험 중에 평가되어야 할 점은 철수 시기를 놓치지 않았다는 것이다.

가이난마루호는 5월 1일 호주의 시드니항에 입항했고 시라세는 이 마을에서 남반구의 겨울을 지냈다. 남극대륙의 끝에 도달하여 겨울을 지낸 스코트와 아문젠과는 시작 지점부터 달랐다.

11월 19일 7개월 만에 가이난마루호가 움직이기 시작했다. 그 한 달 전에 아문젠은 4개월분의 식량을 싣고 4명의 대원들과 함께 극점으로의 '즐거운 산책'을 시작했다. 가이난마루호가 시드니를 출발했을 때는 남위 85도를 돌파하고 액셀 하이베르그 빙하에 들어가려는 참이었다. 아문젠은 12월 14일 남극점에 노르웨이의 국기를 꽂았는데 가이난마루호는 아직 남극권에도 들어가지 못한 상태였다. 그날 시라세는 높이 100미터를 넘는 높은 빙산을 보고 그 아름다움에 감동했다. 스코트 대원은 이때 베어모드빙하 입구에서 심한 폭설로 고생하고 있었다.

1912년 1월 1일, 남빅토리아랜드의 산맥이 보였다. 가이난마루호는 로스해 서쪽 끝에서 들어가 대빙제大氷提로 다가갔다. 한 번 가이난만灣에 들어가 역행하여 포엘즈만灣 입구의 동쪽 귀퉁이에 정박한 것이 16일이었다.

18일, 일행은 대빙제를 올라가 짐을 옮기고 남위 789도 33분의 지점에 기지를 만들었다. 이때 스코트는 남극점에 도달했으나 아문젠이 남긴 노르웨이 국기와 텐트를 발견하고는 큰 타격을 안고 귀로로 향했다.

포엘즈만에는 아문젠의 프램호가 정박해 있었다. 그들은 못 보던 작은 배가 휘청거리며 들어가자 처음에는 해적선이라고 착각했다고 한다. 두 선박은 상호 방문의 예의를 나누었는데 가이난마루호에 온 프램의 한 사관±官은 길이 30미터에 3개의 돛대와 보조엔진이 달린 탐험선을 보고 이런 배로 여기까지 용케도 올 수 있었다고 감탄을 했다. 프램호는 배수량 420톤에 19만 엔의 건조비를 들여 특별히 빙해에 대비하여 설계한 계란형 선박이었다.

시라세 대원들의 남극 돌격이 이제 바로 시작된다. 돌격이라고 표현할 수밖에 없었다. 조금이라도 거리와 시간을 갱신하려는 행진이었기 때문이다. 남극대륙에서 겨울을 지낸 스코트와 아문젠의 두 대원들은 극점에서 350킬로의 지점까지 식량 보관소를 마련하여 미리 준비하고 있었지만 시라세 일행은 캠프를 치자마자 바로 출발했다.

1월 20일 정오, 시라세를 중심으로 5명의 대원은 28마리의 사할린 개에 20일간의 식량을 실은 두 대의 썰매를 끌게 하고 기지를 출발했다. 이 식량의 반이 없어진 지점이 시라세 부대의 한계인 셈이었다. 아사히가 우려한 것도 이 부분이었다.

가장 고생했던 것은 눈의 질이 나빠 썰매가 제대로 달리지 못한 것이었다. 시라세가 사용한 썰매는 사할린의 나무로 만든 길이 3.3미터, 폭 36센티미터, 높이 30센티미터의 썰매였는데 미끄럼대 부분의 폭이 5센티미터 정도밖에 안 되었다. 게다가 짐이 너무 무거워 썰매는 눈 속으로 계속 파고들었고, 그중에서도 특히 속도가 떨어지는 제2 썰매 때문에 10일간의 식량을 버려야 될 상황에 이르렀다.

사흘째부터는 폭설이 몰아쳤다. 무수한 못들이 세차게 떨어지는 것처럼 심한 눈보라가 쳤다. 기온은 점점 떨어져서 영하 25도가 되었다. 그 눈보라 속에서 제2 썰매와 연락이 끊겨 절망적인 상황에 놓인 때도 있었다.

26일에도 날씨는 회복되지 않았다. 식량은 아주 불안한 상태였다. 시라세는 드디어 철수할 때가 온 것을 감지했고 27일 오후 6시 반에 남진을 시작했다. 남진을 시작한 대원들은 밤낮으로 계속 걸어 다음 날 28일 오전 0시 반에 백야의 설원에서 썰매를 멈췄다.

남위 80도 5분, 서경 1569도 37분, 이곳이 시라세 탐험대의 남극 탐험의 한계였다.

야마토大和설원은 망망한 하얀 눈 일색의 설야였다. 5명의 대원들은 묵묵히 텐트를 쳤다. 그리고 2미터 가량 되는 대나무에 일장기를 걸어서 눈 속에 꽂았다. 국기 아래에는 빨간색으로 칠한 삼각형의 양철 기를 달았다. 풍향기였다. 깃봉 부근에 탐험대원과 후원회 위원들의 이름을 기록한 명부를 동銅으로 만든 함에 넣어 묻었다.

탐험대원들은 고국을 향하여 나란히 섰다. 시라세는 무거운 말투로 이 지점을 탐험대의 남극 한계점으로 한다는 것을 선언했다.

바람이 불 때마다 국기는 펄럭였고 양철 기는 삐걱거리는 소리를 냈다.

이 바람소리 속에서 시라세는 긴키관에 모인 청중들의 박수소리를 들었고 시바우라로 배웅 나온 군중들의 환호의 함성을 들었을 것이다. 목표로 했던 극점은 저 멀리 있고, 남은 식량은 겨우 하루 분이었다. 그러나 시라세는 어떻게든 꿈의 남극 대륙에 서서 280킬로를 걸어 남위 80도선을 넘었던 것이다.

탐험대는 놀라운 속도를 기록하고 1월 31일 기지로 귀환했다. 시라세는 5명의 대원들과 함께 시드니에서 닛코마루日光丸호를 타고 5월 16일 귀국했다. 가이난마루호는 약 한 달 뒤인 6월 19일에 요코하마항에 들어왔다. 이 두 귀향은 모두 성대한 환영을 받았다. 후원회가 제등 행렬을 하기도 했지만, 이후 탐험대에 대한 주목은 메이지 일왕의 승하라는 큰 사건으로 인해 가려졌다.

시라세의 남극 탐험은 메이지라는 시대의 최후를 빛낸 역사적인 일이었다. 1년 반 동안 일본을 열광시켰던 탐험대는 남극대륙의 설야에 작은 썰매가 지나온 자국을, 그리고 작은 광물 표본을 일본으로 가지고 왔다. 그리고 이후 반세기동안 그들을 이을 자는 없었다.

야마토 설원에 선 빨간 양철 기는 후에 하버드탐험대가 남극을 비행했을 때 지상에서 발견하고 놀랐다고 한다. 지금은 빙설 아래 묻혀 있을 그 양철 기에는 시라세 노부라는 한 사람의 52년간의 집념이 담겨 있다.

시라세 중위(중앙)와
남극의 얼음 벌판에서 나부끼는 일장기

귀국한 닛코마루호의 갑판 위에서
시라세 중위와 그의 가족

참고자료

『남극탐험』 시라세 노부

『시라세 중위 탐험기』 기무라 요시아키

『일본인의 모험과 탐험』 나가사와 가즈토시

『아시히신문』 메이지43년~45년(1910~1912)

두 명의 담배상인

거대한 담배 광고판

그날 아침 눈을 뜨고 히가시東산을 바라본 교토의 시민들은 깜짝 놀랐다.

뇨이가타케如意ヶ岳, 소위 다이몬지大文字산이라 불리는 산의 333미터 산속에 가타카나로 큰 글씨가 새겨져 있었다. '히로', '썬라이스'라는 글씨였다. 둘 다 무라이村井상회가 팔고 있는 궐련담배[47]의 이름이었다.

1895년 3월 말 잡목 숲과 가지 밭이 많았던 오카자키岡崎의 한 구획에 벽돌로 된 벽과 주황색 기둥의 헤이안신궁平安神宮이 준공되었고 제4회 내국권업대박람회内国勧業大博覧会가 개최를 앞두고 있었다. '히로'를 'ㅎ ㅣ ㄹ ㄴ'라고 읽고 고개를 갸우뚱한 사람도 있었는데 무라이상회의 야외입식 간판은 한 글자의 크기가 약 사방 1.8미터였다.

---

[47] 필터가 없는 담배.

고층건물이 없는 메이지 시대의 교토이니만큼 다이몬지산은 교토 시내의 어디에서나 잘 보였다. 담배를 피우는 사람이나 안 피우는 사람이나 이 큰 광고에 대해 좋게 생각하지 않았다. 논의가 불거진 것은 간판이 생긴 지 좀 지나서였다. 무라이상회는 전년도에 '히로'를 새로 판매했을 때, 구마모토熊本의 하나오카花岡산에 한 글자 당 사방 5.8미터나 되는 큰 간판을 만들어 밤에는 불빛을 비추는 등의 행동을 보여 신문에 실릴 만큼 주목을 받았다. 이런 회사의 선전 방법에는 익숙했지만 그것이 교토의 다이몬지산이었던 만큼 시민들의 반응은 날카로웠다. "히가시산 36봉의 경관을 망쳐놓았다", "한 담배 회사가 교토의 산을 사유화할 수 있는가" 등 여러 의견이 연일 신문에 실렸다.

그러던 중 메이지 일왕의 박물관 방문일이 5월 24일로 결정되었다. 이 일에 편승하여 비난의 목소리도 한층 커졌다. 교토궁에서 광고가 다 보이는데 이것은 아주 불경스러운 일이라는 것이었다. 무라이상회 사장 무라이 기치베(村井吉兵衛, 1864~1926)는 원래부터 이러한 입식 간판을 계속 걸어놓을 마음이 전혀 없었다. 비난의 목소리가 높아지리라고 미리 예상한 일이었다. 기치베는 곧바로「히노데신문」에 광고를 냈다.

> 우리 회사가 낸 히로, 썬라이스는 대 광고판을 다이몬지산에 걸어놓아 여러분들의 무수한 질타를 받았습니다. 이번에 천황 폐하께서 교토로 오시게 되었는데, 거처의 정원에서 이 광고가 보이는 것은 아주 불경스러운 일이오니 이것을 철거하기로 하겠습니다.

사죄의 글을 올린 후 곧바로 간판을 철거했다.

그의 결정은 대중의 마음을 잘 읽은 대처로 타이밍이 아주 적절했다. 이 커다란 간판은 모습을 감췄지만 다이몬지산을 바라보는 시민들의 눈에는 '히로', '썬라이즈'라는 글자가 언제까지나 잔상으로 남게 되었다.

무라이 기치베는 그런 남자였다. 메이지의 담배 업계에 두각을 보인 후, 단기간에 우두머리에 서게 된 기치베는 언제나 냉정하고 침착한 계산과 사람들의 의표를 찌르는 선전 방법으로 상권을 넓혀 갔다.

기치베는 1864년 1월, 교토의 야마토大和 대로大路 정면에 위치한 차야마치茶屋町라는 지금의 호코쿠豊国신사 바로 앞 동네에서 태어났다. 1864년이라는 해는 금문의 변禁門の変[48]의 전란으로 교토 중심부가 불바다가 된 해였다. 이 사건을 계기로 에도 막부는 빠른 속도로 붕괴의 길을 걷게 되는데, 소위 근세와 근대라는 두 시대의 경계시점이라 할 만한 시기에 태어난 것이었다.

기치베가 태어난 동네는 다이부쓰미미쓰카大仏耳塚, 후시미카이도伏見街道의 교토 입구에 있었다. 막부 말기에는 작은 민가들이 모여 있었지만 지금은 도시의 변두리다운 모습이다. 물론 호코쿠신사는 이때는 아직 없었다. 호코지方広寺의 커다란 경내에는 반신 불상을 안치한 불당이 서 있을 뿐이고 도요토미의 멸망의 원인이 된 유명한 큰 종은 그대로 안치되어 있다.

이시카와현石川県의 쓰루기鶴来에서 담배업을 하고 있었던 기치베의 조부는 가에이(嘉永, 1848~1854) 때 교토로 올라와 이 불당 앞에서

---

[48] 1864년 7월 쵸슈長州번이 형세 만회를 위해 교토로 출병, 궁문 부근에서 교토수호직 마쓰히라 가타모리松平容保가 이끈 병력과 충돌해 패배한 사건.

염색업을 시작했으나 영업이 잘 안 되어 고향에서 했던 익숙한 담배업으로 전환했다. 기치베의 아버지 야에베弥兵衛의 대에 이르러서는 가업도 안정되기 시작했다. 그는 담배 회사의 차남으로 태어난 것이었다.

메이지 유신은 이 수도의 변두리에도 영향을 끼치기 시작했다. 기치베가 5살이 되던 해, 교메이궁恭明宮이 건조되었고 그것은 기치베의 놀이터였던 호코지 경내 내의 남쪽 반을 차지했다. 이것은 고메이(孝明, 1846~1866) 일왕을 모시고 있던 여관女官들의 숙소였다. 다음해, 미미쓰카耳塚 동쪽에 초등학교가 세워졌는데 이곳이 데이쿄貞教 소학교였다.

기치베의 삼촌인 요시우에몬吉右衛門 또한 고죠바시五条橋 동쪽 동네에서 담배 가게를 하고 있었다. 1870년에 장녀 우노코宇野子가 태어났으나, 남자 아이를 얻지 못하여 본가의 차남을 양자로 맞아들이기를 원했다. 그리하여 기치베는 1973년 10살의 나이로 분가로 들어가게 되었다.

그렇게 기치베는 담배와 밀접한 환경 속에서 태어나 담배와 함께 자란 셈이었다. 후에 메이지의 담배업계를 이끌어갈 인물이 될 소질은 어릴 때부터의 환경에서 육성되었던 것이다. 이와 더불어 시대의 앞을 내다보는 예민한 시야를 갖고 있었으니 당연히 메이지의 담배업계를 독점, 지배할 만했다. 그러나 하늘은 여기에 한 명의 라이벌을 준비하고 있었다.

1877년 이해 규슈에서는 서남西南[49]전쟁이 시작되었다. 남규슈에서 시작된 내란은 한 사람의 인생을 크게 바꾸었다. 가고시마현鹿児島

---

49 1877, 西鄕隆盛의 반란.

縣 센다이川內 출신의 이와야 마쓰헤이(岩谷松平, 1849~1920)는 전쟁 중에 집을 잃었고, 1877년 8월 사쓰마카스리薩摩絣[50]와 가다랑어포를 한 포 들고 달랑 옷만 걸치고 도쿄로 올라갔다. 그가 바로 장래 '덴구 담배'라는 상표로 이름을 날릴 이와야岩谷상회의 사장이었다. 당시 마쓰헤이는 29살이었으며 기치베보다는 15살 많았다. 나중에 업계가 두 개로 나뉘어 대 상업 전쟁을 벌이게 될 것이라고는 그때의 그들은 전혀 몰랐다. 마쓰헤이는 긴자 3쵸메의 현재 마쓰야 백화점이 있는 곳에서 '사쓰마야薩摩屋'라는 기성복잡화 가게를 열었고, 기치베는 고죠바시五条橋 근처의 양부養父 집 '가가야加賀屋'에서 열심히 담배를 자르고 있었다.

개화의 심벌

일본 국민이 스스로 유럽화한 무수히 많은 습관 중의 하나가 궐련의 흡연을 채용한 것이다.(『日本事物誌』)

근대화의 길을 한눈 팔 틈도 없이 치달린 메이지의 일본에서 40년 가까이 산 첸버렌[51]은 일본인이 절초에서 궐련으로 바꾸는 과정을 고찰한 외국인 중 한 명이었다. 첸버렌이 지적한 대로 메이지의 일본인은 개화의 심벌로 궐련을 받아들였다. 이것은 어쩌면 300년 전 사람들이 콜록거리면서 남만南蠻[52] 문화의 심벌로 정체불명의 풀잎 연기

---

50 사쓰마 특산 면포.

51 Basil Hall Chamberlain, 1850~1935, 영국의 언어학자. 1873년 일본으로 가 1886~1890년 동경대에서 강의, 근대일본국어학 수립에 공헌함.

52 에도 시대에 포르투갈, 스페인, 네덜란드 등의 유럽을 일컫는 말.

를 들이마신 기분과 매우 흡사할 것이다.

담배의 일본 전래시기에 대해서는 여러 설들이 있다. 빠르게는 1558년~1569년 사이이고, 늦게는 1605년이다. 3~40년의 차이가 있어 명확하지는 않으나, 담배의 풍습이 먼저 전래되고 그 후에 종자가 들어온 것임에는 틀림없다. 어쨌든 『라쿠호집落穗集』이 전하는 대로 '기독교가 들어와 교도들이 늘어나고 있었을' 때에 건너왔다.

콜럼버스는 동남아시아의 일부라고 믿었던 작은 섬에서 처음으로 사람들이 흡연하는 광경을 보고 놀랐다. 쿠바에서는 도민들이 옥수수玉蜀黍 잎 끝에 불을 붙여 들이마시고 코나 입으로 연기를 내뿜고 있었다. 강렬한 향기와 연기를 내는 이 풀의 종자는 16세기 초에 전래되었는데 1519년 스페인의 에르난 콜테스[53]가 가져온 것이라고 전해진다.

흡연 풍습은 서서히 유럽에 전파되었고 정착되었다. 그리고 대항해시대의 조류를 타고 담뱃잎과 십자가를 실은 배가 동양에 들어오면서 결국에는 일본에 도착하게 되었던 것이다.

일본에서 처음으로 담배 종자가 재배된 것은 1605년 나가사키의 사쿠라바바桜馬場 혹은 사쓰마薩摩의 이부스키군指宿郡이었다고 한다. 담배의 종자는 유럽에 전래되고 나서 86년 동안 지구를 반 바퀴 돈 셈이었다. 여담이지만 신세계에서 지구를 반 바퀴 돈 속도로는 단연 매독이 제1위의 기록을 보유하고 있다. 스피로헤타(spirochaeta)는 1495년에 유럽으로 퍼져, 1512년에는 중국을 경유하여 일본에 상륙했다. 불과 17년만의 일이었다. 본능과 기호는 이렇게 달랐다.

---

53 Hernaán Cortés, 1485~1547. 스페인 장군, 쿠바 정복에 참가. 맥시코를 정복하여 식민지화 함.

"한 번 담배를 피운 사람은 이것을 잊으려고 해도 잊을 수가 없다"(『長崎夜話草』)라는 기록처럼 규슈에서 시작된 담배는 동진북상하여 바로 일본 전국에 퍼졌다. "맛있는 것도 아니고 취해 즐겁지도 않다. 배가 부르지도 않고 좋은 점이 없는데도 사람들이 좋아하는 이유를 모르겠다"(『北窓瑣談』)라고도 쓰여 있다.

제일 처음에 내린 금연령은 1605년이었다. 당시 교토에서는 이바라구미荊組, 가와바카마구미皮袴組라는 불량한 조직이 횡행橫行했다. 〈이바라구미〉는 사람에게 시비를 건다는 뜻이었고 〈가와바카마구미〉는 그 시비를 상대 안 한다는 뜻이었다. 그들은 담배통을 크게 한 두꺼운 쇠로 만든 곰방대를 허리에 매달거나, 혹은 1미터가 넘는 큰 곰방대를 똘마니에게 들게 하고 건방진 모습으로 우쭐대며 교토의 거리를 돌아다녔다. 이러한 곰방대는 흡연을 위한 도구라기보다 싸움을 위한 무기가 되었다. 눈에 거슬린다는 이유만으로 싸움이 잦은 자들을 잡아 처벌하기도 했는데 금연령은 그러한 사건이 계기가 되어 공포되었다.

1615년에 내린 금연령은 아주 엄했는데도 한 남자는 야나기하라柳原둑을 지나가면서 둑 아래에서 몰래 담배를 피우는 거지를 보았다. 이것을 본 남자는 아무리 엄격하게 금하고 있어도 담배만큼은 끊기 힘든 것이라고 생각하여, 필요 없어진 곰방대와 담배통을 싼값으로 사들여 창고에 숨겨놓았다. 이 남자는 나중에 금령이 느슨해졌을 때 그것들을 팔아 큰 재미를 보았다. 이 사람이 시라키야白木屋[54]의 초대 사장 오무라 히코타로(大村彦太郎, 1636~1689)라는 소문이 있다.

1651년에는 집안에서의 흡연은 괜찮지만 밖에서의 흡연은 금지한

[54] 일본의 유수 백화점의 하나.

다는 경고가 나붙기도 했다. 아무리 엄격하게 금해도 법의 권위는 가벼워졌고 법령을 안 따르니 막부도 어쩔 수 없이 흡연을 인정할 수밖에 없었다. 막부가 금연령을 내린 것은 소비나 건강에 나쁘다는 이유만이 아니라 방화放火 상의 문제가 컸기 때문이었다. 나무와 종이로 지은 집들이 밀집되어 있는 동네 여기저기에서 작은 화재가 잇따라 발생하여, 막부 차원에서는 신경이 날카로워질 수밖에 없었던 것이다. 또한 담배의 보급에 따라 재배가 왕성해지면서 논밭을 담배 밭으로 바꾸는 사람들이 늘어나 쌀 생산량이 감소했기 때문이었다. 이처럼 대의명분은 충분했다. 그러나 금연령이 내려진 에도성 내에서 대중들이 찻집에 가서 몰래 담배를 피우고 있었다는 상황을 보면 완전히 절망적인 담배와의 전쟁이었다.

시바코칸司馬江漢[55]은 "10명의 나가사키 사람이 있으면 3~4명이 이것을 피우고, 10명의 교토 사람이 있으면 7~8명이 이것을 피우고, 10명의 에도 사람이 있으면 9명이 이것을 피운다"고 했다. 이것은 에도 시대 후기의 이야기인데, 뜻밖인 것은 이렇게 많은 이들이 담배를 피우는 데도 에도 중기까지 담배 가게에서 담뱃잎을 사가지고 와서는 손수 잎을 썰어 만들어 피웠다는 사실이다. 잘게 썬 담배가 상품으로 등장한 것은 1688년 이후였다.

에도의 간다나베쵸神田鍋町의 교야叶屋라는 담배 가게는 10명가량의 고용인을 시켜, 잘게 썬 담배를 내다 팔게 했다. 이것이 유명해진 것은 1736년쯤으로 이때에는 많은 서랍이 붙어 있는 함을 메고 다니는 행상들이 많아졌다. 서랍의 쇠가 부딪혀서 나는 소리는 담배 장사가 온 것을 알려줬고, 이 소리를 듣고 나와 담배를 사는 것이 보통이

---

55 1747~1818. 에도 후기의 서양풍 화가.

었다.

향료의 배합이 중요하다는 것을 알기 시작하면서 유곽에서는 갸라
伽羅[56] 등을 넣어 흡연하는 것이 유행했다고 한다.

기치베와 마쓰헤이가 어렸을 적의 담배 풍속은 메이지 일본인에게
얼마나 신기하고 신선했던가 하는 것은 상상 이상이었다. 곰방대 없
이 필 수 있는 신기한 담배를 일찍이 모방하여 만들기 시작한 사람이
있었다. 도쿄 고지마치 히라카와平川에 사는 쓰치다 야스코로土田安五
郎였다. 1869년이었다고 하니 아주 이른 시기에 만들기 시작한 셈이
었다. 쓰치다는 고심하여 담배를 마는 기계를 생각했다. 또한 1873년
에는 권업 기숙사에서 파견된 다케우치 쓰요시竹內毅가 빈(Wien)에서
열린 만국박람회에서 궐련 제조기를 구입하여 귀국했으며, 2년 후에
는 그것을 사용하여 시험적으로 만들어 보기도 했다. 조금 때를 늦게
하여 구마모토熊本에서도 아소阿蘇상회가 궐련을 제조하기 시작했으
나 이때 바로 서남전쟁이 일어나 공장은 불에 타버렸다. 이러한 이유
로 메이지 시대 이래 10년이 지나도 국산 궐련을 제조할 수 없었고
외제의 수입품만이 눈에 띄었다. 인쇄된 예쁜 케이스에 들어 있는 하
얗고 긴 담배는 말 그대로 문명개화의 심벌이었던 것이다.

'썬라이스'와 '덴구'

기치베는 소학교를 졸업하자마자 양부를 따라 담배 행상을 시작했
으며, 15살이 되던 해에는 담뱃잎 생산지를 보러 다니기도 했고, 도
매시장에 가서 거래 상술을 배우기도 했다. 나중에는 가게를 맡게 되

---

[56] 상급의 향료.

었는데, 작은 담배 가게의 경영은 쉬운 일이 아니었다. 아침에는 다른 사람들보다 일찍 일어나 옆 가게가 문을 열 때까지 조용히 문을 닫은 채 꾸준히 담배를 썰어야 했으며 밤에는 밤대로 자는 시간을 한 시간 늦춰가며 어두운 등불 아래서 야간 작업을 해야 했다. 화장실에 갈 시간조차 아까워서 옆에 요강을 놓고 볼일을 볼 정도로 열심히 했다. 그렇게 무리한 생활을 하던 중에 독감에 걸려 결국 쓰러지게 되는데, 그때가 1884년으로 21살의 나이였다. 과로로 당시 임시 병동이었던 도시샤同志社 병원에 입원하게 되었다. 기치베는 거기서 자신의 일생에 있어서 중요한 인물을 만나게 된다.

도시샤 병원의 원장은 페리라는 미국인이었는데 이 사람은 기치베에게 필요 이상으로 술과 담배의 해악에 대해서 이야기해 주었다. 담배를 파는 기치베에게 있어서 기분 좋은 일은 아니었다. 그때 페리가 심심하면 읽어 보라고 책을 한 권 빌려 주었다.『백과제조비전百科製造秘伝』이라는 서양서였는데 소학교밖에 졸업을 못한 그가 영문으로 된 책을 읽을 수는 없었다. 삽화만 훑어보았는데 서양식 궐련 제조법을 설명하는 것 같은 부분이 있었다. 기치베는 당시의 담당 의사한테 번역을 부탁했고 입원 중에 그 부분을 다 읽어버렸다. 그때 그는 궐련에 대해 처음으로 알게 되었으며 큰 흥미를 가지게 되었다.

기치베가 병원 침대 위에서 양서의 삽화에 빠져 있을 때, 도쿄에서는 마쓰헤이가 한걸음 앞서 궐련을 제조하기 시작했다. 마쓰헤이는 도쿄에 올라온 지 4년 만에 담배 가게를 열게 되었다. 포목에서 담배로의 전업이었는데 그의 고향인 사쓰마가 유명한 담배 생산지였으니 오히려 자연스러운 변화라고 할 수 있었다. 잘게 썬 담배를 길거리에서 팔던 마쓰헤이는 어느 날 요코하마의 이세사기쵸伊勢佐木町에서 외국 선원이 궐련을 피우는 모습을 보게 되었다. 이때 새로운 담배에 주목하게 되었다고도 하고, 동네 만물상에서 수입 담배를 팔고 있는 것을 보고 스스로 제조를 시도하게 되었다고도 전해진다.

결국에는 성공을 위해 올라온 도쿄에서 개화의 심벌을 만나게 되었던 것이다. 이리하여 1884년, 후에 일세를 풍미하게 되는 덴구57 마크의 담배가 처음으로 판매되기에 이르렀다.

세상은 로쿠메이칸鹿鳴館에서 서양식 파티 등이 개최되던 서양화 주의 시대였으니 어떻게든 조약개정을 실현하고 싶었던 일본은 서양에 뒤떨어지지 않는 문명개화된 모습을 보여주려고 노력했다. 이러한 풍조 속에서 거리에는 외국 담배가 넘쳐났는데, 당시 수입된 외제 담배는 미국제가 대부분이었다. 손으로 마는 벨벳, 썬라이트, 올드골드, 핀헷, 카메오 등 그 종류는 200개에 달했다고 한다. 일본의 궐련 시장은 아주 좋았다. 1888년 기치베는 도쿄에 상경했다. 시대의 최첨단을 피부로 느끼고 싶다는 이유도 있었지만 화려한 선전 방법으로 이름을 넓히기 시작한 덴구담배의 이와야상회 영업 방식을 직접 눈으로 확인하고 싶었던 것이다. 동서의 담배왕의 접촉은 먼저 서쪽의 기치베가 다가갔던 것이다.

1872년 큰 불로 마을이 다 타버린 긴자는 180만 엔의 공사비를 들여 벽돌의 도시로 새로 태어났다. 15칸 폭으로 된 거리 양쪽에 발코니가 달린 2층 벽돌 건물이 쭉 이어져 있는 모습은 여기가 일본인지 눈을 의심하게 할 정도였다. 버드나무가 심어진 거리의 가운데에서는 신바시와 우에노上野를 잇는 철도마차가 달리고 있었다.

그 서양풍의 거리에, 더욱더 화려하게 빨간색으로 칠한 2층 건물

---

57 깊은 산속에 서식한다는 상상의 동물. 볼이 빨갛고 코가 긴 것이 특징이다.

에, 둥근 간판에 상표와 함께 '놀랍게도 세금은 단 오만 엔(勿驚税金タッタ5万円)'이라는 10문자가 그려진 대 간판을 단 상점이 있었다. 이것이 바로 이와야상점이었다.

마쓰헤이는 금덴구, 은덴구, 적덴구, 청덴구, 흑덴구, 대덴구, 소덴구의 7종류의 담배를 한꺼번에 판매했고, 동시에 가게는 온통 빨간색으로 장식했다. 본인 스스로도 빨간 기모노에 빨간 띠를 매고 있는 아주 기발한 선전법으로 에도 사람들을 놀라게 했다. 빡빡머리에 키가 작고 뚱뚱한 점주店主는, 가끔 가게 앞에 나와 거리의 사람들을 향해 연설을 했다. 덴구담배를 홍보하는 것으로 알았는데 갑자기 청일무역을 논하다가 모르는 사이에 담배 이야기로 바꾸어버리는 등, 사쓰마 풍의 연설은 애교가 있어 인기를 모았다.

건물은 서양풍으로 새로 지었지만 거리는 에도 시대 그대로여서 흙먼지가 심했다. 여름철에 바람이 많이 불거나 하면 가게의 상품들은 당장 하얀 모래로 덮일 정도였다.

마쓰헤이는 1886년 정부로부터 허가를 받아 이와야살수사岩谷撒水社라는 회사를 만들어 마루노우치丸の内에서 긴자까지 도로에 물을 뿌리는 일을 맡았다. 이 일은 형기를 마친 자들을 인수하여 일하게 했다. 물 뿌리는 차에는 '이와야상회'라는 글씨를 크게 썼고, 차를 끄는 사람들은 둥글게 10문자가 인쇄된 옷을 입고 있었다. 물을 뿌리면서 동시에 광고를 겸했던 것으로, 마쓰헤이는 이렇게 선전 방법에 탁월한 재능을 보였다.

고향에 돌아온 기치베는 신들린 듯이 궐련의 연구와 실험 제작에 열중했다. 흡구吸口가 달린 이와야의 덴구보다는 흡구가 달리지 않은 궐련에 주목했다. 「백화제조비전」의 1장에서 배운 새로운 미국제 궐

런의 인상이 기치베의 머릿속에서 떠나지 않았다. 도쿄에서 돌아온 다음 해 기치베는 우노코宇野子와 결혼했다. 기치베와 우노코의 신혼 생활은 담뱃잎의 가루 속에서 지내는 날들이 많았다. 재래종의 잎은 향료를 아무리 조절해도 냄새가 없어지지 않았다. 기치베는 그 냄새를 제거하려고 노력했고 우노코는 향료를 첨가하는 것을 도왔다. 이렇게 1890년 10월에 겨우 만족할 만한 궐련을 만들어냈다. 이것이 무라이의 이름을 세상에 널리 알리게 될 '썬라이스'였다.

피곤함으로 잠시 졸고 있을 때, 기치베는 히가시산에서 금색의 태양이 솟아오르는 꿈을 꾸었다. 이때 새로운 담배의 이름을 일단 '태양'으로 정했다고 한다. 그러나 이 정도로는 뭔가 신선감이 없는 것 같아 도시샤 병원의 원장 페리와 상담을 한 결과, '태양' 대신에 '썬라이스'라고 해보면 어떨까 하는 제의를 받았다. 기치베의 머릿속에는 항상 수입 담배 중에서도 인기가 많았던 '썬라이트'에 대한 생각도 들어 있었고 해서, 페리의 조언이 아주 마음에 들어 즉시 '썬라이스'로 정했다고 한다.

한 갑에 20개비, 종이파이프 5개 포함에 4전 '썬라이스'는 1891년 봄에 시판되었다. 교토는 비와호 수로 개통식으로 시내 전체가 마치 축제와 같은 분위기에 휩싸여 있었다.

이 새로운 국산 담배는 예상 이상의 호평을 받았다. 기치베가 끝까지 포기하지 않았던 담배의 냄새는 잘게 썬 담배나 흡구가 달린 궐련으로 냄새에 익숙했던 당시 사람들에게 그리 신경 쓰이는 일이 아니었다. 오히려 20개비나 들어 있는 담배를 수입품의 3분의 1 가격으로 살 수 있다는 매력이 더 컸다.

호평을 받은 또 하나의 이유는 외국담배 '핀헤드'를 모방하여 담배와 함께 풍경화나 미인화 카드를 넣었기 때문이었다. 이것이 아주 큰 인기를 끌었다. 어차피 담배를 살 것이라면 덤이 붙어 있는 쪽을 선택하는 것이 사람의 마음이었고, 카드를 갖고 싶다고 조르는 아이들을 위해 '썬라이스'를 구입하는 부모들도 많았다.

폭발적인 '썬라이스'의 매출은 당시 성장하고 있었던 담배 제조업자들에게 큰 충격을 주었다. 그리고 판매를 시작한 다음 해쯤에는 위조품들이 계속 제조되었다. 간사이 지방만 해도 여섯 업자들이 '썬라이스'라는 이름의 담배를 판매했고, 도쿄에서는 '도쿄썬라이스'라는 담배가 나왔다. 그중에는 당당하게 원조 '썬라이스'의 이름으로 담배를 내놓는 업자도 있었다.

이것은 '썬라이스'에게만 해당되는 일이 아니었다. 당시 잘 팔린 외국 담배는 크고 작고를 떠나서 피해를 입었다. '핀헤드'는 '펜헤드'로, '카메오'는 '쓰루오' 등으로 웃기는 발상의 위조품들이 나왔다. 기치베가 만든 '썬라이스'의 매출이 좋았던 것도 외국담배인 '썬라이트'의 인기가 한몫했다고 할 수 있으며 카드를 덤으로 넣은 것도 모방이라고 하면 모방이었다. 그러나 기치베는 담배 맛에 있어서도 신제품이라고 할 만큼 연구, 개발을 했다.

사실 유사 제품들이 아무리 활개를 쳐도 기치베의 '썬라이스'는 단연 압도적인 판매량을 유지했다. 흡연가들은 그 가치를 알았던 것이다.

기치베는 '썬라이스'를 가지고 담배업계에 첫발을 내딛었고 1892년에는 도쿄로 진출했다. 기치베의 도쿄 지점은 니혼바시구日本橋区 무로마치 2쵸메에 있었으며, 2킬로 쯤 떨어진 같은 거리에 덴구담배 가게가 있었다. 썬라이스가 덴구에게 정면승부를 건 셈이 되었다.

광고 대격돌

무라이 기치베와 이와야 마쓰헤이라는 두 라이벌은 어떤 방면에 있어서도 대조적이었다. 그것은 두 사람의 출신지인 호쿠리쿠北陸58와 규슈라는 풍토의 차이었을 지도 모른다.

마쓰헤이는 도깨비의 얼굴을 그린 탈로 사람을 놀라게 하는 식으로 비교적 세련되지 못한 강렬한 선전 방식을 좋아했다. 덴구의 빨간색 등, 가게의 이미지를 사람들에게 기억시키려고 노력했다. 한 번 시작하면 끝까지 봐야 했다. 가게에서는 말할 것도 없이 마차, 양복도 빨간색으로 칠했고 사람의 장례식에까지 빨간 양복으로 갈 만큼 철저하게 덴구의 이미지를 고집했다. '놀랍게도 세금은 단 ○만 엔(勿驚稅金タッタ○万円)'이라는 문자는 수입이 많아지면서 7만 엔, 10만 엔, 50만 엔까지 늘어났고 결국에는 300만 엔까지 올라가게 되어 '동양 담배대왕', '상업 1위 국익 친옥 대명신(国益親玉大明神)'이라는 과격한 문구가 연이어 나왔다. 기치베의 선전 방식도 마쓰헤이에 지지 않을 만큼 화려했지만 기치베 쪽은 무언가 근대적이며 세련된 느낌이었다.

1893년 시카고에서 열린 만국박람회를 계기로 기치베는 미국으로 건너가 미국 담배업계를 자세히 조사하고 다녔다. 일본 담배업자의 해외 시찰을 상상할 수도 없었던 시대에 기치베는 미국의 담배업계를 시찰했고 국내의 담배 생산지도 둘러보았다. 이때 기치베는 일본인들의 취향에 맞을 미국 담뱃잎을 대량으로 사들여 1894년 일본에서 처음으로 외국 담배를 혼합한 궐련을 만들었다. 이것이 '썬라이

---

58 도야마, 니가타 등의 북쪽 지방.

스'와 함께 무라이상회의 대표적 상품이 된 '히로'였다.

기치베는 도요코쿠묘豊国廟가 있는 아미다가미네阿弥陀峰 기슭의 동네에서 태어나 어릴 때에는 도요토미의 성 근처에서 지냈다. 새로운 담배 '히로'의 이름을 명명할 때 기치베는 그가 숭배했던 도요토미 히데요시와 관련된 이름을 붙이려고 했다. 히데요시는 불세출의 영웅이니까 '영웅', 즉 '히로'가 되었던 것이다. 이런 사고방식은 일본 전래의 영물인 텐구를 단 하나의 간판으로 내민 마쓰헤이와 사뭇 달랐다. 발상의 원점은 마쓰헤이와 비슷하게 낡은 듯했지만, 그것을 문명개화의 시대와 맞추어 갈 방법을 기치베는 이미 알고 있었다.

'히로'의 출시는 화려했다. 음악대를 선두로 마차가 몇 대 뒤따라갔고, 수십 개나 되는 '히로'라고 쓴 하얀 깃발을 높이 세운 대행진이 긴자 거리를 수놓았다. 그리고 음악대가 연주하는 곡에 맞추어 '히로, 히로, 썬라이스'라고 합창했다. 이 곡은 또 따라 부르기 쉬워 금방 입에서 입으로 퍼져 나갔다.

민간방송이 시작되기 반세기 전에 기치베는 CF송을 그것도 상품명에 곡을 붙인다는 매우 효과적인 방법을 생각해냈던 것이다.

화려한 선전과 병행하여 판로 확장과 확보도 해 나갔다. 기치베의 점원들은 조를 나누어 동네를 돌며, '히로'가 없는 가게를 찾아가 손님인 척하고 '히로'를 달라고 했다. 가게에서 없다고 하면 "그래?!"하고 놀라는 척을 하며 "그렇게 잘 팔리는 담배를 안 판다니……"하며 나갔다. 그렇게 하면 대부분의 소매점은 속아 넘어갔다.

가게에서 한 번 무라이의 담배를 거래하기 시작하면 자주 점원들이 찾아와 판매하다 남은 것들을 새 것과 교환해 주고 갔다. 가게에서 파는 '썬라이스', '히로'의 상품들은 항상 새것이었다. 오래되어 색깔이 변한 다른 상품들 가운데에서 눈에 띌 정도로 새것이었기 때문에 항상 잘 팔리는 담배라는 인상을 남겼다. 흡연가들의 신뢰도를 높였던 것이다.

마쓰헤이는 그해 7살에서 12살까지의 부랑자 2천 명 중, 신체검사에 통과된 30명을 고용해서 담배를 말게 하여 부랑자 갱생이라는 의로운 업적으로 도쿄에서 화제가 되었다. '자선 직공 10만 명'이라는 것이 마쓰헤이가 내세운 슬로건 중 하나였다. 덴구담배를 마는 일을 빈곤 가정에게 주어 생활의 터전을 마련해 주었던 것이다.

부랑자의 갱생, 선전직공이라고 하는 마쓰헤이의 언행은 가장주의적 온정주의적인 경향이 강해 이런 면에서도 기치베의 미국식과는 대조적이었다. 기치베도 생가 근처의 집들에게 담뱃갑 붙이는 일 등을 주었으나, 공장에서는 노동 시간을 확실하게 정하여 고용 관계에 있어서는 근대 방식을 채용했다.

긴자에 온통 빨간색으로 칠한 성城을 차지하고 있었던 마쓰헤이는, 눈앞에 하얀 깃발과 음악대가 지나다니는 것을 보자 마음이 불편해졌다. 「궐련이 있으면 덴구의 코를 태우고」라는 센류川柳[59]가 눈에 띄기도 했다. 이때쯤부터 마쓰헤이의 선전법은 '광고가 둔갑한 인간'이라는 말을 들을 정도로 심해졌는데 그 표적은 기치베였다.

1896년 기치베는 버지니어 담뱃잎으로 만든 신제품 '버진'을 출시했다. 이 새로운 담배 발매 때, 기치베는 경품을 주는 판매법을 시도했는데 '전례가 없는 경품을 나누어 드립니다'라는 문구를 대대적으로 선전하고 금시계와 자전거를 경품으로 내놓았다.

이것이 전국적으로 알려지면서 '버진'의 인기가 폭발했는데, 사행

[59] 17자의 짧은 시.

심을 부추기는 상법인 만큼 바로 문제가 발생했다. 경품을 갖고 싶은 마음에서 한 청년이 담뱃가게에서 '버진' 50갑이 들어있는 함을 훔쳤다. 이어서 추천 자체가 불투명하다는 소문도 퍼졌다. 무로마치 지점에는 경품으로 준다는 자전거가 걸려 있는데, 그것이 당첨된 사람은 없고, 당첨되어도 경품은 싼 것만 준다는 것이었다. 아마 마쓰헤이 측의 선동도 있었을 것이다. 하지만 흥분한 사람들은 기치베의 가게까지 와서 사무실을 털고 경품 자전거를 강에 던져버리는 소동을 일으켰다. 범인들은 한 명도 안 잡혔기 때문에, 신문은 기치베의 상술을 비난함과 동시에 경찰의 태만을 공격했지만 기치베가 조용히 처리할 것을 요청하여, 무로마치 지점을 나이코쵸우內幸町로 옮기고 경품 판매를 취소했다. 이것은 기치베의 용감한 태도의 한 예이지만 입식간판, CF송, 경품 판매 등을 열거해 보면, 현대의 선전 방법은 기치베의 발상 범주 내에서 한걸음도 벗어나지 못했다는 생각이 든다.

1895년에 담배의 전매법이 시행되자 국산 잎에 의존했던 이와야 상회는 힘든 상황에 처해졌다. 마쓰헤이는 외국 잎을 혼용하는 기치베의 담배를 '서양의 모조담배'라고 비난하고 텐구담배가 순국산품이라는 것을 강조하면서 국수주의적인 사람들의 심리를 이용했다.

1898년에는 미국 전 시장을 독점한 대기업 아메리카 다바코가 무라이상회에 동업을 권했다. 세계의 담배 시장을 휩쓸고 있었던 대기업도 일본에서 '히로'를 연간 20억 개비나 팔고 있는 무라이상회와 경쟁하기보다 제휴하는 것이 훨씬 유리하다고 생각했던 것이다. 청일전쟁 이후 아시아의 여러 나라에서도 상권을 넓혀온 기치베에게 있어서 이것은 '세계의 무라이'로 나아가는 길이었다. 기치베는 숙고한 끝에 외국 자본 도입에 나섰다.

외국 담배의 추방을 신념으로 '국익의 친옥'을 자칭한 마쓰헤이는 기치베의 행위를 매국적 행위라고 칭하며 장문의 광고로 비난했다. 이때부터 마쓰헤이의 광고는 장사와는 상관없이 적의를 표하는 극단적인 것으로 변해갔다. 마쓰헤이가 궐련에 포함되는 향료에 대해 "뇌를 해치고 목을 상하게 하며 극심하게 정신을 피곤하게 한다"고 공격을 하면, 기치베는 "아랫동네의 일반 가정에서 말아 피는 궐련이 과연 위생적인가"라고 반격했다. 나중에는 대립이 더욱더 심화되어 무라이의 점원이 덴구담배의 간판을 부수는 사건까지 발생했다.

「니로쿠신보二六新報」가 기치베를 후원하는 것에 화가 난 마쓰헤이는 「고쿠에키신문国益新聞」을 창간하여 「니로쿠신보」를 공격하며 미국의 동업 제의에 매수된 「니도쿠신문二毒新聞」이라고 비난했다. 니로쿠는 그것을 보고 연일 수십 일에 걸쳐 마쓰헤이를 공격하는 기사를 연재했다. 보다 못해 「만쵸호万朝報」가 중재를 할 지경에 이르렀는데 마쓰헤이가 물러날 수밖에 없었다.

당시 효녀라는 평판을 받고 있었던 13살의 마쓰오키쿠를 마쓰헤이가 보호한다는 명목으로 집으로 데리고 왔다. 이러한 행동이 하나에서 열까지 꼬투리가 잡혀 마쓰헤이는 발행부수 15만부인 신문지상의 놀림거리가 되었다.

사실 마쓰헤이는 사생활에서 문제가 많았다. 긴자의 가게에 있는 종업원 20여 명은 다 실제 마쓰헤이의 자식들이라고 신문의 가십거리가 된 적도 있었으며, 만년에는 자식과 손자들이 50명이 넘었다고 한다.

끝없이 계속될 것 같았던 동서 담배왕의 대립에 종지부를 찍은 것은 1904년, 제20의회를 통과한 담배제조전매법이었다. 10여 년에 걸쳐 화려한 선전을 펼쳐 온 담배의 제조는 국영사업으로 전환되었다.

마쓰헤이는 쓸쓸한 만년을 보내다가 1917년에 세상을 떠났다. 6년 후인 1923년에는 기치베도 갑자기 세상을 떠나게 되었다. 담배를 파는 것에 인생을 걸었던 두 라이벌은 사는 의미를 잃은 것처럼 연이어 세상을 떠났던 것이다. 마쓰헤이는 72세, 기치베는 63세였다.

연기관煙氣館

교토의 히가시야마바도東山馬道, 히가시다이지로도리東大路通에서 완만한 비탈길을 내려오면 고색창연한 벽돌 건물이 나온다. 현재는 내부를 개조하여 '간사이테라'라는 회사가 사용하고 있으나 이것이 무라이 회사의 우마마치馬町 공장의 일부이다.

기치베가 생가에 가까운 이곳에서 1600여 평을 매수하고 공장을 세운 것은 1898년 1월이다. 현재 남아 있는 것은 원래 건물의 동쪽 날개에 해당하는 부분이다. 중앙의 3층 건물의 옥상에는 전체가 유리로 된 탑을 만들어 탐조등을 달았다. 전등이 귀했던 시대에 이것은 '무라이의 탐조등'이라고 하여 유명했다고 한다. 그 건물도 지금은 없어지고 서쪽으로 이어지는 공장이 있었던 곳에는 지금 히가시야마 세무소가 있다.

기치베는 이 공장에 미국에서 주문한 당시로서는 최신식이었던 궐련기계를 설치했다. 한 시간에 15000개비를 제조하는 기계가 20대, 나중에는 60대로 늘렸는데도 생산량이 판매량을 따라가지 못했다. 이들 기계는 게아게蹴上의 수력발전소에서 보내오는 전력을 사용했다. 1896년에는 23마력밖에 안 되었는데 1898년에는 100마력으로 크게 늘어났다. 1898년에는 전력을 사용하는 사업소가 60개를 넘었지만 전등회사와 전철회사를 빼고 100마력이 넘는 사용자는 무라이 형제상회와 방직관련 회사 2사가 있을 뿐이었다.

담배가 전매제로 바뀌고 민간업체의 주요 공장들은 전매국에 매수되었는데 인수를 하고 바로 사용할 수 있었던 공장은 기치베의 공장뿐이었다. 기계도 장부도 완전히 근대화되어 있었기 때문이었다.

기치베는 손으로 직접 마는 담배의 위생 문제를 이야기했던 만큼 자신의 공장에서 일하는 여성직공들 전원에게 간호사를 연상케 하는 하얀 가운을 입혔다. 이것도 그대로 전매국에 인수되어 오랫동안 전매여성직공들의 제복으로 자리 잡았다.

현재 판매되는 대부분의 담배가 외국어를 사용하는 것도 기치베의 유산이라고 할 수 있다. 기치베가 '태양'을 '썬라이스', '영웅'을 '히로'라고 한 것에서 시작되었다. 그것은 담배에 제한되지 않고 여러 상품명에까지 영향을 미쳤다.

우마마치공장 앞에서 서쪽으로 가면 야마토다이지도리大和大路通이고 여기서 남쪽으로 가면 바로 호코쿠신사가 나온다. 기치베가 태어난 차야마치도 지금은 많이 변해버렸다. 교메이궁 터에는 국립교토박물관이 생겼고 호코지方広寺 옛 경내에는 1880년 호코쿠신사가 건조되었다. 생가 근처에 있었던 명물 대불떡(불상 형의 떡) 가게도 태평양전쟁 후에 모습을 감췄고, 데이쿄소학교 터에는 공원이 생겼다. 바뀌지 않은 곳은 토분 위에 앉아 있는 커다란 미미쓰카의 오층석탑이다. 풀에 덮인 그 탑은 어렸을 적에 기치베가 놀이터로 이용한 곳이다.

호코지의 거대한 돌담 아래에는 부챗살이 널려져 있다. 한때는 부채가공의 집들이 많았던 동네였는데, 지금도 몇 군데 남아 있다고 한다. 꽃처럼 펼쳐진 부챗살은 가을의 저녁 햇살을 맞고 있고, 큰 돌자락에는 피다 남은 달개비가 씁쓸하게 색을 더하고 있다.

히가시산의 마루야마円山공원 서남쪽에 기치베의 유산이 하나 더 남아 있다. 1904년부터 6년간에 걸쳐 세워진 서양식 4층 건물의 별장 쿄라쿠관長楽館이다.

담배 제조에서 은퇴한 후 마쓰헤이는 시부야渋谷에 은거한 채 노후를 보냈지만, 기치베는 무라이 은행을 설립하고 제국제사製糸 등 여러 사업을 일으켜 사업가로서도 충분한 지위에 올랐다. 쿄라쿠관은 그가 고향 경승지에 35만 엔의 공사비를 들여 세운 '연기관'이었다.

도쿄에 살던 기치베는 주로 그곳을 사교 장소로 이용했으며, 황족과 내외 귀빈들이 그곳에 머물기도 했다. 준공 당시의 사진을 보면, 내부는 프랑스 루이 왕조 풍을 모방했고, 각 객실 내부는 영국, 미국, 중국 등의 각국의 특징을 잘 살렸다. 4층에는 일본 전통식 방들이 있으며 남은 자리에는 다실茶室을 만들었다. 마치 입신출세를 한 메이지인이 돈이 남아 젊은 시절의 꿈을 실현한 건물인 것 같다. 마루야마의 한 곳에서 등불이 화려하게 켜졌을 때 사람들은 오늘 밤에도 화려한 불빛 아래 벌어질 성대한 연회를 상상했을 것이다.

기치베는 우노코가 세상을 떠난 1년 후에 히노니시 가오루日野西薫와 재혼하고 이곳을 자주 이용했다고 한다. 노인의 로망스를 담은 쿄라쿠관도 기치베가 죽은 뒤에는 여러 번 주인이 바뀌었다.

1927년 공황 속에서 무라이 은행은 파산한 뒤 쇼와 은행 산하가 되었고 나중에는 후지이제성회藤井斉成会가 매수하여 고미술품 전시관으로 이용했다. 현재는 1층이 썬룸sunroom, 객실, 식당이고 2층의 일부는 커피숍으로 되어 있다.

주인이 바뀔 때마다 호화스러웠던 모습은 점점 사라져 갔다. 현재 3층과 4층은 사용하지 않고 있는데, 사용하지 않는 방은 황량한 상태로 방치되어 있다. 스탠드글라스의 창문 벽에 달린 난로, 천장의 장식들은 당시의 모습 그대로 남아 있는데, 그것이 더욱 시대의 흐름을 느끼게 한다.

1908년 5월 기도 고인(木戸孝允, 1833~1877)의 성묘를 하러 온 이토 히로부미(伊藤博文, 1841~1909)가 이곳에 묵었고 쵸라쿠관의 편액을 썼다. 이토는 그 5개월 후 하얼빈역 앞에서 죽었는데 편액은 지금도 2층 커피숍의 입구에 걸려 있다.

두꺼운 돌과 벽돌에 둘러싸인 '연기관'에는 지금도 아직 메이지 시대의 분위기가 감도는 것 같다. 썬룸의 커피숍에서는 여행객으로 보이는 여성들의 옷 색감이 화려하지만 대리석의 기둥과 계단의 손잡이에 스며든 슬픔에 잠긴 듯한 그늘을 닦아낼 수는 없다. 쵸라쿠관을 찾는 젊은 사람들은 요즘 세상에 느낄 수 없는 그러한 무거운 분위기에 오히려 매력을 느끼고 있을지도 모른다.

정원에 서서 바라보면, 입구의 아치에 청동제 무라이 집안 문양이 새겨져 있는 것이 보인다. 기둥 사이에 앉아 있던 두 마리의 사자 석상은 어느새 없어졌고 기치베의 흔적을 남기고 있는 것은 이 문양 하나뿐이다. 문을 나와 다시 돌아보니 저녁 하늘을 배경으로 서 있는 고풍스러운 이 서양 건물은 기묘하게 실재감實在感이 없는 것처럼 보였다.

마루야마공원에 있는 쵸라쿠관

큰 불상 앞의 미미쓰카,
무라이 기치베가 태어난 곳 주변

히가시산 우마마치에 남은
무라이 공장 건물

참고자료
『명치담배업사』이와사키 스이이치
『타바코』우에하라 미치로
『담배왕 무라이기치베』오타니 모토치요
『담배의 책』이시자키 쥬로
『긴자백화』시노다 고조
『콜럼버스 항해지』(이와나미문고)
『본조식감』(도요문고)
『신문집성메이지편년사』

제사공장의 신여성(繰婦勝兵隊)

성城 주변의 시가지에 사는 여성들

1873년 3월 28일, 구 사나다번真田潘 10만석十万石의 성관 주변 시가지 신슈마쓰시로信州松代에서는 아침 바람에 매실향이 풍겼다. 토담으로 이어지는 마을에 기묘한 행렬 하나가 지나가고 있었다. 씩씩하게 발을 맞추며 걸어가는 16명의 소녀들과 그들을 에워싼 듯한 모습으로 부모들이 함께 행진하고 있었는데 모두 해서 40명 정도였다.

여성들은 모두 젊어 보였다. 20살이 넘어 보이는 사람은 2~3명 정도였고 아직 어린 12~13살 정도의 소녀도 포함되어 있었다. 그렇지만 평균 연령은 17~18살 정도로 보였다.

행렬 주위는 구경꾼들로 번잡했다. 이 마을에 이렇게 많은 사람들이 살고 있었나 할 정도로 많은 사람들이 모였다. 일행은 구경꾼들 중에 아는 사람을 발견하면 인사를 주고받으며 지나갔다.

동네를 지나 뽕나무밭의 끝에 있는 젠코지다이라(善光寺平, 나가노분지)로 가니 흐린 하늘 아래 치쿠마千曲강이 짙은 쥐색을 띠며 구불구불 흘러가고 있었다. 일행은 강가 오른쪽 산기슭 길을 긴 행렬을 지어 천천히 걸어가고 있었다.

이윽고 야시로屋代에 있는 민가들이 보였다. 젠코지 도로에 있는 낡은 역참 마을이었다. 일행은 역참에 있는 찻집에서 잠시 휴식을 취했다. 딸들을 보내는 부모들은 여기서 헤어져야 했다. 이별의 순간에는 항상 마음이 초조해진다. 그동안 못한 말들을 구구하게 늘어놓는 어머니에게 머리를 끄덕이는 딸도 있었고, 딸의 짚신 줄을 고쳐 매주는 아버지도 있었다. 그리고 나서 일행은 보내는 사람들과 떠나는 사람들로 나뉘어졌다.

멀리라고 해 봤자 강 건너 나가노의 젠코지까지밖에 가 본 적이 없는 소녀들이었다. 세상도 모르는 소녀들이 마쓰시로에서 군마현群馬県의 도미오카富岡까지 100킬로를 넘는 길을 가야 했다. 도미오카에는 1871년에 완성된 도미오카 제사장富岡製糸場이 있었다. 그들은 서양식 기계 제사법의 견습 여공으로 도미오카에 가게 된 것이었다.

16명의 소녀들은 모두 하오리하카마羽織袴를 반듯하게 입고 떠날 준비를 했다. 도미오카에는 서양인들이 있으니까 허름한 옷차림으로 가면 집안 망신, 마쓰시로 망신이라는 이유로 격식 있게 차려입었다. 그중에서도 눈에 띄는 모습을 한 소녀가 있었다. 검은 명주 천으로 만든 소맷자락이 없는 통소매에 그 아래에는 빨간 메리야스의 속옷을 입었고 감색 바탕에 끝부분이 연보라색인 무사들이 입는 명주바지를 입었다. 상의는 아버지가 무진전쟁 중 고후甲府성을 접수하러 갔을 때 새로이 조달한 옷이었는데, 75킬로가 넘는 아버지가 입었던 옷을 그대로 입었기에 몸이 작은 그녀의 모습은 마치 옷 속으로 사람이 들어간 것만 같았다. 겉옷은 조모가 번주藩主한테서 하사받은, 검정비단으로 만든 것으로 5개의 큰 무늬가 들어가 있었다. 그러나 본인이 스스로 만든 것이라서 무늬가 잘 맞지 않았다.

당시 16살이었던 그녀는 녹봉 150석을 받은 옛 번사藩士 요코타 가즈마橫田数馬의 딸 요코타 에이(橫田英, 1857~1929)였다. 후에 마쓰시로롯코샤松代六工社의 여공 리더로 메이지 방적사에 이름을 남긴 인물이었다.

에이는 23살에 와다和田 집안에 시집을 가고 후에 남편을 따라 가나자와金沢에서 살게 되는데 마쓰시로에는 그녀의 생가가 남아 있다.

에이의 생가와 롯코샤 터를 보러 간 것은 8월초였다. 나가노長野의 젠코지善光寺 문 앞에는 야하타야八幡屋라고 하는 에도 시대부터 있었던 시치미七味[60] 가게가 있었다. 그 야하타야의 주인인 무로가 부녀父女가 안내를 해 주었다.

마쓰시로에는 3번째 방문이다. 맨 처음에 온 것은 10년쯤 전, 마쓰시로를 유명하게 한 군파쓰 지진群発地震이 발생했을 때였다. 취재로 온 여행이었는데 투숙하고 있던 나가노의 여관에서 새벽에 지진이 일어나 많이 놀란 기억이 있다.

이때 미나카미皆神산을 알았다. 지진의 진원지였던 이 산의 표고는 650미터 정도이고 독립적인 두 구릉은 정상이 완만한 안장 모양을 이루고 있다. 산의 모습이 인상적이라서 마쓰시로라고 하면 상산象山보다 마나카미산를 생각하게 된다.

나가노長野에서 사이犀강 다리를 건너 가와나카지마川中島를 남하하는 길에 미나카미산이 보인다. 군파쓰 지진이 일어났을 때, 마쓰시

---

[60] 고춧가루 등 7가지를 천연재료를 섞은 조미료.

로에 들어가는 차들은 정체하고 있었는데 빠져나오려는 차들은 모두가 속도를 내고 빠져나오려고 해서 그 모습이 너무 재미있었다. 그 간선도로도 그때와는 비교가 안될 만큼 차량이 늘어났다.

잠자는 듯이 조용한 마쓰시로다. 전철역 근처에는 새로운 건물들이 늘어서고 구 사나다 별장 앞은 깨끗이 공원으로 바뀌어 보물관宝物館이 생겼는데 느낌은 10년 전과 별 차이가 없다.

사나다 별장에서 상점가로 이어지는 큰길의 남쪽으로 가면 바바마치馬場町, 다이칸마치代官町, 다케야마마치竹山町 등의 옛 사무라이 동네가 펼쳐져 있다.

에이의 생가인 요코타 저택은 다이칸마치에서 동쪽으로 들어가는 작은 길에 면하고 있는데 창문이 있고 기와지붕으로 된 당시 무사 저택의 대문이 남아 있다. 다이칸마치는 중급 번사들의 집들로 구성된 마을이었다.

대문을 들어가면 현관 입구에 한 단 낮은 마루가 있는 안채가 있다. 150석이라고 하면 생활하기에는 걱정이 안 될 정도이지만 당당한 대문에 비해 안채는 초가지붕으로 되어 있다. 사람은 사는 모양이지만 비 오는 가운데 조용히 서 있는 150년이 지난 집에서는 황량함마저 든다. 안채 오른편에는 통로를 겸한 좁은 길이 있고 옆에는 낡은 흙으로 지은 창고가 있다. 그 빈 공간에는 이름도 모르는 하얀 꽃이 피어 있고, 감나무 밑에는 작고 파란 열매가 떨어져 있다. 에이는 이 감나무 꽃이나 열매를 주워서 놀았을 지도 모른다. 8남매의 둘째로 태어나 성 주변의 시가지 한구석의 두꺼운 초가지붕과 커다란 대문에 둘러싸여 소녀시절을 보냈을 것이다.

신분이 비슷한 옛 번사의 집안에 시집을 가서 자신이 자란 집과 비슷한 집에서 애를 낳고 평온하게 늙어갈 예정이었던 평범한 소녀였다. 그런 에이가 태어나서 처음으로 먼 길을 떠나 꿈에도 생각하지 못했던 근대식 공장에서 최신의 제사製糸 기술을 배우게 된 것은 메이지 신정부가 보낸 하나의 통지문 때문이었다.

"이번 죠슈上州의 도미오카 제사공장에서 조사 여직공을 모집한다." 15세에서 25세까지의 여성으로 희망하는 자는 신청하라는 그 통고는 1872년 3월 현청을 통하여 마쓰시로에도 도달되었다. 그러나 관비로 최신 기술을 가르치려는 것은 좋은 조건이었지만 응모자가 전혀 없었다. 도미오카에 가면 서양인들에게 착취를 당한다는 소문이 널리 퍼져 있었기 때문이었다.

당시 마쓰시로 지역의 구장을 맡고 있었던 요코타 가즈마橫田数馬는 업무상 여러 곳을 다니며 모집을 했으나 지원자는 나타나지 않았다. "구장 집에 딸이 있는데 그 딸을 보내려고 하지 않는 것이 무엇보다 소문의 진실을 잘 말해준다"고 말하는 사람도 있었다. 결국 가즈마는 에이에게 도미오카에 가라고 할 수밖에 없었다.

에이가 도미오카에 간다는 소문이 퍼지자 그녀의 친구 가와하라 쓰루河原鶴도 같이 간다고 하기 시작했다. 에이는 그 몇 년 전에 와다 집안의 장남 세지盛治와 약혼을 했는데 그의 친언니인 하쓰初도 "에이가 가면 나도 가고 싶다"고 했다. 이리하여 최연장자인 24살의 하쓰를 비롯해 최연소자인 10살의 겐쓰루까지 해서 총 16명인 견습 여공대가 만들어졌다. 당시의 일본은 어느 곳에서나 그렇듯이 성 주변의 마을에서는 어떻게든 힘을 합쳐 현실을 타개하고자 하는 분위기가 넘쳐났다. 오랫동안 녹봉미로 생활해 온 사족士族[61]들은 하루아침에

---

[61] 옛 무사 신분.

녹봉이 끊겼다. 대신 금록채권金祿債券이 주어졌지만, 새로운 생활 기반을 구상해야만 했다.

마쓰시로의 경우에는 원래 누에 제사製糸가 활발했고, 개항 당시의 생사生糸 경기景氣도 알고 있었다. 사족들도 자연스럽게 제사업에 관심을 갖게 되어, 도미오카로 가는 여공들 중에는 11명이 사족 집안의 딸이었다. 거꾸로 생각하면 마쓰시로번의 옛 번사藩士들의 딸들이 제사 기술을 습득하기 위해 편성된 하나의 부대였던 것이다.

묘기妙義산 기슭

마쓰시로에서 도미오카까지 젠코지가도善光寺街道와 나카야마도中山道를 걸으면 대략 100킬로 정도 되는데 마쓰시로의 견습 여공대는 이 길을 3박 4일로 걸어가고 있었다. 일행 중에는 만 10세의 소녀도 포함되어 있었던 것을 생각하면 잘 걸었다고 할 수 있다.

야시로에서 배웅해 준 사람들과 헤어진 에이 일행은 부모 6명의 인솔을 받으며 우에다上田에서 여행 첫날밤을 보냈다. 인솔자 중에는 에이의 약혼자 와다 세지和田盛治도 있었는데 세지는 에이 일행을 도미오카까지 데리고 간 후, 단신으로 도쿄에서 유학할 예정이었다.

첫 날은 모두 긴장한 탓에 별 탈 없이 지나갔으나, 둘째 날이 되자 다리의 통증을 호소하는 자가 속출하여 가마나 말을 타고 가는 자도 있었다. 말을 탈 때에는 소위 '삼보황신三宝荒神[62]'이라고 하는 좌우와 등에 한 명씩 앉을 수 있게 만든 특수 안장에 올라탔다. 겉으로 보기에는 말이 사람을 나누어서 태운 듯이 보였는데 타는 사람들은 공중

---

[62] 3인이 탈 수 있게 고안하여 만든 안장.

에 뜬 상태로 심하게 흔들렸다. 나이가 어린 소녀들 중에는 무서워서 우는 자도 있었다.

마쓰시로를 떠난 지 이틀째 되는 날, 보일 듯 말 듯하던 치쿠마강이 산속으로 사라지고 아사마浅間의 광대한 들이 펼쳐졌다. 그날은 오이와케追分에서 잤는데, 우에다에서 30킬로 떨어진 곳이었다. 다음 날은 드디어 우스이碓氷 고개를 넘어야 하는 날이었다.

현재 국도 18호선이 개통된 것은 1885년이니 에이 일행이 그곳을 지나갈 당시의 나카야마도는 북쪽으로 더 간 표고 1,800미터의 고개인 셈이었다. 하기야 이미 옛 가루이자와軽井沢 부근에서 표고 980미터의 고개를 넘었기 때문에 실제로는 거의 200미터를 오른 것이었다.

구마노코다이熊野皇大신사에 들러 고개 찻집에서 점심을 먹었다. 아직 눈이 많이 쌓여 있었다. 명산물인 치키라모치라는 떡을 먹고 한숨 돌렸는데, 여기서부터 군마현의 사카모토坂本까지 힘든 길이 계속되었다. 도저히 걸을 수 없을 만큼 지쳐버린 에이 일행은 그날 하룻밤을 사카모토에서 묵었다.

무로가 씨의 자동차로 에이 일행이 걸어갔을 코스를 따라갔다. 여름 휴가철이었던 신슈는 어디를 가도 차가 많아 여러 곳에서 정체가 일어났다. 가루이자와에 가까워지면 가까워질수록 차량은 급속히 많아졌다.

우리들은 5년 전에 개통한 우스이碓氷 산업도로를 지났는데 내려가는 길로 들어서면서 마치 강철로 만든 딱정벌레가 대이동을 하는 듯이 고개를 천천히 올라가는 차들 속에 합류했다. 우스이 고개는 나가노 쪽에서 올 때는 완만한 고개라고 생각되는데, 군마 쪽에서 내려

오는 길은 심한 급경사로 되어 있다. 그래서 나가노현이라는 토지가 매우 높은 곳에 있다는 인상을 받았다.

산업도로로 내려가는 길로 접어들자 눈앞에 펼쳐지는 산봉우리의 경치가 아주 장관이었다. 구 나카야마도를 걸어서 간 에이 일행도 이 경치를 봤을 것이다. 산에 둘러싸인 신슈에서 자란 소녀들은 검을 거꾸로 꽂은 듯한 산 모양을 보고 놀랐을 것이며 다른 지방으로 간다는 마음에 불안하고 초조했을 것이다.

도미오카까지는 나가노에서부터 딱 4시간 걸렸다. 그들이 하루 종일 걸어간 거리를 1시간 만에 간 것이라는 생각에 나는 감개무량하면서도 마쓰시로의 소녀들은 4시간이나 걸렸다는 것에 신경이 쓰였다.

우리들은 마쓰이다松井田에서 나카야마도로 빠져 남쪽으로 꺾어 다카다高田강의 골짜기로 나와 서쪽에서 도미오카로 들어갔지만, 에이 일행은 좀 더 가서 야스나카安中로 가기 직전에 남쪽으로 꺾었다고 한다. 다카다강 골짜기까지 나오는 길에는 낮은 구릉이 있고 그것을 건너면 여러 길이 나온다. 어쩌면 에이 일행은 북쪽에서 도미오카로 들어갔을지도 모른다.

도미오카 마을은 나카야마도의 히메가도를 따라 길게 이어져 있다. 메이지 초기 이 마을은 집 수가 겨우 430호 남짓으로 10만 석의 성 주변에서 자란 에이 일행에게는 한가한 촌락으로 보였을 것이다.

그러나 거기에는 에이 일행을 기다리는 또 하나의 경이로운 것이 있었다. 억새 초가지붕의 낮은 집들 건너편 끝자락에서 검은 연기를 내뿜는 높이 36미터의 검은 굴뚝이 그것이었다. 그들은 구릉을 넘어 처음으로 그 굴뚝을 보았을 때 엉겁결에 함성을 질렀다. 긴 여행길은 저 굴뚝 아래에서 끝나는 것이었다. 거기에 도미오카 제사공장이 있었다.

마쓰시로의 소녀들은 놀라움과 안도, 그리고 새로 나타난 미지의
세계에 대한 불안을 마음에 품고 말없이 도미오카 마을로 들어갔다.
1873년 3월 31일의 일이었다.

도미오카 제사공장 건물은 현재도 가타쿠라공업이 제사공장으로
사용하고 있다. 견학을 하는데 수속이 까다롭다고 들었으나 교육위
원회의 이마이 미키오 주사의 안내로 쉽게 들어가 볼 수 있었다.

정문으로 들어가면 눈앞의 동쪽에 누에고치 창고가 있는데 당시의
모습 그대로였다. 길이 140미터, 높이 14미터의 벽돌 건물이고 중간
문 아치의 윗부분에는 '메이지 5년(1872)'이라는 글자가 새겨져 있다.

"도미오카 제사공장의 문 앞에 왔을 때에는 정말 꿈이라고 생각될
만큼 놀랐다"고 에이는 자신의 『도미오카 일기』에서 밝히고 있다.
그림으로밖에 못 본 벽돌 건물을 직접 눈으로 본 감동은 말로 표현할
수 없을 정도였을 것이다.

그 벽돌 건물의 동쪽에 위치한 고치창고 안에 사무실이 있었다. 에
이 일행은 거기서 견습여공 수속을 했고 드디어 도미오카의 여공이
되었다.

도미오카 제사공장의 주요 건물은 동서에 고치창고가 있고 남단을
이어주는 것처럼 조사장繰糸場이 있어 ㄷ자로 배치되어 있다. 보일러
실과 굴뚝은 고치창고와 조사장으로 둘러싸인 중앙부에 있었는데 지
금 그 터는 광장으로 바뀌었고 1874년에 요코스카橫須賀에서 만들어
졌다는 높이 2.4미터, 둘레 47미터의 철제 공업용 수조만이 남아 있
다. 동쪽 고치창고의 북단에 접한 곳에는 기숙사가 두 동 있었는데
550여 명의 여공들이 120실에 나뉘어 들어가서 살고 있었다. 이 기숙

사도 지금은 없다.

그들이 견습하던 시절의 조사장 내부 사진이 남아 있었다. 사진을 보면 긴 모양을 하고 있는 건물의 남쪽과 북쪽 끝에 작업대가 나란히 놓여 있고 중앙에 통로가 있어 여공들은 서로 마주보면서 작업을 하고 있었다. 그 벽돌 건물의 조사장 내부에는 현재 최신 자동조사기가 설치되어 있다. 고치는 순서대로 떨어지고 그 고치에서 실을 빼고 판에 거는 데까지의 작업이 전부 자동화되어 있다. 넓은 공장 안에 여성들의 모습은 거의 없다. 달라지지 않은 것은 고치를 삶을 때 나는 특유의 냄새뿐이다.

불류나 기념관 남쪽에는 조그마한 빈터가 있다. 이마이 씨가 "여기에 벽돌로 만든 아치 형태의 하수관이 있는데요"라고 했다. 안을 들여다보려고 했더니 "조심하세요"라고 했다. 보니까 아래쪽에서 강물이 반짝반짝 빛나고 있었다. 이 강은 시모니타下仁田에서 흘러나오는 가부라鏑강이고 공장은 그 북쪽 언덕에 있다.

도미오카마치富岡町의 북쪽에는 묘기산 기슭에서 흐르는 또 한 줄기의 강인 다카다高田강이 있으며 이 강물이 제사에 적절한 양질의 물이다. 근처의 다카자키高崎에서는 아갈탄이 채굴된다. 또한 프랑스인 기술자가 정부에 제안했던 신에쓰선信越線의 노선 도안을 보면 이 마을을 지나기로 되어 있었다.

폴 불류나[63]는 그런 여러 조건을 생각하고 이곳을 선택했지만 제일 마음에 들어 했던 것은 언덕 위에서 보이는 경치였다고 한다.

긴 고치창고를 따라 만들어진 화단에는 사루비아가 피어 있다.

아무튼 도미오카의 벽돌은 참으로 따뜻한 색깔을 띠고 있다. 부드

---

[63] Brunat Paul, 1840~?. 프랑스 제사기술자. 도미오카 제사공장 설립자.

러운 화려함을 담은 그 색깔은 조금도 딱딱한 느낌을 주지 않고 오히려 요염하기까지 하다. 문을 나가면서 뒤돌아보니 벽돌 건물은 빨간 사루비아꽃과 아주 잘 어울렸다.

도미오카 프랑스

뷸류나가 프랑스에서 가져온 제사 기계는 증기기관인 철제 삼백솥이었다. 거의 동시에 들어온 이탈리아 제품은 고치를 삶는 부분과 조사繰糸 부분이 별도로 되어 있어서 차車는 인력으로 돌리고 있었다. 그러했기에 모든 과정을 증기력으로 처리하는 프랑스 제품은 아주 획기적인 기계였다.

그 새로운 기계가 길게 정렬되어 있는 근대 공장에 처음으로 들어 갔을 때 마쓰시로의 소녀들이 얼마나 놀랐을지는 상상할 수 있을 것이다.

"이 기계를 처음 봤을 때의 놀라움은 말로 표현할 수 없습니다. 먼저 실을 뽑는 대臺로 눈이 갔습니다. 대 위에는 국자나 숟가락 같은 누에에 뜨거운 물을 붓는 기구들이 한 점의 흐림도 없이 반짝이고 있었습니다. 다음으로 눈이 간 것은 차車인데 쥐색으로 칠해진 철 ……."

아무튼 나무로 된 것은 실테투리와 큰 틀과 틀 사이에 있는 판 정도밖에 없었다. 나무와 대나무로 만든 직물기밖에 본 적이 없었던 에이 일행이 '왠지 무서운 모습'이라고 느낀 것은 당연했다.

마을과 밭을 사이에 두고 서 있는 그곳은 도미오카이면서 도미오카가 아니었다. 높은 울타리로 둘러싸인 벽돌 건물의 안은 프랑스였다.

'도미오카 프랑스'에서 그들은 1년 5개월 동안 유학을 했다. 증기로 움직이는 기계 조사법을 배웠던 것이다. 도미오카에서의 일은 그들에게는 태어나서 처음으로 하는 경험이었다. 기계가 프랑스제이니만큼 규율 또한 서양식이었다. 여공들이 공장에 들어오는 시간에는 기적 소리가 신호로 울렸으며 질서정연하게 동쪽 누에창고의 서쪽에 있는 복도를 행진해서 입장했다. 공장은 청결했고 노동 시간은 정확히 8시간으로 정해져 있었다. 550여 명의 여공들은 주로 양잠지역 출신이었다. 출신지를 살펴보면 야마가타山形, 이와테岩手, 군마群馬, 나가노長野, 이시카와石川, 시즈오카, 나라奈良, 효교兵庫, 야마구치 등 일본 전국에 걸쳐 있었으며 대부분이 토족 혹은 호장급의 딸들이었다. 소위 각 지역의 엘리트들이었다.

그러한 소녀들이 두 동의 기숙사에 모여 사는 것은 아주 불편했다. 『도미오카 일기』를 보면 그들은 사소한 일도 함께 나누면서 다감한 소녀 시절을 보냈음을 알 수 있다.

에이를 비롯한 마쓰시로의 소녀들에게는 고향에 돌아가면 견습 성과를 바로 보여야 한다는 사명감이 있었다. 후에 생기는 롯코샤의 전신인 니시죠무라西条村 제사공장의 건설이 잘 진행되고 있었는데, 이 점이 적당히 견습을 받는 다른 지역의 여공들과 달랐다.

에이는 마쓰시로를 떠나기 전에 아버지로부터 도미오카 제사공장에 들어가면 언행을 조심해야 하고, 고향과 집안의 이름을 더럽히지 않도록 행동해야 한다는 말을 자주 들었다. 그래서 그녀에게는 하루라도 빨리 증기조사 기술을 익혀 그 기술을 '우리나라'를 위하여 활용해야 한다는 생각밖에 없었다. 에이가 생각하는 '우리나라'는 구마쓰시로번이었다. 이미 소멸한 봉건의 번 제도가 이 소녀의 머릿속에는 아직도 남아 있었다. 이러한 '우리나라'라는 관념이, 국가보다 지방 단위로 생각하는 개념이 최단 근대식 공장에서 선진기술을 배우면서도 여전히 유지되고 있었다는 것이 놀랍다.

견습여공들 중에는 나가노현 출신이 가장 많았는데 180명을 넘을 정도였다. 그중에는 구 시가지의 토족 집안의 딸들도 있었지만 대부분이 농가 출신으로 에이들처럼 엄격한 가정교육을 받지 않아서 그 행동이 사람들의 눈에 거슬리기도 했다. 신슈 사람은 예의가 없다는 말을 듣기 싫어했던 에이 일행은 자신을 신슈 출신이라 하지 않고 나가노현 마쓰시로 출신이라고 했다고 한다. 자존심이 강한 소녀들의 모습이었다.

야마구치현에서 36명의 여공이 도미오카에 온 것은 4월 20일 경이었다. 도미오카에 새로 들어온 여공들은 모두 조사장 일을 하기 전에 당분간은 누에의 선별을 해야 했다. 실제로 지루한 작업이었는데 에이 일행은 야마구치에서 여공들이 들어오면 그 일을 교대해 주고 공장에 나갈 수 있다고 듣고 기대하고 있었다. 하지만 나중에 들어온 야마구치의 여공들이 누에 선별 작업을 생략하고 먼저 공장에 들어갔다. 이 사실을 알게 된 에이 일행은 불공평하다고 불평하기 시작했고, 다음날에는 나이 많은 자를 대표로 하여 공장에 항의를 했다.

야마구치의 여공들 중에는 이노우에 가오루나 나가이 마사라쿠 (長井雅楽, 1819~1863)의 장녀도 있었고, 공장의 남자 책임자들 중에는 죠슈(야마구치) 사람들이 많았다. 그런 이유로 야마구치 출신 여공들이 유리한 대접을 받은 것이다. 항의를 당한 공장 측 사람들은 당황하여 "서양인들이 실수한 것이다"라는 말도 안 되는 변명을 했고

4~5일 후에는 에이 일행의 일을 조사장으로 옮기게 했다.

여름이 되면 운동을 겸해 광장에서 봉오도리盆踊64를 추게 된다. 수적으로 많았던 관계로 리더 역할을 한 것은 신슈 출신의 여공들이 었는데, 신슈 무용을 시작하면 다른 지역의 여공들도 참가해서 점점 그 원이 커지게 되었다. 그러나 야마구치의 여공들은 항상 함께 추지 않고 자기들끼리 춤을 추었다. 그러더니 공장 쪽에서 야마구치 여공들의 춤 자리에는 등을 켜 주고 기숙사 반장이나 책임자까지 호응해 주는 분위기가 형성되었다.

기분이 상한 신슈의 여공들은 사전에 약속을 하고, 다음날 저녁부터는 춤을 그만두고 모두 방에 들어가 버렸다. 180명이 갑자기 방에 들어가 버리니 광장은 활기를 잃었고 춤도 재미없어져 버렸다. 공장 측은 이 사태에 놀라 나와서 함께 춤을 추자고 권유했으나, 신슈의 여공들은 머리가 아프다거나 배가 아프다는 이유로 거절했다. 강제로 나오게 해도 다시 방으로 들어가 버렸다.

에이의 방이 총책임자의 옆방이었던 관계로 어쩔 수 없이 불려가 무용 광경을 보고만 있었는데, 방에 돌아간 후에 모두에게 공격을 당하는 등 마음 아픈 경험을 하기도 했다.

그런 애환을 겪으면서 1년이 지났다.

100여 킬로의 길을 함께 걸어온 16명의 여공들 중에는 아파서 고향에 돌아간 자도 있고 해서 그 수는 14명으로 줄었지만 1874년 봄, 에이 일행은 일등 여공이 될 수 있었다. 한 명 한 명 책임자 방으로 들어가 성과 결과를 들을 수 있었는데 좀처럼 이름이 안 불리는 자가 있었다. 그녀는 불공정하다, 얼굴이 예쁜 애들만 뽑아서 1등 여공의

---

64 원무식, 행진식 일본 고전무용의 일종.

자격을 준다는 등 횡설수설하다가 결국에 울음을 터뜨렸다. 그러다 나중에 겨우 호출되어 결과를 듣고 돌아오면 아까 울었던 일은 다 잊어버리고 미소를 지었다. 그것을 보고 "조금 전까지는 어땠는지 알아?"하면서 장난을 치다가 함께 웃어대는 소녀들이었다.

니시죠무라지 롯코西条村字 六工

국산 생사, 소위 '화사和糸'가 국내 수요를 따라갈 수 있게 된 것은 에도 시대 후기 이후의 일이다. 마쓰시로에서도 에도 말기 간세이(寬政, 1789~1801) 때부터 번이 장려하여 양잠제사가 활성화 된다. 당시의 제사용구는 아주 유치하고 단순한 것으로 토방에 아궁이을 만들고 거기에 큰 솥을 걸어 누에를 삶았다. 그 옆에서는 실을 감는 굴대에 실 끝을 낀 후 그 실을 조금씩 끌어당기면서 손으로 돌려 감았다. 보통은 7~8개의 누에에서 나오는 실을 한 나무에 감은 후 왼손으로 비벼갔다. 이 작업을 '소머리丑首'라고 불렸는데 다소 개량되었지만 에도 시대를 기점으로 거의 바뀌지 않았다.

마쓰시로에서는 번이 물산 담당처를 설치하여 가와나카지마川中島에서 생산되는 생사를 교토의 니시진西陣에 보냈다. 전통이라고 하면 전통이었지만 스자카須坂나 나카노中野지방만큼 활성화되지는 않았다.

마쓰시로에 제사장을 건설하자는 분위기가 조성된 것은 우미누마 후사타로海沼房太郎라는 청년이 우연히 도쿄에서 도미오카 제사공장의 이야기를 듣고 귀향한 후 "죠슈 도미오카에서는 모당인毛唐人[65]이

---

65 털이 많은 사람이라는 뜻으로 서양 사람을 멸시하여 부르는 말.

증기라는 것으로 물을 끓여 실을 감고 있다고 한다"라는 말을 한 것이 계기가 되었다. 옛 번사 오사토 이치로大里一郎가 이 이야기를 듣고 증기제사에 관심을 가지게 되어, 마을은 제사장 건설로 분주하게 되었다. 에이 일행이 도미오카에 간 후, 이미 마쓰시로 남쪽 변두리에 있는 하니시나埴科군 니시죠西条촌 롯코六工에서는 공장이 건설되기 시작했으며 자본금 2,950엔이 투자되었다. 이 공장은 나중에 롯코샤라고 이름을 개칭하고 증기제사의 민간 제1호 공장이 되었다.

그런데 증기제사에 대해서 이론적으로는 이해가 되었지만, 그것을 자신들의 힘으로 실현하기 위해 무엇을 어떻게 시작해야 될지는 도무지 알 수 없었다. 그래서 실을 감는 기술은 귀향한 견습 여공들에게 맡기고, 마쓰시로에서는 우미누마海沼 등 3명을 남자 공원으로 도미오카에 보내 주로 기계 설비를 배우게 했다. 그들은 옆 동네인 나노카이치七日市에 숙소를 잡아놓고 매일 도미오카에 다니면서 약 4개월간 공장의 여러 시설과 기계를 조사했다.

우미누마는 농가의 장남으로 태어나 특별히 기계에 밝은 것도 아니었으나 열심히 노력하여 조사기繰糸機와 그것에 부속되는 증기파이프의 설계도를 완성시켰다. 마을 사람들은 우미누마가 그린 도면 하나에 의지할 뿐이었다. 도면을 보면 이상한 모양을 한 파이프가 많이 달려 있었는데 이것은 대장간의 일이라고 하여, 마쓰시로번의 철포대장간에 근무하던 요코타 분타로横田文太郎를 불러냈다. 요코타는 본 적도 없는 파이프와 나사 등을 만들기 시작했는데 몇 번을 만들어도 우미누마가 그것이 아니라고 하여 자주 화를 냈다고 한다. 도면이 확실하지 않은 부분은 직접 손으로 모양을 만들어 보이면서 겨우 증기가 새지 않는 파이프를 만들어냈다.

실을 감는 대차, 소차, 태엽 등은 번에서 창을 만들고 있었던 명인 유모토 우키치湯本宇吉에게 부탁했다. 공장 건설은 요사쿠与作라는 도 목수가 맡았다. 그들이 전문가라 할지라도 한 번도 만들어 본 적이 없는 이상한 기계나 건물을 만드는 것은 보통 힘든 일이 아니었다고 한다.

가장 고생한 부분은 보일러였다. 처음에는 우에다에 있는 냄비가 게에 맡겼는데 잘 만들어낼 수가 없었다. 그래서 이번에는 마쓰시로 의 청동가게에 의뢰해서 동으로 만든 후에 대부분을 흙으로 발라 틈 이 없도록 하여 만들었다.

후에 불류나가 도미오카를 시찰한 적이 있었는데, 불류나는 이 보 일러를 본 순간 바로 뛰쳐나왔다고 한다. 언제 폭발할지 모르는 위험 물로 보였기 때문이다.

도미오카 제사공장은 신정부의 도미오카강병책의 일환으로 건설 된 관영 모범공장이었다. 최신 기계를 프랑스에서 가져오고 설비를 위해 돈을 아끼지 않았다. 그러나 아무리 새로운 기술을 가르쳐도 여 공들이 귀향하는 곳은 가난하고 작은 마을이었기 때문에 그 차이가 심했다. 나중에 에이 일행도 그것을 실감하게 되는데, 도미오카에서 습득한 기술을 활용할 기회가 없었던 것이다. 그래도 그들은 모방한 것이었지만 그럴듯한 기계와 시설이 준비되어 있었던 점에서 그래도 괜찮은 편이었다. 그것은 부족한 자금을 잘 이용하여 어떻게든 증기 제사를 실현하려는 그들의 열정의 결과물이었다.

에이 일행과 같이 견습을 받은 5백 명이 넘는 여공들은 고향에 돌 아가도 개인적으로 그 기술을 살릴 수 있는 상황도 아니었기에 심어 진 씨앗은 열매조차 맺지 못하고 사라져버렸다.

니시죠촌의 롯코는 현재의 나가노시長野市 마쓰시로마치松代町 니시죠西条이다. 제사장터였던 당시 흔적으로는 작은 돌담이 남아 있을 뿐이다. 무사들의 저택이 남긴 다이칸마치를 따라 쭉 남쪽으로 가면 간다神田강 근처가 나온다. 이 강을 따라 조금만 더 가면 나오는 골짜기가 있는 막다른 지점 오른편 언덕에는 600평의 공장이 세워져 있다. 에이의 생가에서는 1,500미터 정도 떨어진 거리로, 왼편에 있는 마이즈루舞鶴산 기슭에서 꺾어 들어가면 바로 마쓰시로 지진관측소가 나온다.

주변에 연료로 쓰이는 땔감이 많이 있고 간다강의 물을 용수로 사용할 수 있다는 점이 공장지로 선정된 주된 이유였다. 롯코샤는 1946년 70여 년의 역사에 종지부를 찍었고 남은 건물도 50여 년 전에 화재로 타버렸다. 당시의 돌담 위에는 지금 민가 하나가 있다.

니시죠촌 제사공장은 1877년 롯코샤라고 이름을 바꾸고 1893년에는 600미터 떨어진 곳에 공장을 증설했다. 대체로 1907년경까지가 마쓰시로 제사업의 전성기로 다이쇼 시대(1912~1926)에 들어가면서부터는 부진을 겪게 되었다. 전국적으로 제사업이 전성기를 맞이한 것은 다이쇼 시대 말기였는데, 마쓰시로의 제사업은 그전에 이미 쇠퇴해 버렸다.

지역적으로 철도에서 떨어져 있어 누에를 모으는 일에도, 여공을 모집하는 일에도 불리했으며 주변에는 자본이 적은 회사들밖에 없었다. 요코하마의 제사장이 커지면서 경영도 어려워졌다. 여공들에 대한 대우가 너무 좋았다는 점도 실패의 원인이라 하니 흥미로운 일이다.

니시죠의 가을축제로 공장이 휴업하던 날, 에이를 비롯한 도미오카 여공 3명만이 박람회에 출품할 실을 감기 위해 출근했다. 저녁이 되면 사장이 그녀들에게 사람을 보내 "목욕 준비까지 다 해놓았으니까 세 분은 저녁식사를 하지 말고 오십시오"라고 아주 정중하게 전했다고 한다.

에이를 비롯한 도미오카 여공들은 마쓰시로에서는 무엇과도 바꿀수 없을 만큼 소중한 보물이었다. 여공에 대한 그런 평가는 여공애사의 시대를 맞이해도 변함이 없었다.

그러던 중 니시죠촌 제사장은 그럭저럭 형태를 갖추게 되었다. 1874년 7월 6일 마쓰시로에서 온 소녀 14명은 도미오카를 떠나게 되었다. 도미오카 공장의 소장이었던 오다카 아쓰타다(尾高惇忠, 1830~1901)는 마쓰시로 소녀들의 귀향을 매우 기뻐했다. 도미오카 제사공장의 경영은 이익을 목적으로 한 것이 아니었다. 프랑스식 중기 제사법을 한 명이라도 많은 사람에게 가르치고, 그 기술을 습득한 소녀들을 통해 전국적으로 대량생산에 불이 붙을 것을 노렸던 것이다. 마쓰시로는 바로 그 목표 제1호가 되려고 하고 있었다.

오다카는 "숙련된 여공들을 보내면 우리 공장은 1년간 900엔 이상의 손해를 입게 되지만……"이라고 하면서 '조부승병대繰婦勝兵隊'라는 휘호를 배웅하러 나가는 사람을 통해 보냈다.

조부繰婦는 병사보다 뛰어나다. 이것이 바로 도미오카가 에이 일행에게 보낸 제1급 평가였다.

그들은 다카자키高崎를 구경하고 하루 쉰 후, 1년 반 전에 걸어온 나카야마도를 천천히 걸어 귀향했다.

야시로屋代의 본진에 도착한 것은 7월 12일 이른 아침이었다. 거기서 목욕하고 머리를 묶고 옷을 갈아입었다. 각자 집에서 새로 만든 옷들을 보내왔지만 에이들은 도미오카의 제복이었던 감색 명주에 모슬린으로 된 띠를 두르고 인력거를 탔다. 14대의 인력거가 한 줄로 나란히 가는 모습은 젠코지 가도街道가 만들어진 이후 처음 있는 일이었을 것이다. 에이는 그 맨 앞의 인력거에 탔다.

쓰치구치土口촌에서는 양잠가들이 하오리하카마를 입고 마중 나와 있었다. 그리운 고향 마쓰시로는 마중 나온 사람들과 구경하려는 사람들로 웅성거리고 있었다. 14명의 소녀들은 볼을 붉히며 돌아왔다.

'도미오카 프랑스'에서 유학하던 유학생들은 새로운 산업의 리더로 1년 반 만에 귀향한 것이었다.

조부승병대 繰婦勝兵隊

흥분된 마음으로 귀향한 에이 일행은 예상은 했으나 니시죠의 공장을 보고 실망을 감출 수 없었다.

"도미오카와 비교하면 하늘과 땅 차이였다. 동, 철, 놋쇠는 나무로 되어 있고 유리는 철사로, 벽돌은 토방으로 되어 있었는데, 악몽을 꾸는 것 같았다"고 할 정도였다.

실제로 실을 감기 시작하면서부터는 계속 짜증이 났다. 도미오카의 큰 고치와 달리 태양으로 말린 작고 질이 안 좋은 고치는 무게도 없었고 실이 얇아서 실의 시작점을 찾기도 어려웠다.

그러나 이런 질이 안 좋은 고치도 오사토大里들이 힘들게 모은 귀중한 고치였다. 자본이 적은 회사라서 고치를 사들일 수 없었다. 고치를 미리 맡아 실을 감는 방식으로 겨우겨우 가져온 고치였다. 그런 관계로 양잠가들의 발언권이 강했다. 에이 일행이 힘들어했던 것 중

하나는 바로 양잠가들의 텃세였다.

원래 농가에서 했던 '자쿠리[66]'는 철가마 안에서 고치를 삶고 실을 얼레에 감아 가는데, 이 경우 고치는 삶으면 삶을수록 실이 하얗고 부드러워지며 거의 남김없이 뽑을 수 있게 된다. 그러나 도미오카의 증기제사는 증기로 고치를 부드럽게 하는 것으로 색깔은 약한 쥐색이다. 게다가 고치의 표층과 저층의 부분은 실의 질이 좋지 않다 하여 도미오카 공장에서는 그 부분은 뽑지 않는다. 즉 도미오카에서 배운 여공들이 실을 감으면 생사의 양이 '자쿠리'로 감는 양보다 훨씬 적어지고 또한 색깔도 안 좋은 것이었다.

조금이라도 많은 양의 실을 뽑아야 하는 양잠가들은 니시죠촌 제사공장에 불만을 가졌다. 여공들과 양잠가들 사이에서 당황한 측은 경영을 책임지는 오사토들이었다. 어떻게든 감는 실의 양을 늘려달라는 그들의 부탁을 여공들은 들어줄 수 없었다.

"도미오카에서는 그렇게 실 감는 법은 안 배웁니다. 우리는 진짜 생사만 감습니다"라고 하면서 그녀들은 한 치도 양보하지 않았다. 이러한 모습에 오사토도 힘들어했고 결국 양잠가들과 상담하여 에이 일행에게 '자쿠리'를 보여주기로 했다. 공장 안에서 자쿠리를 하고, 그 자리에서 실의 양을 저울질하여 그들에게 보여주었다. 실의 차이는 꽤 있었다. 그러나 에이들은 전혀 동요하지 않았다. 얌전한 표정으로 아무 말 없이 보고만 있었다. 실험이 끝나고 양잠가들 중 한 명이 사무소에서 "도미오카에서 돌아온 여공들은 건방지기만 하다. 앞으로는 어떠한 방법을 써서라도 자쿠리 방식으로 실을 감게 하겠다"고 했다. 그 말이 민감한 소녀들의 귀에 들어가서 난리가 났다. "이제

---

[66] 앉아서 고치로부터 실을 뽑으며 얼레에 감는 일.

이런 공장에는 있고 싶지도 않다. 저런 싸구려 실을 우리가 감는 실과 똑같이 취급하다니"라며 모두가 사직 직전까지 갔으나 에이가 겨우 달래 일본 최초의 파업은 일어나지 않았다.

에이 일행의 명분은 이랬다. 생사는 수출을 위한 물건이니까 요코하마에 가져가서 외국인의 눈으로 직접 우열을 감정 받았으면 좋겠다는 것이다. 외국인이 이런 실은 살 수 없다고 하면 우리도 납득할 수 있다고 했다. 1년 반이라는 짧은 도미오카 유학은 성 밖 시가지에 사는 젊은 여성들에게 대단한 자신감과 넓은 견식을 심어주었다. 니시쪼 제사공장은 의견대립 상태로 그해 겨울 12월 12일 동기휴업에 들어갔다.

새로운 해를 맞이하면서 오사토는 3개월 반 동안 여공들이 뽑은 실을 처음으로 요코하마에 판매하러 나갔다. 과연 에이 일행의 주장이 옳은지 알 수 있게 되는 순간이었다. 오사토는 요코하마에 가기까지 많은 고민을 했다. 공장은 자금이 거의 없어 좋은 고치를 살 수도 없는 데다, 도미오카식으로 실을 뽑아서 색깔도 쥐색을 띄고 있었다. 어떻게 봐도 상품으로 낼 수 없을 것 같았기 때문이었다.

나카무라 가네사쿠中村金作는 그러한 실을 2짝 가지고 요코하마로 나갔다. 모여든 동업자의 실을 보면 모두가 좋은 고치에서 뽑은 새하얀 실들뿐이었다. 그 실들 속에서 가져간 실을 꺼냈을 때에는 "공주의 다리와 자신의 털이 많은 정강이를 나란히 내민 듯한 기분이 들어서 얼굴이 붉어졌습니다"라고 가네사쿠는 나중에 술회하고 있다.

각 지방에서 온 동업자들은 불쌍히 여기는 눈으로 냉소를 띠고 있었다. 그러나 실을 감정하러 나온 외국인은 가네사쿠의 실을 보자마자 매우 놀란 표정을 지으며 말했다.

"이거 신기하군. 증기로 뽑은 실이잖아?"

"그렇습니다."

"이런 실이라면 얼마든지 사고 싶소. 얼마나 있습니까?"

"두 짝입니다."

"아쉽군요. 왜 더 많이 안 가지고 온 겁니까? 있으면 7, 8백장이라도 사겠는데 고작 두 짝이면 어중간하니. 650장에 사겠습니다."

650장이라는 것은 당시 무역 은銀의 매수枚數였다. 6으로 나누면 금액이 나왔다. 총 1,813엔 30전이었다.

가네사쿠는 꿈을 꾸는 듯한 기분으로 미치도록 기뻐했다. 동업자인 '공주 다리 같은' 실은 450장인 750엔에 팔린 것이었다.

에이의 주장이 옳았다는 것은 이렇게 증명되었다. 증기제사와 니시죠촌 제사공장이라는 이름은 이 두 짝의 옅은 쥐색을 띤 실에 의해 일약 전국으로 퍼져나갔다.

에이의 생가 요코타 저택

도미오카 제사장의 비단 그림

프랑스식 조사기

참고자료

『마쓰시로마치사松代町史』·『사다모토 도미오카일기定本富岡日記』가미죠 히로유키
교정.「시나노교육信濃教育」제1032호 와다에이특집.

꿈의 운하 도전기

청년의 꿈

메이지 14년(1881) 10월, 까치가 떼를 지어 시끄럽게 지져대는 맑은 가을 하늘 아래 교토의 거리가 펼쳐져 있었다. 하늘이 맑고 높은 탓인지 거무스름한 기와의 파도는 분지 바닥에 달라붙어 있는 것 같았다. 청년은 팔짱을 낀 채 기와의 끝을 찾으려는 듯 눈을 가늘게 떴다. 청년이 서 있는 동산 자락에는 묘지가 줄지어 있었고, 그 오른편에 있는 소나무 숲 속에는 난젠지南禪寺의 가람이 나무자락을 당기며 거대한 지붕을 내밀고 있었다. 문 앞에서 곧장 뻗어 있는 외줄기 소나무 가로수 길은 숲 속에서 왼쪽으로 이어져 민가 바로 앞에서 끊겨 있었다. 소나무 길 반대편에는 넓은 밭이 있었다. 멀리 가모鴨강 둑까지 사람이 사는 집은 없었고 그 밭 가운데에서 시라白강이 불규칙적으로 흐르고 있는 것이 보였다. 소나무 길 끝에 보이는 민가는 가모강 쪽에서 산기슭 쪽으로 길게 이어지고 있었다. 이것이 도카이도였다. 21살의 청년 다나베 사구로(田辺朔郎, 1861~1944)는 며칠 전에 이 길을 걸어왔다.

도카이도 본선은 아직 개통이 안 되어 있었다. 다나베는 고부대학교工部大學校의 교복에 짚신을 신고 두 개의 보따리를 어깨 앞뒤로 나누어 메고 허리에는 도시락과 구두를 매달고 있었다. 그는 묘한 차림으로 500킬로가 넘는 도카이도를 걸어 처음으로 교토 땅을 밟았다.

금단추가 달린 교복은 난처할 정도로 어디를 가도 눈에 띠었다. 교토와 같은 큰 도시에서도 마찬가지였다. 방금 길가에서 만난 농가의 부부는 어깨에 큰 보따리를 걸머지고 산으로 들어가는 다나베를 마치 신기한 동물을 보는 듯한 시선으로 계속해서 바라보았다.

다나베의 발밑에 있는 보따리 속에는 소형의 세키스탄트(sextant, 고도측정기)와 헨드레벨(handlevel, 수평측량기)이 들어 있었다. 다나베는 이 동산을 시작으로 야마시나山科[67]에서 아이자카逢坂산을 넘어 비와호琵琶湖까지의 측량과 지질 조사를 하려는 것이었다. 도대체 무슨 목적으로?

산과 산을 뚫고 거대한 호수에서 한 줄기의 수로를 교토에 끌어들이기 위해서였다. 만약 지금 머릿속에서 구상한 환상의 수로에서 물이 통과된다면 분지의 낡은 마을의 양상은 완전히 바뀔 것이다. 그런 생각을 하자 젊은 다나베의 눈썹꼬리는 저절로 올라갔다.

1881년 2월, 교토부 3대째 지사로 기타가키 구니미치(北垣国道, 1836~1915)가 부임하고 있었다. 기타가키는 1836년 다지마但馬의 요후군 다테야무라養父郡建屋村의 향사鄕士[68]의 집에서 태어났고 어릴 때

---

[67] 교토시 동부.
[68] 무사 신분으로 농업에 종사하는 사람.

의 이름은 신타로晋太郎였다. 히라노 구니오미(平野国臣, 1826~1864) 등과 농민병을 조직하고 이쿠노生野의 대관소代官所[69]를 습격한 적도 있었다. 이쿠노거병(1863) 간부의 한 사람이었다. 유신 후에는 관직에 나가 돗토리取鳥현 소참사小参事, 구마모토熊本현 대사기관大事記官, 고치高知현 겸 도쿠시바德島현 현령(지사) 등을 거쳐 1881년 1월에 교토부 지사로 임명되었다.

기타가키가 교토에 부임하고 가장 놀란 것은 활기를 잃은 마을의 모습이었다. 기타가키는 1853년인 18살 때 즈음부터 고향을 떠나 교토로 들어와 지사志士 생활을 보냈다. 참혹한 사건이 연이어 일어났지만 그 당시의 교토는 이백수십 년 만에 정국의 태풍의 눈으로 새로 태어나면서 활기가 넘쳤다. 그곳에서 생활한 것이 젊고 민감한 시절이었던 만큼 기타가키에게 있어서 교토는 제2의 고향으로 애착이 가는 곳이었다.

막 부임한 기타가키는 "여기가 그 교토인가……"하고 생각했다.

교토의 침체는 황거가 도쿄로 옮겨진 데에 이유가 있었다. 시민들은 금문의 변의 병화로 마을의 중심지가 온통 타버리는 불행을 이겨내고 새로운 시대가 도래하는 것을 기다리고 있었다. 천황친정의 시대, 교토가 몇 백 년 만에 일본의 중심이 되어 번성할 시대의 도래를 꿈꾸고 있었다.

그러나 무진전쟁이 끝나자 놀랍게도 일왕의 도쿄행차가 발표되었다. 민감한 시민들은 그것이 환행이 없는 행차인 것을 직감하고 있었다. 수천 명의 시민들이 일왕의 외출을 중지시키기 위해 깃발을 높이 들고 일왕 궁 문전에서 집회하는 사태까지 벌였지만 결국 그 대세를

---

[69] 막부 직할지를 지배하고 연공수납, 민정을 다스리는 관청.

꺾을 수는 없었다.

일왕, 왕후와 함께 공가公家(조신)들이 떠났고 태정관을 비롯한 여러 관청이 도쿄로 옮겨졌다. 그곳에 근무하던 많은 관리들도 떠났고, 그곳을 상대로 영업하던 상인들조차 떠났다. 선견지명이 있는 사람들은 모두 교토를 버렸다. 에도 시대에 30만 명이었던 인구는 1873년의 조사에 의하면 23만 8천 명으로 급격히 감소했다. 무엇보다 우려되었던 점은, 자긍심에 상처를 입고 배신당한 시민들의 정신적 충격이었다. 교토도 언젠가는 헤이안쿄平安京가 생긴 후의 나라奈良처럼 폐도廢都가 되어 황폐해질 것이라는 불안에 사로잡혔던 것이다.

환행탄원서가 제출되었지만 신정부의 답변은 냉정했다. 그들은 신중한 태도로 당분간 환행은 연기될 것이라고 전했다. 그리고 환행 연기의 보상으로 산업진흥기금 10만 엔이 교토부에 보내졌다. 이것은 소위 위자료였다. 교토는 이 10만 엔을 활용하여 스스로 재기의 발판을 만들어야 했다.

메이지 초기의 10만 엔은 아주 큰돈이었다. 초대 지사인 하세 노부야쓰(長谷信篤, 1818~1902), 2대 지사인 마키무라 마사나오(槙村正直, 1834~1896) 두 지사는 이 기금의 이식利殖을 꾀하는 한편, 산업진흥을 위하여 사밀국舍密局(이화학연구소), 수산소授産所(직업을 알선해 주는 관청), 여홍장女紅場(여자 일자리), 제화장製靴場, 직전織殿(직물소), 염전染殿(염색소), 맥주양조장 등 여러 시설을 개설했다.

특별히 내세울 만한 특산물이 없는 교토가 번창하기 위해서는 공업을 일으켜야 한다는 것이 역대 지사들의 공통된 의견이었다. 그러나 공업에는 동력이 필요했다. 내륙도시인 교토가 동력으로 석탄을 쓰기에는 가격이 비쌌다. 그러한 이유에서 논의는 항상 원점으로 되돌아가 버렸다.

기타가키는 부임한 직후, 우연히 「신천통선의지의부원新川通船之義付願」이라는 흥미로운 글을 발견했다. 1872년 시모교下京[70] 사람들이 출원한 수로 계획서였다. 비와호에서 교토까지 배가 다닐 수 있도록 운하를 파고 강을 만들자는 내용이었다. 코스 설정부터 공사비, 완공 후의 수익까지 계산되어 있었다. 너무나 비현실적인 제안이라는 이유로 그대로 보류되어 왔던 이 하나의 서류가 기타가키의 마음을 사로잡았다.

배를 다니게 하는 것도 괜찮은 안案이었지만 낙차를 이용하여 수력을 동력으로 이용할 방법은 없을지 생각했다. 2월 초에 부임하여 4월에는 벌써 지리 담당처에 명하여 호수 면과 산조대교三条大橋와의 높이를 측량하게 하고 예측되는 수로를 답사시킨 것을 보면 그가 얼마나 이 일에 관심을 가지고 있었는지 알 수 있다. 이것을 독단적이라 말할 수도 있겠지만 굉장한 행동력이었다.

5월에 상경한 기타가와는 참의 이토 히로부미와 내무대신 마쓰카타 마사요시松方正義[71]를 만나 조사 결과를 보여주며 기본적인 동의를 얻었다.

교토에서 꿈같은 대 계획이 진행 중이라는 소문은 이 시기에 이미 정부요직들 간에 퍼져 있었다.

그 소식을 들은 당시 고부대학교의 학생이었던 다나베는 그 기막힌 착상에 큰 매력을 느꼈다. 그리고 졸업논문으로 하기 위해, 독자적으로 조사와 실측을 하고자 마음먹은 것이었다.

---

[70] 교토시의 구 이름. 주로 중·소 상인들이 살았다.

[71] 1835~1924, 메이지·다이쇼 시대 정치가.

바쿠신幕臣(막부 장군 직속의 신하)의 아들

다나베 사쿠로한테서 배운 제자들이 스승의 환갑을 기념하여 출판한 『다나베 사쿠로 박사 60년사』라는 책이 있다. 다나베한테 직접 들은 이야기를 중심으로 몇 명의 제자들이 분담하여 집필한 책이다. 지금은 들을 수 없는 에피소드 등이 실린 이 책은 아주 귀중한 기록이다.

이 책에 의하면 다나베의 조상은 헤이안 시대(平安時代, 794~1192)의 가인 후지와라노 사네카타(藤原実方, ?~999)라고 한다. 조부 다나베 가이스케田辺誨輔는 아호가 세키안石菴으로 쇼헤이코昌平黌[72]의 교수가 될 만큼 유능한 유학자로서 『청명가소전清名家小伝』 등 여러 저서가 있다. 증조부도 잡학자로서 잘 알려진 사람이었으며, 대대로 학문을 하여 얼마 되지는 않지만 도쿠가와의 녹으로 살아온 가문이었던 것 같다.

세키안에게는 마고지로孫次郎, 야스카즈太—라는 두 아들이 있었다. 마고지로는 다카시마 슈한의 문하에 들어가 포술을 배웠으며 막부의 강무소講武所가 설립되자 거기서 포술을 지도했다. 유학자 집안의 장남이 포술가가 된 것도 시대의 흐름이었을 것이다. 차남 야스카즈는 양학을 배웠다. 이후에 막부 말 사절단의 일원으로 프랑스에 다녀와서, 1872년에는 이와쿠라岩倉사절단으로 구미歐美를 돌아다녔다.

다나베는 마고지로의 장남으로 태어났다. 1861년 11월 1일, 왕녀의 대행렬이 가을이 깊어지는 기소지木曾路에 들어서고 있을 무렵이었다.

---

[72] 유학을 가르쳤던 사숙.

다나베가 태어난 이듬해 에도에서는 홍역이 유행했고 그것이 겨우 가라앉으려고 할 무렵에는 콜레라가 맹위를 떨쳤다. 안세이(安政 1854~1860) 때처럼 크게 유행하지는 않았으나 다나베의 아버지 마고지로는 이 병에 걸려 세상을 떠났다. 42세라는 젊은 나이였다. 기둥을 잃은 집안에서 미망인이 된 후키코는 칠순의 노모, 네 살 된 딸과 두 살 된 다나베를 안고 막부 말의 격동기를 살아가게 되었다.

1868년 봄, 관군이 하코네에 들어섰다는 소식이 에도에 전해졌을 때 일어난 시내의 소동은 말로 표현할 수 없었다. 곧 에도가 불바다로 변한다는 소문이 나돌았고, 가재들을 싣고 안전한 곳으로 피난하려는 사람들로 길거리는 대혼란이었다. 기둥이 사라진 다나베 가족은 집도 가구도 전부 저렴한 가격으로 팔아버리고 조부의 문하였던 부슈삿테자이武州幸手在[73]의 농가를 찾아 에도를 떠났다.

당시 여덟 살이었던 다나베는 중간에 죽창과 깃발을 든 일당이 부잣집을 습격하는 광경을 목격하고 무서움에 몸을 떨었다고 한다. 자기 쪽을 향해 덤벼 올까봐 단검을 꽉 쥐고 있었다고 뒷날 그 공포의 기억을 언급하고 있다.

다나베 집안은 호농豪農의 보다이지菩提寺[74]로 갔다. 5월 15일 밤 다나베는 절 뒷마루에서 에도가 있는 쪽 하늘이 붉게 타오르는 것을 보았다. 드디어 에도가 불바다가 되었구나 하고 놀랐지만 그것은 우에노에 있는 간에이지寛永寺의 중당中堂[75]이 타오르는 불이었다. 이날 밤 쇼기타이彰義隊[76]는 하루 만에 괴멸되었다.

---

[73] 도쿄, 사이타마 경계지역.

[74] 조상의 위패를 무시는 절. 보리사.

[75] 중앙에 위치한 불당.

[76] 1868, 신정부에 대항하여 에도에서 결성된 부대.

다음 해 일가는 평온을 되찾은 에도로 돌아갔다. 그러나 바쿠신 집안에 있어서 신 '도쿄'는 살기 쉬운 곳이 아니었다. 그래서 얼마 안 있어 삼촌인 야스카즈를 따라 누마쓰沼津로 갔다. 여기서 다나베는 2년 동안 학문을 배웠다.

1871년 일가에 겨우 행운이 찾아왔다. 삼촌인 야스카즈가 신정부의 외무성에 등용되었던 것이다. 일가는 도쿄로 돌아가 유시마텐진湯島天神 아래에서 살았다. 야스카즈는 같은 해 11월 12일, 외무성 일등서기관 자격으로 이와쿠라 사절단을 따라 미국으로 떠났다.

이 사절단은 골든에이지호에 많은 수확물을 싣고 1873년 9월 13일에 귀국했는데 배에서 내린 그들은 1년 9개월 남짓 사이에 전혀 다른 사람으로 바뀌었다.

대한강경론이 활개치고 있던 신정부 내부에서 갑자기 내치우선론이 힘을 얻어 개발 산업이 당면의 문제로 바뀌었다. 서구의 선진문화는 사절단에게 강렬한 충격을 준 것이었다. 도라노몬虎の門의 옛 노베오카번延岡藩 저택에 있었던 고가쿠료工学寮에는 부속 소학교가 신설되었고 1877년 고가쿠료는 고부대학교로 개칭되었다. 이것이 도쿄대학 공학부의 전신이었다.

다나베가 1875년 고가쿠료부속소학교에 입학한 것은 삼촌인 야스카즈의 권유 때문이었다. 야스카즈 또한 열렬한 공업입국론자 중의 한 사람이었다. 이리하여 1877년 17세의 다나베는 고부대학교의 교복을 입게 되었고, 그의 운명은 비와호 수로 계획과 인연을 맺게 되었다.

졸업논문을 위해, 교토와 시가현의 경계에 있는 산들을 돌아다니며 측량하고 있었던 다나베는 생각지도 못한 불행을 당하게 되었다.

굴삭기에 손에 부상을 입은 것이었다. 오른손 중지의 골막骨膜에까지 달하는 큰 상처였다. 졸업논문의 제출기한이 다가오는데 오른손을 못 쓰게 된 것이었다.

그러나 다나베는 굴하지 않았다. 유신의 격동을 경험한 바쿠신의 아들은 강했다. 다나베는 오른팔을 끈으로 싸매 목에 매단 채 아픔을 참고 왼손 하나로 지도를 그려 「비와호 수로공사 계획」이라는 논문을 써내고 말았다.

오른손 중지는 졸업 후에야 수술을 받았다. 이런 이유로 다나베의 오른손 중지는 새끼손가락보다 짧았고 그의 오른팔의 움직임은 자유롭지 않았다고 한다. 이 소문이 확대되어 일부 외국에는 비와호 수로의 대공사를 완성한 사람은 오른팔이 없다고 알려졌다고 한다. 다나베는 훗날 독일을 여행했을 때 그곳에서 그런 내용의 질문을 받았고, 놀라면서 "내가 본인인데 이렇게 오른팔이 있다"고 대답을 하여 질문한 사람들이 더 놀랐다고 하는 후일담이 있다.

다나베의 졸업논문은 고부대학교 외국인 교수들 사이에서 높게 평가되었다. 당시 교장이었던 오토리 게이스케(大鳥圭介, 1833~1911) 또한 그의 정신력에 경탄했다.

한편 교토지사 기타가키의 계획은 그 이후 농상무성의 위탁이었던 미나미 이치로베(南一郎平, 1836~1919)를 초청하여 수로의 위치 선정을 하기에 이르렀는데, 미나미가 기타가키와의 의견 대립으로 사임해 버렸다.

당혹한 기타가키는 고부대학교를 찾아가 옛 친구인 오토리에게 적당한 인재가 없는지 상담을 했다. 그는 이 대공사의 총책임자는 꼭 일본인이어야 한다고 생각하고 있었다. 홋카이도 개척사開拓使였던 시절 외국인을 고용했을 때의 어마어마한 경비에 놀랐던 경험이 있기 때문이었다.

"오토리가 내 말을 듣고 적당한 인물을 추천해 준다고 하여, 나는 안심했다. 그 사람이 누군지 물어보니, 현재 대학생이며 내년에 졸업할 다나베 사쿠로라는 사람인데 이 친구면 꼭 이 대공사를 완성시킬 것이라고 확실히 보장한다고 했다"고 기타가키는 당시의 상황을 말하고 있다. 그러나 바로 나타난 사람은 교복을 입고 오른팔에는 붕대를 감은 나이 어린 청년이었다. 다나베의 당시 사진이 남아 있는데, 그는 갸름한 얼굴과 언뜻 보면 여자 같은 반듯한 이목구비를 가지고 있었다. 다나베를 본 기타가키는 그 어린 모습에 약간 놀랐지만, 그래도 몇 가지 질문을 던져보았다. 실측을 끝낸 다나베의 대답은 명확했고 확신에 차 있었다.

기타가키는 바로 이 남자라고 생각했다. 기타가키 47살, 다나베 22살이었다. 이렇게 두 사람은 비와호 수로공사라는 대사업으로 뭉치게 되었다.

이런 면이 메이지라는 시대의 장점이라고 할 수 있었다. 어떻게든 산업혁명을 이루기 위해, 서구문화를 따라잡기 위해, 모든 분야에서 의욕이 넘치고 있었다. 정치도 활기찼고 정치가도 정열에 가득 차 있었다.

꿈을 쫓아서

비와호는 시가滋賀현 면적의 6분의 1을 차지하는 일본 최대의 호수이다. 총 수량水量은 약 275억 톤이다. 이 큰 호수로부터 한 줄기의 수로를 교토의 분지로 끌어낸다는 계획은 아주 오래 전부터 사람들이 마음속으로 품고 있었던 것이다.

히에이比叡산의 시메가타케四明ヶ岳 산정에는 마사카도암將門岩이라고 불리는 바위가 있다. 오래 전에 다이라노 마사카도(平將門, 903~940)와 후지와라노 미토모(藤原純友, 899~941)가 이 위에 서서 천하 2등분의 맹약을 교환했다는 전설이 전해지고 있는 바위이다. 이 바위 옆에 서면 왼편에서는 비와호를, 오른편에서는 교토분지를 한 눈에 바라볼 수 있다. 이 두 곳에서 조금 떨어진 히가시산에서 또 나가라노長等산에서 호남湖南[77]으로 이어지는 산들은 모두 히에이산에서 바라보면 그렇게 높게 느껴지지 않는다. 호안湖岸에서 분지까지의 거리를 직선으로 재보면 600킬로 남짓이다. 산들을 바라보자 불가능이란 없다는 장대한 기분이 들었다.

전설에 의하면 다이라노 기요모리(平淸盛, 1118~1181)도 도요토미 히데요시도 같은 생각을 했다고 한다. 전설도 사람을 잘 가리는 법으로, 이 두 사람이라면 그런 꿈의 대운하를 계획했다고 해도 별로 놀랍지 않다. 확실한 기록으로는 에도 시대 안세이 말 경 계획된 수로도水路圖가 남아 있는데 이것이 가장 오래된 것이다. 수로도를 보면 수로는 오쓰大津의 오바나尾花강에서 뇨이가타케산 아래를 지나 시시가다니鹿ヶ谷에 이어지는 최단 코스로 이어지고 있다. 뇨이가타케산 아래 4,500미터의 수로를 파고자 하는 내용으로 에도 시대에는 꿈도 못 꿀 일이었다.

그 후 40년쯤 지난 1841년에는 미부마을壬生村의 농민이었던 히코스케彦助가 이장, 고닌구미五人組[78]의 연명으로 「사공봉원구상서乍恐

---

[77] 비와호의 남쪽.

奉願口上書」를 마을 부교쇼奉行所(관청)에 제출했다. 북쪽지방과 동쪽 지방에서 오는 물자를 배로 운반할 수 있도록 수로를 만들고 싶다는 취지에서 오랫동안 꾸준히 수로의 코스 등을 조사했는데 오바나강 부근에서 나가라노산 밑을 지나 후지오藤尾로 나와 야마시나 분지 북쪽 연단을 따라 서쪽으로, 이어 히오카신묘日岡神明산을 지나 산죠三条로 이어지는 코스가 가장 좋다고 하고 있다.

이 코스는 현재의 비와호 수로와 많이 비슷하긴 하지만 나가라노 산을 통과한 출구가 호수면보다 30~40미터 높게 설정되어 있어 실제적으로 불가능했다. 부교쇼가 어떤 대답을 했는지 기록에는 남아 있지 않다.

그리고 20년이 지난 1862년에는 분고오카번豊後岡藩의 번주 나카가와 히사야키中川久昭가 조정에 수로계획을 올렸다. 이 계획은 혹시 조정에서 수로계획을 원한다면 우리 번에서 그 공사를 담당하겠다는 정도의 내용이었다. 조정에서는 간단한 일이 아니므로 결정하기 어렵고, 그것보다 오히려 야하타 야마자키山崎 쪽에 외적 방어를 위한 벽을 쌓는 것이 어떻겠는가 하는 내용의 답변을 했다는 것이 『고묘천 황기光明天皇紀』에 실려 있다.

이후에 보이는 것은 1872년의 계획으로 교토에 사는 요시모토 겐노스케吉本源之助 외 두 명이 교토부청에 올린 것이다. 이 안건은 1841년의 안건과 비슷하지만 기타가키의 마음을 움직일 만큼이나 공사비의 산출 등에서 현실감이 있었다.

기술적으로 불가능한 수로계획에 정열을 보이며 꿈을 꾸었던 당시

---

78 에도 막부가 마을 농민, 지주, 가주家主에 명하여, 구성된 경호 조직. 화재·도적·부랑자·기독교도의 단속, 혼인·상속 등의 입회의 의무, 납세·범죄의 연대책임을 지고 있었다.

남자들은 낭만주의자였다고 할 수 있다. 지금 두 남자가 이 장대한 꿈을 현실로 만들기 위해 도전하려고 한다. 이번 경우에는 단순히 남자의 꿈으로 끝나지 않을 것이다. 실패하면 기타가키는 정치가로서의 책임을 져야 할 것이며 다나베도 또한 공학사로서의 미래를 잃게 된다.

1883년 5월, 다나베는 정식으로 교토부 관리로 임명되고, 7월 27일에는 두 번째로 교토 땅을 밟았다.

다나베가 정리한 비와호 수로 노선은 오쓰의 미호가자키三保ヶ崎에서 나가라노산 아래를 통과하고 야마시나로 빠진다. 이 길이 히오카日岡에서 다시 산을 통과하고 게아게로 나간다. 전체 길이 20킬로나 되는 대운하인 것이다.

이 대공사의 공사비를 대충 계산해 보면 호수에서 교토의 다카노高野강까지의 제1기 공사와, 가타노강에서 오小강, 또 호리카와니죠堀川二条까지의 제2기 공사의 비용을 합치면 60만 엔이라는 금액이 되었다. 그 당시의 안건은 나중에 공부국工部局의 의견이 수용되어 수정되었고, 예산은 그 배인 125만 엔이 되었다. 그 당시 교토부의 세출이 5~60만 엔, 내무성의 토목비가 100만 엔 정도였다고 하니 전대미문의 거액이었다.

먼저 받은 산업기금은 그때의 원리금을 합쳐서 29만 엔 남짓이었다. 기타가키는 이 돈을 남김없이 공사에 쏟아 부을 결심을 했고, 반대파로부터는 맹렬한 비난을 받았다. 하지만 그래도 돈이 모자랐다. 모자란 돈은 수익자인 시민의 부담으로 되어 있어 가미교上京(교토 북부)79·시모교(교토 남부) 연합구회를 설득하기에 이르렀다.

79 교토 북부 구역. 일찍이 귀족들이 모여 살았다.

이쯤 되어 수로건설계획은 사람들의 주된 관심의 대상이 되어, 두 세 명만 모여도 그 얘기로 찬반이 갈라지곤 하였다. 수력을 이용할 수 있다는 점은 그렇다하더라도 비와호와 교토 간에 뱃길이 열리면 그 이익이 막대할 것은 누구나 다 아는 사실이었다. 그러나 문제는 대공사에 있었다. 과연 지식도 경험도 미흡한 일본인들의 힘으로 완성시킬 수 있을지, 그 점을 우려하는 의견이 많았다. 그중에는 오미의 물을 교토에 흘려보내면 가모강의 물 덕분에 뽀얀 피부로 소문난 교토 미인이 금세 까만 피부로 변해버린다는 등 말도 안 되는 발상에서 반대하는 사람들도 있었다.

실제로 수질 변화는 심각하게 염려되었으며 연합구 회의 자리에서도 교토의 염물染物과 가모강 수질에 영향이 없는지, 식수가 오염되지 않을지 등의 질문이 나왔다. 그러나 결국 상·하교토연합구회는 이 대공사의 경비보조를 가결했다. 이대로라면 교토는 질식해 버리고 만다는 위기감이 모든 구회위원들의 마음속에 있었던 것이다.

1883년 11월, 기타가키는 다나베를 데리고 상경하여 착공서를 내무, 대장大藏, 농상무農商務 3성省에 제출했다. 당연히 중앙 정계에서도 이 대사업에 대한 찬반의 논의가 대두되었다.

내무성은 공사의 감독기관이 될 토목국을 산하에 두고 있었으므로 신중하게 다나베의 안을 검토했으나, 다른 정부 고관의 찬반은 감정적인 이유를 바탕에 두고 있었다. 발족 이래 정부의 내부에 깊게 자리 잡은 사쓰마·쵸슈라는 두 번藩의 번벌藩閥의식이 이러한 문제에 있어서도 찬반 대립의 분위기를 보이기 시작했던 것이다.

기타가키는 무사 시절 교토에서 쵸슈번 무사들과 친목이 있었다. 쵸슈에서 기병대에 참가한 경험이 있어 쵸슈파의 일원으로 알려져 있었다. 그러므로 반대론자의 대부분은 사쓰마 출신자가 많았다. 어마어마한 공사비와 일본인들의 시공에 대한 의구심 등 반대할 명분은 얼마든지 있었다. 오사카의 실업계를 장악하고 있었던 고다이 도모아쓰(五代友厚, 1835~1885) 등은 반대파의 골수 우익으로, 성공의 가능성도 없는 사업에 큰돈을 투자하는 것은 어리석은 일이라며 공사가 시작한 후에도 공사 중지 쪽으로 몰아갔다.

쵸슈 출신자 중에서도 12월에 내무대신이 된 야마가타 아리토모(山県有朋, 1838~1922)는 그 취지에는 동의했지만 성공 여부에 있어서는 염려했던 것으로 알려져 있으며, 시나가와 야지로(品川弥二郎, 1843~1900)는 직접적으로 이익을 기대하지 못하는 공사에 공사 자본금 1,400만원의 12분의 1을 투자하는 것을 반대했다. 또한 내무성의 토목국과 농상무성의 소수 간에서도 의견이 갈라져서 이들을 하나하나 설득시키기 위해 기타가키는 매우 고생했다. 비와호 수로는 정부의 착공허가를 얻은 시점에서 반은 완성된 것이나 다름없었다. 이 허가를 얻는데 4년 가까이 걸렸기 때문이다.

가장 난처했던 것은 공사 기술면에 대한 반대 의견들이었다. 공사허가원을 접수받은 내무성은 이듬해인 1884년 2월 정부가 고용한 요하네스 데리케[80]를 조사역으로 교토에 보냈다. 데리케는 실지조사를 한 후에 의견서를 제출했는데 나가라노산 아래는 굳은 암반으로 형성되어 있어 2400미터의 터널을 파는 것은 현재 일본이 가진 토목기술로서는 불가능하다고 단언했다.

당시는 교토와 오쓰 간의 철도가 지나는 아이자카산 터널이 654미터로 최장이었다. 같은 해 2월에 준공한 아쓰가선敦賀線의 야나가세

---

[80] De Rijke Johannes, 1842~1913. 네덜란드 토목기술자.

柳ヶ瀬 터널은 1,330미터로 일본 국내에서 크게 주목을 받았는데, 비와호의 경우는 그 두 배가 되는 터널을 파는 것이었다.

데리케는 스위스의 센고탈드 터널을 예로 들며 공사의 어려움을 설명했다. 당시 정부 고용 외국인의 발언력은 컸으며 게다가 디레케는 토목공사의 권위를 갖고 있었다. 고부대학교를 막 졸업한 다나베가 이를 밀어붙일 것이라고는 아무도 생각 못했다. 기타가키는 데리케의 보고서에 대해 어떻게 생각하냐고 다나베에게 물었는데, 다나베는 "꼭 해내겠습니다"라는 말만 고수했다.

1871년에는 프랑스, 이탈리아 간에 길이 12.5킬로를 넘는 몬스니 수도를 팠고, 5년 후에는 미국도 7.5킬로의 호삭 수도를 팠다. 그들이 할 수 있었던 일을 일본 사람들이 못할 리가 없다고 다나베는 마음속으로 다짐했다.

나가라노산 관통

반대 의견은 수원지水源地인 시가현과 하류인 오사카에서도 나왔다. 시가현은 호수면의 저하를 우려했고 오사카부는 요도淀강의 범람을 우려했던 것이다. 강 중류에서 공사를 할 때 꼭 발생하는 문제로, 상류와 하류와의 이해관계가 정반대로 나타나기 때문이었다.

당시 시가현의 책임자는 2대 현 지사인 고테다 야스사다(籠手田安定, 1844~1899)였다. 그는 구 히라토번사藩士였는데 아주 근엄하며 고집이 세고 그러면서 비와호를 진심으로 사랑하고 있었다. 수로계획을 고부대학교 서기관인 나카이 히로시(中井弘, 1838~1894)로부터 들은 고테다는 "비와호는 하느님이 만든 것이다. 수로를 만들면 물이다 말라버린다. 내 눈에 흙이 들어가기 전에는 한 방울도 교토에 못 준다"고 외쳤다. 이것에 고민하던 기타가키가 이토 히로부미에게 이 일을 전하자 이토는 "고테다라면 그렇게 얘기할 만하다. 이노우에가 친하니 설득시키도록 하지" 하면서 "나한테 맡겨"라며 쓴 웃음을 지었다.

결국 이노우에는 고테다를 설득시켰는데, 고테다는 "그렇다면 수문의 열쇠를 나한테 맡겨야 한다"고 억지를 부렸다고 한다. 교토주민의 이익을 위하여 시가주민이 피해를 보는 것은 말도 안 된다는 것이 고테다의 주장이었다. 그러나 실제로 공부국의 조사에 의하면 세다瀬田강의 유량流量이 상수로 8천 개[81]였고, 수로는 300개도 안 되었다. 호수 면에는 거의 영향을 끼치지 않는다지만 이것을 확인할 방법이 없었다. 시가현이 충분한 조사도 안 하고 착공에 들어가는 것에 반대하는 태도를 표명한 직후, 고테다는 시마네현 지사로 전근을 갔고, 나카이 히로시가 3대 지사로 부임했다.

이토의 "나한테 맡겨"라는 말이 그 위력을 발휘한 것이었다. 고테다는 수로가 완공된 후에 다시 시가현에 되돌아왔다. 이를 보면 이토의 정치적 힘이 얼마나 대단했는지 알 수 있다.

나카이는 사쓰마 출신이었지만 수로공사에는 긍정적 태도를 보였다. 결국 수로를 만들어 잃게 될 물의 양을 조절하기 위해서 세다강에 제방을 쌓기로 결정했는데, 그 공사비 2만6천여 엔은 교토부가 부담하는 것으로 결착되었다.

고다이 도모아쓰를 중심으로 오사카부의 반대는 더욱 거세졌다. 요도강 연안의 마을들은 매년 범람으로 고생하고 있었다. 여기에 새

---

[81] 1초간에 1립 방척을 개라고 불렀다.

로 수로를 파고 물을 흐르게 하면 그만큼 수량이 늘어나 수해가 더욱 심각해질 것이라는 것이 이유였다. 꼭 수로를 파야 한다면 요도강 하류 부근에 제방을 쌓으라고 제안했다.

지사는 다테베 고조建部郷三로 제방 공사 예산은 7만4천 엔 정도였다고 한다. 공부국에서 수정의견이 나와 총 공사비가 125만 엔으로 급등한 바로 직후였으므로, 기타가와도 시가현과 오사카부에 제방을 쌓아주는 공사비용에 골치를 앓았다고 한다.

얄궂게도 이듬해인 1885년 6월, 비와호 수로공사의 기공식이 있었던 직후에 요도강에 대홍수가 났다. 히라카타枚方제방이 무너지면서 탁류가 기타카와치北河内의 들판에 넘쳐흘러와 아미지마網島에서 오사카 시내로 흘러들어갔다. 덴마天滿·덴진天神·난바難波의 삼대교를 비롯한 30여 개의 다리는 모두 사라졌으며, 시내는 진흙더미로 변했고 1만수천여 채의 가옥들이 피해를 입었다.

이때 반대파인 고다이는 사람을 시가현으로 보내 나카이한테 수로공사가 완공되면 오사카는 자주 이런 재난을 맞게 된다. 다리를 아무리 건설해도 소용없다. 지금이라도 안 늦었으니 공사 반대운동을 확산시켜야한다고 전했다. 나카이는 묵묵히 계속 듣고만 있다가 갑자기 "철도 다리도 무너졌냐"고 물었다. "철도 다리는 철교니까 멀쩡합니다"라고 대답을 하자, "오사카는 앞으로 철교만 세워야겠다"고 말했다고 한다.

아주 오래 걸렸지만, 1885년 1월 29일 겨우 비와호 수로 공사 특허가 내려졌다. 6월 2일 기공식에는 기타가와의 손으로 제1 수도 서쪽 입구에 장치된 폭약을 폭파시켰다. 올라오는 흙 연기를 보면서 다나베는 한순간 서늘한 감동이 몸을 감싸는 것을 느꼈을 것이다. 겨우 다나베가 활약할 때가 온 것이었다.

비와호 수로는 전 구간을 동시에 완공시키기는 것을 목표로 했다. 공사 구간에 따라 어려움의 정도 차이는 있겠지만, 공사 기간을 단축시키기 위해서도 다나베는 동서 양쪽 입구에서 파기로 했고, 또 당시에 처음으로 지면에서 곧게 파내려가는 견혈공법堅穴工法을 채용하여 견혈에서도 동서방향으로 파기로 했다.

착공은 8월 6일이었는데 이날까지 다나베는 진저리가 날 정도로 많은 문제들을 해결해야 했다. 먼저 수도의 굴판에 없어서는 안 되는 화약과 시멘트의 확보였다. 화약은 소량이지만 국내에서도 생산되기 시작하고 있었다. 그러나 소비할 화약의 양은 대량이라서 당시의 생산량으로는 부족했다. 고베의 외국상사를 통하여 독일의 노벨사 제품과 영국 제품을 사용하기로 했다. 시멘트는 당시 국산으로서는 아사노浅野와 오노다小野田가 있었는데 연 생산이 3천7백에서 8백 통 정도였다. 수로의 전 공사에는 3만 통이 필요했으니 이것도 외국 제품에 의존할 수밖에 없었다.

화약도 시멘트도 국산품이 부족한데다가 품질이 불균등했다. 시멘트 등은 한 통씩 미리 시험을 해 보고 사용할 수밖에 없는 상황이었다.

수도를 비롯하여 갑문, 수로 등에 사용할 벽돌의 수를 계산해 보면 대략 천4백만 개라는 숫자가 산출되었다. 당시 오사카의 사카이가 벽돌 제조로 유명했지만 연간 생산량은 2~3백만 개 정도였다. 또한 큰 회사가 아니므로 제품이 균일하지 않았고 품질에도 차이가 있었다. 벽돌이 갑자기 갈라져서 공사가 중단되면 곤란했기 때문에, 야마시나의 미사사기御陵에 직영의 공장을 건설하고 공사 전용의 벽돌을 생산하기로 했다.

　벽돌에 관해서는 흥미로운 이야기가 전해진다. 천연의 암석을 파낸 후에 흙을 구워 만든 벽돌로 보강하는 작업을 이해하지 못한 사람이 있었다. 다나베가 암석을 방치해두면 풍화하여 깨질 수가 있다고 설명하니까, 그 사람은 "그것은 이상하다. 바위는 커지지 깨질 수는 없다"고 하며 「さざれ石の巌となりて苔のむすまで(작은 돌이 바위가 되어 이끼가 낄 때까지)」라는 노래 일절을 들려주면서 이야기를 해서 다나베는 어이가 없을 수밖에 없었다고 한다.

　재료도 그렇지만 사람도 큰 문제였다. 이러한 큰 공사를 경험한 사람이 없었던 것이다. 하여튼 비슷한 직종이라는 이유로 석공과 광부 등을 고용하고 심지어는 차부車夫까지 불러 하나씩 일의 순서를 가르쳤다. 위생관념이 없는 남자들이 많아서 1886년 5월에 콜레라가 유행했을 때에는 사망자가 다수 나와서 공사가 일시적으로 중단된 적도 있었다.

　용수湧水[82]가 늘어나면서 외국제의 증기 펌프를 설치했는데 사용법을 아는 자가 없었다. 이것 또한 비슷한 직종이라는 이유로 기선汽船의 운전수를 오사카에서 데려와 펌프 담당자로 대신했다. 이런 상황에서 고장이라도 나면 한바탕 소란이 일어났다. 나중에는 증기기관도 사용했는데 당초에는 수도를 파는 데에는 굴삭기로 깨고 손수레로 실어 날랐고, 물은 양푼으로 퍼내는 식이었기에 완전히 원시적이었다. 다나베도 인부들의 선두에 서서 칸데라(석유램프)를 달고 어두운 항내에서 작업했다. 램프에서 나오는 기름연기로 콧구멍이 새까맣게 되었고 공사가 끝난 지 반년이 지난 후에도 감기에 걸리면 까

---

82 뿜어나오는 물.

무잡잡한 가래가 나왔다고 한다.

견혈공법은 획기적인 시도였으나 매우 어려운 공사였다. 항도가 깊어짐에 따라 딱딱한 암반이 나타나 하루에 20센티 정도밖에는 팔 수가 없었다. 또한 자주 지층을 지나고 있는 수맥에 닿아 물바다가 되기 십상이었다. 처음에는 물통을 두 개 사용하면서 수십 명이 밤새 물을 퍼냈지만 물을 빼낼 수가 없었다. 그래서 공사를 일시적으로 중단하고 급히 작은 증기펌프를 설치하여 물을 뺐다.

이렇게 하여 공사를 시작한 지 190일 남짓으로 겨우 수도 바닥과 같은 깊이로 지하 44미터를 팠다. 그러나 이 깊이가 지하 수맥의 집합지대로 되어 있어서 갑자기 어마어마한 양의 물이 터져 나왔다. 이러한 상황에 지하에 설치한 펌프조차 고장이 났다. 일단 로프로 물통을 내리고 물을 퍼 올리는 식으로 필사적으로 배수를 계속했지만, 깊이 44미터 견혈에서 쏟아져 나오는 물은 마치 폭포와도 같았다. 그 바닥에서 펌프주임인 오카와 요네조大川米藏는 힘들게 펌프를 수리했다. 물은 계속 증가했는데 혹시 펌프가 물속에 빠지면 이제 수리 자체도 못하게 되는 것이었다. 다나베는 그대로 있지 못하고 물통에 올라타 바닥으로 내려갔다. 칸데라가 물에 젖으면 꺼지니까 그것을 품에 안고 폭포처럼 낙하하는 물속으로 내려갔다. "오카와 어때?"하고 말을 걸어 보니, 오카와는 얼굴도 들지 않고 "선생님, 이런 곳에 오시면 위험합니다. 올라가십시오"라고 했다. "무슨 말을 그렇게 해. 내가 위험하면 자네도 위험하잖아!" "아무튼 올라가십시오." "쓸데없는 말 하지 말고 빨리 고쳐." 어두운 굴속에서 둘은 서로 소리를 질렀다.

숨통이 죄이는 듯한 시간이 지나 펌프는 겨우 큰 소리를 내며 움직이기 시작했다. "다 되었습니다." 진흙더미 속에서 둘은 서로 안으며 환성을 올렸다.

배수가 잘 되자 다나베는 안심하고 현장을 떠났는데 비극은 그날 밤에 일어났다. 굴속의 펌프가 걱정되어 갱구坑口를 떠나지 못했던 오카와는 옆에 있던 조수에게 "잘됐어. 이제 신경 쓸 거 없어"라고 말했다.

새벽이었다. 새벽빛을 받은 오카와의 눈이 기묘하게 반짝거렸다. 조수는 갑자기 소름이 끼쳤는데 그때 오카와가 주머니에 손을 넣더니 은으로 장식된 시계를 꺼내며 "이것을 네게 주마"라고 하며 조수의 손에 억지로 쥐어줬다. "오카와 선생님 왜 그러십니까?"조수가 소리를 지른 순간 오카와는 항구 쪽으로 걸어가면서 손을 흔들었다. 그리고 그 순간 그의 모습은 바로 앞의 깊이 44미터의 어두운 땅속으로 사라져 버렸다.

오쓰 갱구에서도 대사고가 발생했다. 1888년 10월 5일 갱구에서 16미터 쯤 들어간 곳에서 갑자기 9미터 범위로 토사가 무너져 65명이 항내에 갇히게 되었다. 오후 10시 반경에 일어난 일이었다. 필사적인 작업을 통해 45시간 후에는 전원이 구출되었는데 다행히도 한명이 갱구를 나올 때 기절한 정도였고, 나머지는 모두 걸을 수 있는 상태였다. 이때에는 기타가키도 뛰어나와 다나베와 함께 갱구에서 밤을 세면서 인부들의 구출 작업을 격려했다. 사상자가 없었던 것은 기적이라고밖에 할 수 없었다.

1889년 2월 27일, 일본 최장의 나가라야마 수도는 오쓰 입구에서 후지오 입구까지를 총 2킬로 남짓으로 관통했다. 이 수도는 화약과 시멘트, 그리고 일부 기계는 외국 제품을 사용했지만 일본인이 설계하고 일본인이 파낸 국산의 수도였다.

다나베가 청춘을 건 비와호 수로공사는 가장 어려웠던 이 수도가 관통되면서 90% 완공된 거나 마찬가지였다.

물 흐르던 날

비와호 수로의 공사계획서를 보면 공업용 동력을 동원하는 것이 제일 먼저 언급되고 있다. 낙차를 이용하여 수차水車를 움직이는 것으로, 완공되면 약 6백 마력(HP)을 이용할 수 있을 것으로 전망되고 있었다. 1885년의 전국의 공업동력이 증기기관과 수력을 합쳐서 4천 6백23 마력이었으니까 이것은 어마어마한 숫자이다.

그러나 야마시나 운하 히오카산의 수도 공사가 순조롭게 진행되고 있었던 1888년, 다나베는 미국의 획기적인 시도에 관한 소식을 들었다. 콜로라도 산중에서 협곡을 이용한 수력발전소가 건설되었던 것이다.

다나베는 고부대학교 재학 당시부터 그것에 관심이 많았다. 1878년 3월 25일 고부대학교 홀에서 전신중앙국의 개업축하 기념파티가 열렸을 때, 영국인 교사 엘튼의 지도로 학생들이 구상球状전지 50개를 사용하여 아크(arc)전등을 만든 적이 있었다. 전등은 15분 만에 꺼졌지만 일반 등하고는 전혀 다른 그 불빛은 다나베의 눈에 선했다. 무언가 대단한 시대가 열릴 것 같은 예감이 들어 몸이 떨리는 것을 느꼈다.

다나베가 본 아크등은 실제로 실험실 밖에서 켤 수 있었던 일본 최초의 전등이었다. 에디슨이 백열전구를 발명한 것은 그 이듬해의 일이었다.

1882년에는 도쿄전등회사가 긴자 2쵸메에 2천촉광의 대 아크등을 켜 큰 주목을 받았다. 다나베도 많은 군중들 속에서 그 모습을 목격했다. 우연히 상경해 있던 기타가키도 이 등을 보고 경탄했다고 한다.

교토에서도 그 다음 해에 처음으로 아크등이 사용되었으며 햇빛보다 밝은 빛이 교토 사람들을 놀라게 했다. 그 후 화력발전소가 각지에 건설되고 1887년에는 전국에서 4번째로 교토에 교토전등회사가 발족되었다. 전기의 시대는 빠른 걸음으로 다가오고 있었다.

에스펜 수력발전소의 뉴스는 다나베의 마음을 사로잡았다. 이론으로는 수력으로도 발전이 가능했지만 발전용 수차의 속도 조정이 어려웠다.

무엇보다도 청춘을 바쳐 건설하고 있던 비와호 수로가 이대로 가면 길기만하고 불필요한 것이라고는 할 수 없지만, 그저 시대에 뒤떨어진 운하가 될 것 같았다. 기타가키와 다나베가 정열을 쏟았던 시절은 확실히 수력동력이 시대의 최첨단을 달리고 있었으나 메이지라는 시대의 10년은 에도 시대의 100년에 필적했다. 고부대학교 홀을 가득 메웠던 빛은 10년이라는 짧은 기간 만에 일본 전국에 퍼져나가려고 하고 있었다.

다나베의 훌륭한 점은 완공을 눈앞에 둔 상태에서 수로계획에 큰 수정을 가한 점이다. 수력발전소 건설에 발을 내디딘 것이었다. 오쓰갱구 붕괴 사고가 무사히 처리된 다음날, 다나베는 교토를 떠나 에스펜의 수력발전소를 시찰했다. 발전소의 에스펜 발전력은 벨튼식 수차를 이용하여 고작 150마력을 내는 정도로, 광산의 자가발전용으로는 사용할 수 있을 정도였다. 하지만 수력발전의 장래성에는 큰 기대를 가질 수 있게 되었다. 귀국한 다나베는 곧바로 수로계획에 수력발전소 건설계획을 넣었다.

게아게발전소는 1890년 1월에 기공, 다음 해인 1891년에 완성되어 발전을 시작했다. 120마력의 수차가 4대, 80킬로와트의 발전기가 2대라는 소규모의 발전소였지만 이것이 일본 최초의 수력발전소였으며, 1895년에는 그 전력을 이용한 일본 최초의 시내전차가 달리게 되었다.

수력발전 공사를 시작했을 때 비와호 수로공사는 거의 완공되어 있었다. 1890년 3월 15일 전 수로의 통수 실험이 시행되었다. 오쓰 하구의 갑문이 열리고 비와호의 물은 오쓰 운하를 지나 나가라노산 지하를 2킬로 지나 야마시나에 나타났다. 물은 이른 봄의 들을 흐르고 히오카의 산하를 지나 교토의 하늘 아래 나타났다. 얼마 후 작은 배가 긴장한 표정을 한 사람들을 태우고 오쓰 입구에서 나가라 수도로 들어갔다. 이 배에는 다나베도 타고 있었다. 배 근처에 앉은 다나베는 빛에 반사되어 보이는 빨간 벽돌의 기하학적인 모양을 계속 바라보았다. 다나베는 손을 살짝 물속에 담갔다. 물은 아직 차가웠지만 차가움에 잠시 손가락을 맡겼다. 검은 물이 벽을 두드리면서 작은 소리를 내고 있었다. 물도 기뻐하고 있구나 하고 생각한 순간 약하게 스며들어 오는 뜨거운 뭔가가 다나베의 가슴을 적셨다.

비와호 제3수도 서쪽 입구

난젠지 경내의 비와호 수로

비와호 게아게 합류 수도 북쪽 입구,
글씨는 다나베 사구로

참고자료
『비와호 수로 및 수력사용사업』교토시전기국
『다나베사쿠로박사 60년사』니시카와 마사지로
『비와호 수로요지』京都市参事会

제2장

전국·에도 시대

최초의 선교사

십자가의 상륙

돌이 귀 옆을 스쳤다. 날아온 돌은 자비엘(Francisco de Xavier, 1506
~1552)이 서 있는 돌계단에 튀어 딱딱한 소리를 냈다.

한 단 아래서 자비엘의 말을 통역하고 있었던 파울로 야지로가 화
난 목소리로 외치며 자비엘을 경호하듯 무서운 모습으로 돌이 날아
오는 방향을 바라보았다.

돌이 날아오기 시작하자 계단 아래 몰려 있었던 사람들은 서둘러
흩어졌다.

"다이니치大日(우주신)께 빌어라."

자비엘은 흩어져가는 군중들에게 큰 소리로 외쳤다. 야지로의 옆
에 선 이 스페인 사람은 체구가 컸다. 후쿠쇼지福唱寺의 돌계단에는
긴 그림자가 비치고 있었다. 돌이 심하게 날아왔다. 우거진 나무들
사이에서 돌을 던지는 사람들의 모습이 얼핏얼핏 보였다. 그들을 향

해 뛰어가려고 하는 야지로를 말리는 자비엘은 우수에 잠긴 눈을 하고 있었다. 산속의 호수를 연상케 하는 아름다운 파란 눈동자였다.

돌이 점점 많아졌다……. 그리고 더 커졌다…….

자비엘은 이제 이 마을을 떠날 때가 왔다고 느꼈다. 잔잔한 만灣에 떠올라 연기를 내뿜고 있는 이 섬을 바라보면서 무심코 한숨을 내쉬었다. 가고시마鹿児島의 바람과 빛은 너무나 아름다운데 왜 이교도들은 완고하고 사리에 어두운가…….

돌계단을 내려가려고 하는 순간 자비엘은 어깨에 돌을 맞았다. 그리 큰 돌은 아니었지만 갑자기 느껴지는 아픔에 자비엘은 비틀거렸다.

계단 아래 군중들 속에서 야지로의 가족들이 달려왔다. 돌을 던지던 자들은 자비엘이 비틀거리자 환성을 올리며 겨우 돌을 던지는 것을 중지했다. 걱정스럽게 바라보는 야지로와 그의 가족들을 향해 얼굴을 옆으로 흔들어 보이고 자비엘은 검은 화산암의 돌계단을 한 단 한 단 딛고 내려왔다.

'후추와 영혼을 위하여'를 슬로건으로 희망봉을 동쪽으로 넘은 포르투갈은 1510년 인도대륙의 동남해안의 고아에 거점을 세웠다. 다음 해에는 말레이반도의 남단 마라카를 손에 넣었다. 향료에서 실크에까지 손을 뻗친 포르투갈이 중국대륙 동쪽 해상에 있는 섬나라를 발견한 것은 1541년의 일이었다. 그해 분고豊後(오이타현) 해안에 표착한 포르투갈선은 마르코 폴로가 환상적으로 소개한 '황금의 나라 일본'을 현실적인 무역 대상국으로 만들었다.

자비엘이 두 명의 동행자와 함께 리스본을 떠난 것은 우연히 포르투갈선이 일본을 발견한 그해였다.

새로 부임한 총독을 태운 다섯 척의 포르투갈 함대는 아프리카 동쪽 해안인 모잠비크에서 겨울을 보내고 '황금의 고아'에 도착하는데 꼬박 1년이 걸렸다. 자비엘은 모잠비크를 시작으로 인도 각지와 마라카·모루카섬 등을 중심으로 정력적으로 포교활동을 했다.

고열의 땅에서 만 5년간의 포교여행을 끝내고 마라카에 되돌아간 것은 1547년 6월이었다. 자비엘은 그해 12월 초 어느 날, 산 쪽의 산타 마리아 성당에서 결혼식을 주관하고 있었다. 그날, 오래 전부터 알고 지냈던 포르투갈 상인들이 두 명의 하인과 함께, 피부가 노란 인물을 데리고 찾아왔다. 한 서른대여섯 살쯤으로 보이는 사람이었다. 자비엘은 이 상인들로부터 신뢰할 만한 중대한 정보를 얻게 된다.

그곳은 아주 큰 섬인데 동방에서 발견한 지 아직 얼마 되지 않았으며, 이름은 일본제도라고 부른다. 상인들의 말로는 이 섬나라는 인도나 다른 어느 나라에 비해 기독교를 받아드릴 가능성이 높다고 한다.(1548년 1월 20일, 코틴에서 로마교회로 보낸 편지)

상인들은 함께 온 인물을 소개했다. 그가 일본인인 야지로였다.

야지로는 일본의 기독교 역사에서 빠질 수 없는 인물인데 집안도 생년월일도 확실하지 않다. 이름에 관해서도 안지로, 혹은 안젤 등 여러 설이 있는데 여기서는 야지로라고 하겠다.

하인 두 명을 데리고 있었다고 하는데 아마 신분이 높은 무사였을 것이라 생각된다. 이것은 나중에 자비엘과 함께 가고시마에 상륙했을 때 영주 시마즈 다카히사島津貴久[83]가 비교적 쉽게 알현을 허가했다는 것을 보면 알 수 있다.

야지로가 1548년 11월에 로마의 이그나티우스 로욜라(1491~1556)에게 보낸 편지가 있다. 그것에 의하면 고향 가고시마에서 뜻하지 않게 사람을 죽이게 되어 사원으로 숨어들어 갔는데, 우연히 가고시마에 입항한 포르투갈선 선장한테서 해외탈출을 권유받아 하인 두 명과 함께 야마山강 항에 들어와 있던 쫄지 알바레스의 배를 타게 되었다고 한다. 1546년 가을의 일이었다.

배 안에서 천주교에 입신하여 자비엘에 대해 듣고 멀리서 여기까지 찾아왔는데 운이 안 좋게도 자비엘은 모루카섬으로 포교를 위해 가 있었다. 낙담하고 귀국하려고 했으나 중간에 폭풍우를 만나 중국 연안의 포르투갈선의 기항지로 피신, 그곳에서 다시 마라카로 되돌아온 것이었다.

자비엘에게는 아주 운명적인 만남이었다.

"파드레 메스트레 프란시스코(자비엘)는 나를 보고 안으며 아주 기뻐했다. 나는 이것이 실제로 천주님이 정해주신 인연이라고 마음속 깊이 느꼈다"고 야지로는 말하고 있다.

자비엘의 권유로 야지로는 고아의 코레지요84에 들어가 세례를 받고 산타페의 파울로라 불렸다. 두 명의 무사도 각자 죠안, 안토니오라는 세례명을 받았다.

자비엘은 야지로를 보면서 일본이라는 나라에 큰 관심을 가졌다. 무엇보다 자비엘의 마음을 움직이게 한 것은 야지로의 지식에 대한 욕구였다. 오랜 바다여행으로 포르투갈어를 조금은 할 수 있었는데,

---

83 1514~1571, 전국시대 무장.
84 Collegio, 성직자 양성 신학교.

코레지요에서 배우기 시작하면서부터 현저하게 실력이 늘었다. 8개월 만에 회화에는 거의 불편함이 없을 정도로 늘었다.

야지로는 자비엘이 설교하는 신앙개조信條를 이상한 모양을 한 문자로 위에서 아래로 정성스럽게 기록했다. 어쩌면 이토록 신기한 방법으로 글을 쓰는 사람이 있을까. 글씨를 위에서 아래로 쓰다니……. 이렇게 자비엘이 묻자, 야지로는 펜을 놓고 미소를 지으면서 자비엘을 바라보았다.

"사실은 저도 오래전부터 신기하게 느끼고 있었습니다. 사람은 머리가 위에 있고 다리가 아래에 있으니 글씨도 위에서 아래로 쓰는 게 자연스럽다고 생각했는데 그쪽 나라 사람들은 왜 왼쪽에서 오른쪽으로 글을 쓰지요?"

자비엘은 그저 감탄할 뿐이었다. 이지적인 국민이다. 그들은 아주 짧은 시간에 진리에 도달할 수 있을 것이고 하느님에 대한 좋은 봉사자가 될 것이다. 인도나 모루카섬 주민들은 기독교로 입신하기는 했으나 우리가 떠나면 바로 본래의 이교로 되돌아가 버린다. 그러나 이나라 국민이라면 스스로 하나님의 교리를 넓힐 것이다. 또한 사람들이 얼마나 예의바르고 조용한가. 인도나 모루카섬 사람들과는 아주다르다. 아마 동양에서 새로 발견된 나라들 중에서 가장 우수한 민족일 것이다. 자비엘은 이 순간 젊었을 때부터 몇 번 경험해 본 적 없는 영혼의 황홀함을 느꼈다.

"내가 일본에 가서 하느님의 교리를 설교할 수만 있다면……"이라고 생각하면서 자비엘은 뜨거운 시선을 야지로에게 보냈다.

"과연 일본 사람들도 기독교 신자가 될 수 있을까요?"

야지로는 바로 대답했다.

"많은 질문을 할 것입니다. 파드레(Padre, 사제)의 답에서 파드레의 지식의 정도를 알아보려고 할 것입니다. 그리고 그 답에 만족하고 파드레의 생활에 나무랄 데가 없으면 그들은 모두 기독교를 믿을 겁니다."

인도에서의 포교에 실망하고 있었던 자비엘에게 있어서 야지로의 대답은 광명과도 같았다. 일본이야말로 하나님이 우리에게 주신 땅이라는 신념이 그의 가슴속에 굳게 자리 잡았다.

하지만 열병에 걸렸던 총독 죠안 데 카스트로가 외로움에 자비엘을 보내려고 하지 않아서 바로 떠날 수 없었다. 자비엘은 일본에 대한 정보를 상인들로부터 수집하여 포교 방침을 구상하는 일에 몰두했다. 일본에 건너갈 결심을 표명하자 친구들은 모두 놀랐고 어떻게든 단념하게 하려고 했다고 자비엘은 기록하고 있다.

고아에서 마라카를 거쳐 일본까지는 대충 6,500킬로였다. 마라카 해협을 빠져나가면 바다가 험하고 해적선들이 많은 지역이 나왔다. 출항한 4척의 선박 중에서 2척이 목적지에 도달하면 다행일 정도로 어려운 도항이었다.

그러나 죽음의 위험이 크면 클수록 자비엘의 마음은 더욱더 불타올랐다. 수집한 정보는 모두 일본의 성스러운 신앙 발전을 위하여 아주 큰 도움이 될 거라 확신했다. 그는 미지의 섬나라에서 펼쳐질 더없이 행복한 세상을 꿈꾸며 홍분하고 있었다.

총독 카스트로의 임종을 옆에서 지켜본 자비엘은 1549년 5월 31일 야지로 등 세 사람의 인본인들과 함께 마라카로 떠났다.

마라카의 장관 페드로·다·실바는 바스코·다·가마의 아들이었다. 실바는 바로 배를 준비해 주었다. '해적'이라고 불리는 중국인 아반이 소유한 배로 300톤 남짓의 돛배였다.

아직 항로가 확실하지 않은 동양에서 가장 위험한 바다를 건너려고 하는 것이었다. 어떻게든 자비엘의 일행을 무사히 일본까지 보내야 한다는 생각에 실바는 아반의 부인을 인질로 잡기까지 했다.

배에는 최고 양질의 후추 30바할(약 5톤)과 200크루사도(4.3크루사도가 약 1냥)에 해당하는 선물이 실렸다. 향신료인 후추는 일행의 체류비나 나중에 교회를 건설할 때의 자금으로 쓰기 위한 것이었으며, 선물은 일본국왕에게 바치기 위한 것이었다. 이 선물은 나중에 야마구치에서 큰 효력을 발휘하게 되지만 후추는 오산이었다. 유럽에서는 황금과 맞먹을 만한 가치를 지닌 향료였지만 육식을 싫어하는 일본인들에게는 귀하기는커녕 전혀 필요하지도 않은 물건이었다.

6월 24일, 해적호는 마라카를 출발했다. 자비엘과 야지로 등과 함께 스페인 신부 코스모·드·토르레스(Torres cosme de 1510~1570), 원래 실크상인이고 일본어가 유창한 수도사 죠안 페르난데스(Fernandes Joao 1526~1567), 그리고 중국인 마누엘과 인도인 아마돌, 총 8명의 일행이었다.

날씨는 다행히 순풍이었지만 해적선은 선장 마음대로 중간 섬에서 천천히 쉬었다. 계절풍의 시기가 끝나가는 시점인데도 그런 식으로 천천히 간다면, 중국의 어느 항구에서 겨울을 보내야 할 상황이었다. 자비엘은 답답하기만 했다.

선장인 아반은 무슨 일이 있을 때마다 그가 신앙하는 이교의 우상에게 물어보는 점괘를 봤다. 점의 결과가 좋게 나왔다고 해도 몇 시간 뒤에는 상황이 아주 나빠지기도 했다. 그럴 때마다 선장과 선원들은 기뻐하고 실망하기도 하면서 도항 경로를 변경해야 했다. 신의 사도들을 태운 배는 이교도의 주장대로 미지의 대양을 건너야 했다. 이 것을 바로 옆에서 가만히 바라보고 있어야만 하는 것이 자비엘에게 는 고통이었다.

한 달 정도 지나 겨우 베트남 중부의 해안을 지나가고 있는데 걱정 하던 폭풍을 만나게 되었다. 배는 폭풍을 어떻게든 견뎌냈지만 선장 의 어린 딸이 배 위에서 바다 속으로 떨어지는 불행한 사건이 발생했 다. 아반은 일본에는 무사히 도착하겠지만 마라카에는 다시 되돌아 갈 수 없다는 점괘를 보고 의기소침해 있었다. 그러던 중 딸까지 잃 자, 아반은 중국에서 겨울을 보내고 싶다고 말하기 시작했다. 자비엘 일행은 강하게 반대하며 마라카 장관에게 보고하겠다고 위협하기까 지 했다.

출발한 지 53일째 되는 아침 수평선에 섬 그림자가 나타났다.

자비엘과 나란히 서 있던 야지로는 "우와! 가이몬다케開門岳!"[85]라 고 외쳤다. 절구를 뒤집어놓은 모양을 한 이 아름다운 산은 야지로에 게는 고향이었고, 자비엘에게는 꿈에도 잊을 수 없었던 일본의 최남 단이었다.

8명의 사도를 태운 돛배 해적선은 천천히 그 산 옆을 지나 가고시 마만으로 들어갔다.

연기를 내뿜는 마을에서

자비엘이 하느님의 복음을 전도하는 사도로서 가고시마에 역사적 인 첫 발을 디딘 것은 1549년 8월 15일이었다.

---

[85] 가고시마 화산, 항해 중 항구에 들어올 때의 목표물이었음.

가고시마 시내의 동부를 흐르는 이나리稲荷강의 하구 부근에 상륙한 자비엘 일행은 야지로의 가족들로부터 환영을 받았다. 야지로가 기독교도에 입신한 것에 대해 의아스럽게 생각하는 자는 한 명도 없었다. 사람들은 야지로가 먼 인도까지 갔다 온 것에 감탄하여 그 이야기를 들으려고 했다.

포르투갈 선박이 무역을 요청하고 이 항구에 처음으로 모습을 드러낸 것은 5년 전의 일이었다. 계절풍이 부는 시기에 나타난 이국선도 이 마을에서는 그렇게 큰 소동이 벌어질 만큼 신기한 것이 아니었다. 따뜻한 바람은 부드러우면서 습했지만 항구에서는 쉴 틈 없이 연기가 솟아오르고 있었다. 화산섬이었다. 화산재로 생성된 흙은 알이 굵었으며, 그 주변에는 짚이나 판자지붕의 작은 민가들이 모여 있었다. 집들은 해변에서 강가를 따라 내륙으로 쭉 이어져 있었는데 여기저기에 황폐한 모습들이 남아 있는 것을 보면 얼마 전에 전란이 있었음을 알 수 있었다.

자비엘들이 본 가고시마의 한 마을은 시마즈 다카히사가 입성하기 이전의 모습이었다. 그들은 일단 야지로의 집에 머물렀는데, 곧 이쥬인伊集院[86]에 있는 영주 시마즈에게 포교 허가를 받으러 갔다.

어려울 것이라고 예상했던 시마즈와의 만남은 의외로 쉽게 실현되었다. 파울로 야지로는 18킬로 떨어진 이쥬인의 이치우지성—宇治城으로 가 다카히사를 만났다. 36살의 젊은 영주는 성모 마리아의 그림을 보고 깊은 감명을 받아 스스로 그 앞에서 무릎을 꿇고 절을 하며 신하들에게도 그렇게 하라고 명했다.

실제로 그가 절을 한 것은 마리아에 대한 절이 아니라 그 그림을

---

[86] 가고시마 사쓰마반도 북부에 있는 지역.

싣고 온 포르투갈 선박에 대한 예의였을 것이다. 그러나 야지로한테서 그 보고를 받은 자비엘은 무척 기뻐했다. 하느님의 나라는 바로 자비엘의 눈앞에서 펼쳐지려고 하고 있었다.

9월 29일 대천사大天使 성聖 미카엘의 축일에 자비엘 일행은 성으로 초대되었다. 처음으로 일본의 성 안으로 들어간 자비엘은 영주의 가족들이 둥근 원 안에 그려진 십자가 문장을 달고 있는 모습에 이상한 느낌을 받았다. '붓으로 쓴 십문자'였기에 잘 보면 십자의 끝부분이 조금 이상한 것을 알아차릴 수 있었을 것이다.

시마즈는 기꺼이 자비엘 일행을 대접하고 포교를 허가했다. 또한 신하들에게는 입신의 자유를 전했다. 그러나 자비엘이 이 나라의 수도로 가서 일본의 유력자를 더 만나고 싶다는 의사를 전하자 시마즈의 표정이 묘하게 바뀌었다. 그리고 그는 지금은 역풍이 부는 때라서 갈 수 없으니 봄이 되면 출항하라고 말했다. 그는 포르투갈선을 자기 영토에 들어오게 하기 위해 자비엘을 되도록 가고시마에 잡아두고 싶어 했던 것이다.

하여튼 자비엘 일행은 만족스러운 기분으로 성을 나갔다. 그리고 다음날부터 포교를 시작했다. 이나리강을 따라 내륙으로 조금 들어오면 산악지대였다. 산자락의 높은 곳에 후쿠쇼지福昌寺라는 큰 사찰이 있었다. 1394년에 건립된 시마즈 선조의 위패를 모시는 사찰이었다. 메이지 초 하이부쓰키샤쿠廃仏棄釈[87]로 본채는 없어지고 지금은 시마즈의 역대 묘들만이 나란히 서 있다.

자비엘이 왔을 당시에 이 절은 고나라 일왕(後奈良天皇, 재위:1526~1557)의 칙명에 의해 건립된 절로서 승려가 100명이 넘는 큰 절이었

---

[87] 메이지 초 불교배척운동.

다. 그는 이 후쿠쇼지의 돌계단 위에 서서 일본 포교를 시작했다.

　사람들은 신기해하며 많이 모여들었지만 자비엘은 말이 통하지 않는 초조함에 고민했다. 예수회의 선교사들은 놀랍게도 모두 이국의 언어를 쉽게 습득하는 특수한 재능을 가지고 있었다. 그러나 일본어는 정말 이상한 언어였다. 자비엘은 50일이 넘는 도항 중에 야지로로부터 일본어를 배우려고 노력했고, 자신 스스로도 어느 정도 성과를 기대하고 있었으나 실제로 사람들에게 말을 걸어보니까 전혀 통하지 않았다. 포기하고 야지로에게 통역을 부탁하는 수밖에 없었다.

　다른 하나의 큰 장애도 언어와 관련이 있었다. 기독교의 교의를 설교하려면 반드시 조물주 제우스의 이야기를 해야 하는데, 이 유일하면서 전능한 존재에 딱 맞는 일본어가 없었던 것이다. 그러한 신의 개념이 없는 일본인과 말이 통하지 않는 것은 당연했다. 자비엘은 고민을 거듭한 끝에 불교에서 말하는 대일여래大日如來가 그럭저럭 비슷한 성격을 가지고 있었으므로 야지로의 제안에 따라 제우스를 '다이니치'라고 부르기로 했다. 자비엘은 후쿠쇼지의 계단에 서서 '다이니치를 섬겨라'라고 설교했던 것이다.

　이것이 오해를 부르게 되었다. 기독교를 전혀 모르는 일본인들은 자비엘을 인도에서 온 이상한 불교 승려라고 생각하게 된 것이었다. 말은 잘 모르지만 하여튼 대일여래를 신앙하라고 하니 불교의 한 종파라고 생각했다. 그리고 목숨을 걸고 먼 길을 온, 큰 키에 파란 눈을 가진 승려에게 따뜻한 미소로 대해 주었다.

　먼저 야지로의 가족들을 개종시키고, 이어서 영주로부터 포교의 자유를 허락받았다. 언뜻 보면 아주 좋은 시작인 것처럼 보였지만 자비엘은 뭔가 말로 표현할 수 없는 답답함을 계속해서 느끼고 있었다.

그것도 모른 채 역사적인 사명을 다한 해적선은 선체 보수를 끝내고 11월초에 마라카로 귀항하기로 했다. 자비엘은 후에 '마그나·카르타(대헌장)'라고 불리는 고아의 동료에게 보낸 장문의 편지를 이 배 편에 보냈는데, 거기에도 언어에 대한 고민이 적혀 있다.

"만약 우리가 일본어를 능숙하게 이야기할 수 있으면 많은 사람들이 기독교로 입신할 것은 확실하다. 우리는 하느님이 빨리 우리들이 일본어를 잘하도록 만들어 주시기를 끊임없이 기도하고 있다."

"지금 우리들은 일본 사람들 앞에 막대기처럼 서 있는 것과 다름 없다. 일본 사람들이 아주 열심히 우리들에 대해 관심을 가지고 이야기하고 있는 것은 알 수 있으나 언어를 이해하지 못해 우리는 침묵할 수밖에 없다."

그러나 막대기처럼 서 있다고는 하나, 그는 날카로운 통찰력으로 처음 접한 일본인의 특성을 잘 파악하고 있었다.

사람들이 도에 지나칠 정도로 명예를 중요시한다는 것, 그리고 빈곤을 수치라고 느끼지 않고 가난한 무사들이 돈 많은 상인들에게 존경을 받는다는 것이었다. 후자는 유럽에서는 상상할 수도 없는 현상으로 자비엘에게 강한 인상을 주었다.

주민의 대부분이 글을 쓰고 읽을 수 있다는 점에도 아주 놀랐다. 도둑도 없었다. 이렇게 신뢰가 가는 국민들을 본 적이 없었다. 이에 자비엘은 "매우 마음씨가 고운 국민들이다. 서로 사귀고 배우는 것을 좋아한다"고 기록하고 있다. 또한 생활에는 절도가 있지만 "술을 과하게 마시기도 한다"라고도 쓰고 있다. 그러나 이해 못하는 부분은, 이렇게 우수한 소질을 가진 국민들이 남색男色을 추악하고 수치스럽게 생각하지 않는다는 것이었다. 이 악습은 불교의 승려들 사이에서도 공공연하게 행해지고 있었다. 그들은 사원에서 무사들의 아이들에게 학문을 가르치면서 그 한편으로는 죄를 범하고 있었는데, 그러한 승려들이 사람들에게 존경을 받고 있다는 것은 전혀 이해할 수 없었다.

매일 후쿠쇼지의 계단에 서 있는 사이에 자비엘은 주지인 닌시쓰忍室와 친해지게 되었다. 그는 나이 여든에 가까운 승려였는데 자비엘의 설교에 관심을 가지고 가끔 질문을 하기도 했다. 절 안에는 선실禪室이 있어 승려들은 일정 시간에 좌선을 했다. 어느 날 자비엘은 선실 옆을 지나갈 때 묘한 정적이 감도는 선실 안을 보고 질문했다.

"이 수도자들은 도대체 무슨 생각을 할까요?"라고 묻자 닌시쓰는 "어떤 자는 수입의 계산을 하고 있을 테고, 어떤 자는 어디를 가면 더 좋은 대접을 받을 수 있을지 생각하고 있겠지요. 또 어떤 자는 재미있게 노는 방법을 생각하고 있을 겁니다. 즉 가치 있는 생각을 하는 자는 단 한 명도 없지요"하고 대답했다.

이때 일본에 대한 첫 소식을 전하는 해적선이 마라카에 도착했다. 사람들은 기뻐하며 하나님에게 감사의 기도를 드렸다고 한다.

여담이지만 해적선에서 아반선장의 모습은 보이지 않았다. 이 불쌍한 중국인은 딸의 죽음에 완전히 의기소침해져 가고시마에서 병에 걸려 객사했다. 불행하게도 아반이 본 점괘의 결과가 적중한 것이었다.

향료와 영혼

"이제 또 여름이 찾아온다⋯⋯"라고 자비엘은 생각했다. "언제까지 여기에 머물러 있을 수는 없다"

봄이 왔을 때부터 이런 마음은 재촉하듯이 그의 마음속에서 나타 났다 사라지기를 반복했다.

그가 시마즈를 의심하기 시작한 것은 봄이 되어 시마즈에게 교토 에 갈 배를 요청했을 때부터였다. 시마즈의 대답은 쌀쌀했다. '우리 나라는 지금 치안이 안 좋아 허락할 수 없다. 좀 더 시기를 기다려볼 것'이라는 내용을 포함한 답신이었다. 무언가 감춰진 의도가 있다는 것을 느낄 수 있었다.

고아에서 야지로로부터 일본의 사정을 자세히 듣고 있었던 자비엘 은 포교의 방침을 세우고 있었다. 먼저 일본의 수도 교토에 가서 그 곳에 있는 최고 군주인 일왕을 만나 포교 허가를 받는다. 그리고 교 토에 대성당을 건설한다. 그리고 일본과 친하게 지내는 중국으로 일 왕의 소개장을 받아서 가겠다는 구상이었다. 인도와는 달리 일본에 서는 먼저 위에서 협상하고 아래로 전도하겠는 방침을 정한 것이었 다.

얼마 안 있어 시마즈의 감춰졌던 의도가 밝혀졌다. 보노쓰坊津[88]에 기항할 예정이었던 포르투갈선이 그냥 히라도로 직행했다는 소문이 전해졌다. 이 일을 시마즈가 아주 불쾌하게 생각하고 있다는 것이었 다. 그러나 이 소식은 자비엘에게 희망을 주었다. 어쩌면 고아나 마 라카에서 편지가 와 있을 지도 모른다고 생각하자 가만히 있을 수 없 었다. 그는 히라도에 갈 허가를 시마즈에게 요청하였다.

시마즈는 곧 돌아올 것을 조건으로 허가했다. 어쩌면 이 파란 눈의 선교사가 히라도의 포르투갈선을 설득하여 이곳으로 데리고 오지 않

---

[88] 사쓰마반도 남서단 항구.

을까 하는 기대에서였다.

자비엘이 히라토에서 돌아오자 정세는 아주 나빠져 있었다. 불교의 승려들이 사람들을 선동하며 돌아다니고 있었다. 자비엘을 보는 소박한 사람들의 눈에는 불신감과 공포감이 담겨 있었다. 예전의 순박한 사람들과는 전혀 달랐다. 하기야 승려들이 차가운 눈으로 보기 시작한 것은 훨씬 전부터의 일이었다. 자비엘이 제우스를 '다이니치'라고 부르는 것이 잘못된 것임을 알아차렸기 때문이었다.

그래도 영주가 포교를 허락했으니까 공공연하게 박해하지는 못했다. 그들은 조금씩 자비엘을 비방하기 시작했다. 그것이 지금은 영주까지도 자비엘을 좋게 평가하고 있지 않다는 것을 알자 승려들의 행동이 노골적으로 변한 것이었다.

후쿠쇼지의 계단에서 돌을 맞은 날, 그는 드디어 이 땅을 떠날 때가 되었다고 느꼈다.

시마즈한테서 포교 금지령이 내려진 것은 8월말이었다. 사실상 추방 선언이었다. 가고시마 체류 1년 동안 신자는 150여 명이 되었다. 최대의 수확이라면 독실한 신자 베르나르도를 얻을 수 있었던 일이다. 이 젊은 무사는 이후 자비엘의 일본 포교에 그림자처럼 따라다녔고 자비엘이 일본을 떠날 때, 함께 일본을 떠나 후에 포르투갈에 들어가 죠안 3세를 알현했다. 즉 일본인으로서는 처음으로 유럽 땅을 밟은 사람이었다. 그는 무엇보다 자비엘의 포교 성과를 보여준 증인이었다.

자비엘은 150명의 신자를 야지로에게 부탁하고 가고시마를 떠났다. 육지를 거쳐 이치키市来에 들려 그곳의 쓰루마루성鶴丸城 안에 예배당을 세우고, 센다이川内강 하구에 위치한 교하쿠京泊항에서 히라토로 향했다.

가고시마에 남은 야지로는 박해의 거센 바람 속에서도 자비엘이 지핀 신앙의 등불을 지키려고 했으나 2년 후에는 쫓겨나 해상으로 도망을 가게 되고 결국 해적이 되었다는 소문도 전해지고 있다.

자비엘을 맞이한 히라토는 가고시마와는 달리 열광적이었다.

2달 전에 입항한 포르투갈선은 바스코·다·가마의 아들 도알테·다·가마가 선장으로 있는 배였다. 그 고국의 배가 예포를 터트리면서 자비엘의 입항을 맞이했다. 돌을 맞으며 도망치듯이 이곳으로 온 자비엘은 눈시울이 뜨거워지는 것을 느꼈다. 항구 내에 있는 많은 일본 선박들도 갖가지 색깔의 깃발을 올렸다. 이것은 영주인 마쓰우라 다카노부(松浦隆信, 1529~1599)의 명이었다.

히라토는 오랜 옛날부터 중국대륙과의 해상교통의 주요지로 번성해 온 항구였다. 영주 다카노부는 21살의 젊은 나이였지만, 아주 도량이 큰 청년이었다. 명나라 관헌에 쫓기는 해적 오봉왕직五峰王直을 아무렇지도 않게 맞이해 주고 따뜻하게 보살펴 준 것도 다카노부였다. 왕직은 부하 2천 명을 거느리고 가쓰오勝尾산 중턱에 지은 중국풍의 큰 저택에서 살고 있었다. 도알테의 배를 히라토에 입항시킨 것도 사실은 왕직의 의견에서였다.

다카노부의 목적이 무역에 있었다는 것은 확실했다. 다카노부는 시마즈와는 달리 처음부터 그것을 표명했다. 철포를 갖고 싶다. 그 대신에 포교를 하고 싶으면 마음대로 하라는 식이었으며 자신은 결코 기독교를 믿으려 하지 않았다. 참으로 털털한 성격의 소유자였다.

자비엘은 친구 디오고 페레이라에게 보내는 편지에서 동양에 오는 포르투갈 상인들을 매우 비웃고 있다. "마라카나 중국에서의 포르투갈 상인들은 양심을 아무렇지도 않게 생각한다. 양심에 좌우되면 파산하기 십상이라고 생각하고 있다."

후추와 영혼을 비교한다면 그들에게는 당연히 후추가 더 중요했다.

그러나 무역이라는 강력한 후원이 있는 쪽에서 포교하는 것이 유리하다는 것은 말할 필요도 없었다. 작은 실수를 묵인해버리면 많은 이교도의 영혼을 구제할 수 있었다. 자비엘은 자신의 처지를 잘 이해하고 자진하여 상인들에게 무역 정보를 보내주기도 했다.

히라토의 작은 항구에는 수많은 선박이 육중하게 떠 있었다. 토르레스나 페르난데스의 열렬한 전도도 있고 해서 두 달 사이에 180명의 신자를 얻었다.

영주의 대우는 파격적이었고 초가을의 바닷물은 아주 아름다웠다. 그러나 자비엘은 살기 편한 히라토에서 두 달 만에 떠나버렸다.

가고시마를 떠나고 나서부터 그의 마음은 고향의 하늘을 날고 있었던 것이다.

수도를 향한 길

히라토의 신자들을 위해 토르레스를 두고 온 자비엘은 페르난데스와 가고시마의 페르난드를 데리고 수도 교토를 향한 길고 고통스러운 길을 떠났다. 히라토에서 배를 타고 하카타博多로 갔다. 나카那珂 강 하구에 상륙한 세 명은 '동네 모든 사람들이 상인이고 품위가 있으며 인구가 많은 하카타'를 지나 와카마쓰若松에서 다시 배를 타고 시모노세키下關에 도착했다.

미지의 땅을 장기간에 걸쳐 여행을 해야 했던 자비엘은 히라토에 모든 짐을 풀어놓고 몸 하나만을 가지고 떠났다. 페르난데스가 여행 자루를 들었다. 자루 안에는 미사에 사용하는 흰 마麻의 법의가 하나 들어 있었고 그 외에는 속옷 서너 장과 낡은 담요가 한 장 들어 있을 뿐이었다.

야마구치에 들어선 것은 11월초였는데 '서쪽의 수도'라고 불릴 만큼 화려한 야마구치의 모습은 가고시마에서도 히라토에서도 익히 들었던 터라 그곳에 잠깐 들릴 예정이었다.

당시의 야마구치는 오우치大內 31대 영주 요시타카의 통치 아래, 인구수 1만호가 넘는 일본 유수의 대도시였다. 중국인의 왕래가 많은 도시였으나 그래도 장신인 포르투갈 사람의 모습은 특히 눈에 띠었으며 소문은 곧바로 요시타카에까지 전해졌다.

쓰키야마성築山城으로 불려온 자비엘은 요시타카로부터 여러 가지 질문을 받았다. 어디서 왔느냐부터 시작하여 행선지, 목적 등…… 자비엘은 일본어로 번역한 기독교 교의서를 길게 낭독했다. 요시타카는 눈을 크게 뜨고 무표정한 모습으로 듣고 있었다. 교의서를 다 읽고나서 자비엘은 포교의 허가를 요청했고 우상숭배의 죄와 소돔의 죄를 당당하게 공격했다. 요시타카의 지루한 듯한 표정이 처음으로 바뀌었다. 요시타카는 나가라는 손짓을 하고 자비엘의 인사에 대응도 하지 않았다.

허가는 받지 않았지만 자비엘 일행은 다음날부터 오도노쇼지大殿小路와 사쓰노쓰지札の辻에 돗자리를 깔고 포교를 시작했다. 사람들이 많이 몰려 왔지만 입신하려는 자는 아주 드물었다.

별로 수확이 없었던 한 달이었다. 12월 18일에 자비엘 일행은 갓

사카勝坂 고개를 넘어 야마구치를 뒤로 했다.

인도의 더위 속에서 살다 온 자비엘에게 있어서 일본의 겨울은 힘들었다. 특히 그해의 겨울에는 눈이 많이 내렸다.

귀인의 마부처럼 길을 잃지 않고 달렸고, 또한 추위와 굶주림으로 죽을 고비도 넘겼으며, 비에 젖어 숙소에 도착하기도 했다. 조금의 위안도 없이 지낸 밤도 적지 않았다. 폭설과 추위로 다리가 부었고, 험한 길에 미끄러졌고, 또한 짐을 등에 멘 채 자주 넘어졌다. 마을이나 시내에 들어가면 길가나 광장에서 아이들이 던지는 돌에 맞으면서도 설교를 계속했다(1551년 9월 20일, 야마구치에서, 인도의 예수회 앞, 코스모·드·토르레스의 편지)

왕복하는데 2개월이 걸린 자비엘은 그다지 많은 것을 언급하지는 않았지만 위와 같이 말할 만큼 힘든 상황이었던 것 같다.

루이스 프로이스(Luis Frois, 1532~1597)의 『일본사』에 의하면 추위를 견딜 수가 없어 다다미를 빼내 담요 위에 얹고 잔 적도 있으며, 또 겨울에 허리까지 물에 잠기면서 강을 건넌 적도 많았다고 한다.

이와쿠니岩国(야마구치현)에서 배를 탔다. 다행히 도중에 귀항한 항구에서 사카이의 유력자 앞으로 쓴 소개장을 얻을 수 있었다. 이 유력자는 사카이의 에고슈会合衆[89]인 히비야 료케이日比谷了慶였다. 후에 사카이 기독교인의 기둥이 된 인물이었다.

다음 해, 1월 중순에 자비엘은 사카이항에 상륙했다. 히비야는 피곤함을 보이면서도 반짝이는 눈을 한 이국인들의 모습을 가엾게 여겨, 교토로 가는 관리 일행에 낄 수 있도록 힘을 써 주었다.

가고시마에 상륙한 지 1년 5개월, 자비엘은 드디어 염원했던 교토

---

[89] 무로마치시대 해안에 창고를 소유한 부호상인들.

땅을 밟았다. 그러나 거기서 자비엘이 본 것은 다음과 같았다.

수도는 과거에는 큰 도시였지만 계속되는 전란으로 지금은 그 대부분이 황폐해졌
다. 옛날에는 이곳에 18만호의 집들이 있었다고 한다. 도시를 구성하는 전체 크
기로 봐서 나는 그 과거의 모습을 상상할 수 있었다. 지금도 나에게는 10만호 이
상의 집들이 서 있는 것처럼 느껴진다. 그러나 모두 심하게 파괴되어 단지 불탄
재와 먼지만 가득할 뿐이다.(1552년 1월 12일, 코틴에서 유럽의 교회로 보낸 편
지)

장엄한 궁전일 것이라고 상상한 일왕의 거처가 말도 못할 만큼 황
폐해져 있는 것에도 놀랐다. 그 당시의 일왕은 고나라後奈良 일왕이었
다. 조정이 극도로 쇠미해진 시기로 왕이 거주하는 궁의 벽은 허물어
져 거처의 등불이 가모강의 둑에서 보였다고 한다.

프로이스는 자비엘이 필요한 헌상품을 가지고 오지 않아서 알현이
허락되지 않았다고 기록하고 있다. 그러나 설령 진귀한 선물을 준비
하고 있었다고 해도 알현은 불가능했을 것이다.

장군은 아시카가 요시후지(足利義藤, 1536~1565)였지만 미요시 나
가요시(三好長慶, 1522~1564)에게 쫓겨 피신하고 있었던 관계로 만날
기회조차 없었다.

불굴의 사도의 모습은 이어서 사카모토(시가현)에 나타났다. 도시
제일의 최고 학문의 전당이며, 다수의 승려들이 있다는 히에이산에
올랐다. 총론을 주고받으려 했으나 바로 거절당했다.

자비엘이 고아에서 구상한 일본 대포교의 구상은 실현되지 않았
다. 11일 동안 있으면서 포교다운 포교는 하지도 못하고 그렇게 애타
게 꿈꾸던 수도를 뒤로 했다.

쓴 실망감을 가지고 요도강을 배로 내려가면서 그래도 그는 교토의 하늘을 뒤돌아보며 찬송가를 불렀다고 한다.

자비엘의 오른손

히라토에 돌아온 자비엘은 다시 야마구치를 방문했고 오우치 요시타카로부터 정식으로 포교 허가를 받게 되었다. 야마구치에서 500~600명의 신자를 얻었다.

이어서 분고의 후나이府內에 건너가 그곳에서도 기독교의 교리를 전했다. 그리고 1551년 11월 10일 이 순수하면서도 열렬한 장신의 전도사는 일본을 떠났다.

일본에 체류한 2년 3개월 동안 신도는 대체로 1,000여 명에 달했으나 원래 기대가 컸던 것에 비해 수확은 많지 않았다. 자비엘은 다시 일본에 가기를 기대하고 있었지만, 다시는 일본 땅을 밟을 수 없었다. 일본을 떠난 이듬해인 12월 3일, 홍콩 부근의 산시양섬에서 46년의 생애를 마쳤다.

가고시마의 히가시센고쿠東千石의 시로야마城山(가고시마시의 구릉) 근처에는 자비엘공원이 있는데 이곳에 자비엘교회가 있다. 이 교회는 1908년에 자비엘 상륙 기념당로서 세워졌으나 태평양전쟁 때 불타버렸다. 현재의 건물은 1949년 로마법황의 기부금으로 재건축된 것으로 '성 프란시스코 자비엘 체류기념'이라고 각인된 구 기념당의 벽의 일부를 보존하고 있으며 자비엘의 동상을 전시하고 있다.

자비엘의 기념상은 그가 방문한 마을들, 히라토의 사키카타崎方공원, 야마구치의 자비엘공원, 그리고 오이타의 오테大手공원에서도 볼 수 있으나 특히 가고시마의 조각상은 고갈된 영혼을 가진 젊은 고행자의 모습을 나타내고 있는 아주 훌륭한 조각상이다.

가고시마 시내는 공습으로 2만천여 호의 집들이 불에 타 6천 명에 가까운 사상자를 냈다. 시내의 중심가 대부분은 초토화되었다. 전후 가고시마만은 귀환만歸還灣[90]이 되어서 마을은 활기를 되찾고, 역 앞과 길거리에서는 암시장이 성행했지만 시내의 복구는 아직 완성되지 않아 여기저기는 기와로 덮여 있었다.

그런 1949년 5월말의 어느 날 화려하면서 조용한 행렬이 자비엘교회로 향했다.

그해는 자비엘이 처음으로 일본에 온 지 400년이 되는 해로 그것을 기념하여 가톨릭교회가 도쿄와 나가사키의 두 곳에서 기념식전을 개최하게 된 것이었다. 로마에서 자비엘의 '성스러운 오른손'이 보내졌고, 행렬은 그 성스러운 유물을 든 사람들이었다. 초토화된 황량한 마을을 행진하는 보라, 빨강, 검은 옷을 입은 일행은 마을과는 아주 대조적이었고 신기했으며 이 세상과 동떨어진 분위기를 자아내고 있었다.

자비엘의 오른손은 5월 28일 가고시마를 출발하여 도쿄까지 16일에 걸쳐 순례를 계속했다. 각지에서 열렬한 신도들을 맞이했지만 어느 도시에서나 전쟁의 피해가 생생하게 남아 있었고 사람들은 굶주림에 지쳐 있었다.

400여 년 전 자비엘이 처음으로 이 땅에 발을 디뎠을 때, 그보다 6년 전에 이미 철포가 도래했다. 유럽은 자신들의 신을 일본에 보내기 전에 먼저 악마를 보냈던 것이다. 그리고 자비엘의 오른손이 400여

---

[90] 해외에서 주로 그곳으로 도착했던 이유로 붙여진 이름.

년 만에 가고시마를 다시 찾았을 때, 그 4년 전에 원폭이라는 열 화구가 일본의 두 도시를 황야로 만들었다.

자비엘이 떠난 후, 야마구치에 머물렀던 토르레스는 많은 일본인들한테 질문을 받았다고 한다. 그것은 매우 단순하면서도 대답하기 어려운 질문들이었다. 제우스가 자비로운 만물의 창조자라면 왜 악마의 존재를 용서하고 마음대로 인간을 해하게 놔두는가? 도대체 제우스는 어떤 존재이며 또한 어디에 있는가?

> 이들의 질문에 대답하기 위해서는 학문이 필요하다. 특히 철학에 정통해야 한다. 변증법을 잘하는 자는 그들의 모순을 바로 지적할 수 있을 것이다.(1552년 1월 29일, 코틴에서 로마의 이그나티우스 로요라 앞으로 보낸 편지)

자비엘은 이렇게 조언하고 있다.

프란시스코 자비엘 상

히라도의
자비엘 기념비

야마구치, 자비엘 공원의 기념비

참고자료
『가고시마의 성장』
『히라토시사』
『야마구치현 문화사』
『사카이시사』
『성 프란시스코 데 자비엘 서한』상·하 (이와나미문고)
『예수회선교사 일본통신』상·하 (신이국총서)
『일본사』루이스 프로이스 (도요문고)

나가사키의 천연두

모닛케의 천연두 백신痘苗

7명의 멤버는 구성이 특이했다. 성인남녀 4명에 아이가 3명이었는데, 그중 1명은 태어난 지 얼마 안 되어 유모처럼 보이는 여자가 안고 있었다.

문지기는 그 일행과 서로 아는 사이인 듯 그들을 보자 고개를 숙이며 인사하고는 미소를 지었다.

유모와 아이를 데리고 있는 일행은 나베시마鍋島 집안의 전문의로, 이중 한 사람이 데지마에서 네덜란드 의술을 배운 나라바야시 소켄(楢林宗建, 1802~1852)이었다. 그리고 다른 아이를 데리고 있는 두 남자는 네덜란드어 통역사인 가후쿠 기쥬로加福喜十郎 와 시쓰쿠 세이타로志築清太郎였다. 이 일행은 3일 전에도 다리를 건너 데지마로 들어갔다. 3일전 그들은 3명의 아이들에게 우두 접종을 시키러 네덜란드인 의사 옷트 모닛케(Otto Gottlieb Johann Mohnike, 1814~1887)를 찾아갔다. 문지기들은 이미 그 사실을 알고 있었다. 때문에 인사를 하면서도 호기심을 감추지 못하는 듯 애들을 계속 쳐다보며 자꾸 말을 걸려고 했다.

소켄은 '덥다'고 느꼈다.

이제 8월에 접어들고 있었는데 이 며칠 동안은 날씨가 무척 더웠다. 바다는 검푸르렀고 돌담에 부딪히면서도 소리를 내지 않았다. 바다에 비치는 반짝이고 눈부신 빛 사이에 3척의 돛단배가 떠 있었다. 스탓 돌드레히트호, 자바에서 우두종두를 가져온 배였다. 이 배가 나가사키만灣에 모습을 나타냈을 때의 감동을 생각하면 소켄은 가슴이 찡했다.

"이번에 실패하면 당분간 우두접종은 포기해야 될지 모른다."

그 돌드레히트호가 나가사키에 들어온 지 이제 한 달이 되어가고 있었다. 일터에서는 변함없이 승무원과 배에 실린 짐 검사가 계속되었는데, 사소한 일 때문에 배에서 짐을 내리는데 시간이 오래 걸렸다. 소켄은 마냥 그대로 있을 수가 없어서 매일 데지마로 나갔다.

그렇지 않아도 고열의 바다를 40여 일간이나 도해渡海한 선박이었다. 지금까지의 우두 종자들은 긴 시간과 더위에 치명적으로 약했다.

"아니, 도착했을 때에는 아직 살아 있었을 지도 모른다. 그러나 항구에 한 달 동안이나 방치되어 있으면 죽을 수밖에 없다."

그런 생각을 하자 소켄은 또 몸에서 열기를 느꼈다.

미리 손을 쓴 덕분에 그 작은 짐은 이번에는 비교적 빨리 육지에 내려졌다. 작은 짐, 그것은 네덜란드인의 호주머니에 들어갈 만한 아주 작은 상자였다. 그 작은 상자가 겨우 네덜란드 상관 의무실에 도착한 것이 3일 전이었다. 애타게 기다리던 소켄은 아직 생후 10개월도 채 안된 아들 겐자부로와, 네덜란드어 통역사 가후쿠·시쓰쿠 두 사람, 그리고 그들의 아이들을 데리고 데지마로 갔다.

가후쿠와 시쓰쿠의 아이들은 3살과 5살이라서 괜찮았지만, 생후 10개월인 겐자부로는 아직 유모가 필요할 때였다. 그러나 데지마의 출입 규율은 엄격하여 여자는 유녀遊女 이외에는 출입이 금지되어 있었다. 소켄은 겐자부로가 병에 걸려서 어떻게든 네덜란드인 의사의 진찰을 받아야 된다는 명목으로 유모를 데리고 데지마에 들어갈 허가를 받았다.

모닛케의 손에 의해 열린 상자에서 작은 병이 나왔다. 병은 유리 뚜껑으로 밀폐되어 있었고 다시 짐승의 방광으로 신중하게 포장되어 있었다. 병 안에는 적갈색의 지저분한 부스럼딱지가 몇 개 나왔다. 이것이 소켄이 1년간 기다리고 기다리던 우두의 부스럼딱지였다. 모닛케는 겐자부로의 왼쪽 팔에 발포제를 바르고 포피를 떼어 그 부스럼딱지를 붙였다. 그 위에 두꺼운 연고를 바른 가죽을 덮고 붕대로 감았다. 오른쪽 팔에는 종두 바늘로 6곳을 찌르고 증기로 부드럽게 한 딱지를 붙였다.

겐자부로가 갑자기 울기 시작했을 때에는 소켄도 자신의 팔에 아픔을 느꼈다. 그러나 그 힘 있는 울음소리가 왠지 좋은 결과를 미리 축하하는 것처럼 느껴져, 소켄와 두 남자는 서로 미소를 지어 보였다.

두 아이들에게도 똑같은 시술을 하고, 약한 붉은빛을 띠는 얼굴을 한 네덜란드인은 겐자부로의 부드러운 볼을 손가락으로 가볍게 찔렀다.

"붙으면 좋겠네요"라고 말하면서 그 네덜란드 의사도 미소를 지어 보였다.

부스럼 딱지를 가져오면 어떻겠냐는 제안을 처음 한 것은 소켄이었다. 지난해의 일인데 소켄이 의뢰한 우두종을 신임 의사인 모닛케가 부임하면서 가지고 들어왔다. 빈(Wien)에서 온 이 두묘痘苗는 네덜란드에서 시작된 몇 달 동안의 긴 항해로 활성을 잃어버렸다. 네덜란드어 통역사 스에나가 에이스케末長栄介와 니시 게이타로西慶太郎의 아이들이 접종을 받았지만 모두 실패로 끝났다.

그런 일은 전에도 있었다.

1939년에는 나가사키의 공무를 처리하던 관리 다카시마 시로 다유 슈한(高島四郎太夫秋帆, 1798~1866)의 노력으로 네덜란드 상관원商館員 리슐이 두묘를 가지고 들어와서 12명의 아이들에게 접종을 했지만 모두 실패로 끝났다.

이전에는 시볼드[91]도 시도를 했으나 실패로 끝났다. 1823년에 착임한 시볼드는 3개월 후에 데지마에서 종두 시술을 공개했다. 두묘의 변질로 성공하지는 못했으나 일본인 의사들은 이것에 깊은 감동을 받았다. 당시 22살이었던 소켄도 형 에이켄栄建과 함께 시볼드의 시술을 보았다. 이후 소켄의 숙원은 두묘의 수입이었다. 그리고 25년의 세월이 지나 겨우 가져오게 된 두묘가 활성을 잃어가고 있다는 사실을 안 순간 그는 실망했다.

왜 활성을 잃어버리는지 대충은 그 원인을 이해하고 있었으나, 그럼에도 모닛케에게 질문을 던졌다.

"열대의 태양과 데지마의 관리들이 늑장 대응을 했으니 어쩔 수 없는 결과입니다."

---

[91] Siebold, 1796~1866. 독일 출신 의사, 박물학자.

모닛케는 서양인 특유의 유감을 나타내는 몸짓을 보였다. 이 두 악조건을 바꿀 수 있는 힘은 아무에게도 없다. 그러면 일본인들은 영원히 우두법의 혜택을 받을 수 없는 걸까…… 소켄은 생각했다. 두묘가 변질하고 부패하는 것은 그것이 액상이라 변하기 때문일 것이다. 부패하기 어려운 상태, 즉 마른 상태로 보내면 어떨까. 예를 들면 병에 걸린 환자에게서 떼어낸 부스럼 딱지 상태라면 몇 달 동안의 더운 항해도 견딜 수 있지 않을까……. 이야기를 들은 모닛케는 소켄의 의미를 바로 이해하고 본국에 연락을 하여 만전의 준비를 시켰다.

본국에서 접종한 아이 한 명과, 접종하지 않은 아이 두 명을 배에 태우고 가다가 인도양을 통과하는 항해 도중에 접종하지 않은 두 아이에게 순서대로 접종을 하고 자바까지 갔다. 그리고 바타비아에서 세 명의 아이의 팔에서 종모를 채취해 나가사키행의 돌도레히트호에 실었다. 그 귀중한 두묘가 지금 일본 아이들의 팔에 있었다.

접종을 받고 귀가한 소켄은 자신의 아들을 면밀히 관찰했다. 칭얼거리는 겐자부로를 달래면서도 내심 "더 칭얼거려라"하고 부추기는 자신을 발견했다. 칭얼거린다는 것은 몸에 이상이 있다는 증거이기 때문이었다.

소켄은 두묘에 관해서 어느 정도 기본지식을 갖추고 있어, 감염 여부는 그의 눈으로 판단할 수 있었다. 붕대를 풀고 확인해 보고 싶은 마음이 들었지만, 모닛케가 시술한 것이니만큼 믿고 기다렸다.

그러한 이유에서 진찰 중에 환자와의 대화도 적어졌고 무뚝뚝하게 되었다. 평상시의 온후하고 친절한 소켄을 아는 환자들은 무슨 일이 있었냐는 듯 머리를 갸우뚱거리며 돌아갔다.

그리고 시술 후 3일째 되던 날, 드디어 결과가 나오는 날이었다.

혹시 감염되어 있으면 시술한 부분이 빨갛게 되고 작은 농이 생겨야 했다. 소켄은 아까부터 두 통역사의 3살, 5살 된 아이들을 관찰하고 있었는데 둘 다 매우 건강한 모습이었다. 이국풍의 건물과 네덜란드인에게 관심이 쏠려 두리번거리는 모습은 평상시와 똑같았다. 유모에게 안겨 있는 아들을 보니, 조금 열이 있는 듯한 느낌이 들었으나 어쩌면 착각일 수도 있었다. 모닛케가 있는 병원 앞 정원에는 빨간 꽃이 피어 있었다. 전에 이름을 들은 적이 있었는데 생각이 안 났다.

"그들의 고향 집에도 또한 이 꽃이 피어 있겠지……"라고 생각하고 있는 중, 모닛케가 뒤에서 큰 손을 머리위로 들며 맞이했다.

약품 냄새가 풍기는 진료실에 들어간 순간 소켄은 갑자기 냉정함을 되찾았다. 모닛케는 소켄에게 윙크를 해 보이며 먼저 시쓰쿠 아들 팔에 감겨 있는 붕대를 풀었다. 아이의 매끈한 피부에는 침 자국이 조금 남아 있을 뿐이었다. 그는 어깨를 늘어뜨렸다. 이어 가후쿠 아들의 붕대를 풀었다. 똑같았다. 활성을 잃어버린 딱지는 쉽게 떨어졌다. 털이 많은 모닛케의 손이 겐자부로의 붕대에 닿은 순간 소켄의 가슴은 갑자기 빠른 속도로 뛰기 시작했다. 입안이 이상하게 말라갔다. 언제나 활발한 네덜란드인의 큰 남자도 심각한 표정을 지었다.

시술을 받은 겐자부로의 왼팔은 두 아이들과 같은 결과였다. 그리고 오른팔의 붕대가 풀렸다. 6곳의 바늘 흔적 중 2군데만이 벼룩에게 물린 것처럼 빨갛게 되어 있었다. 소켄은 무의식중에 의자에서 일어났다. 모닛케가 큰 소리로 "오, 신이시여"하고 소리를 쳤다. 그리고 양손을 모아 입에 대고 뜨겁고 긴 한숨을 내쉬었다. 그것은 25년 동안 참고 참았던 한숨이었다.

1983년 6월 28일 젠너[92] 이래 반세기를 거쳐 우두는 겨우 극동의

섬나라 일각에서 싹이 튼 것이었다.

천연두 백관百慣

두창이 역사적 기록으로 나타나 있는 것은 나라 시대인 735년의 일이다. 『속일본기續日本紀』에 "천연두 혹은 상창裳瘡이라고 한다"고 기록되어 있는 천연두는 규슈에 상륙한 후, 다자이후大宰府에서 시작하여 전국으로 퍼졌다. 그리고 2년 후인 737년에는 다시 규슈에서 창궐, 전국적으로 유행하게 되었다. 당시에는 후지와라藤原 씨 4형제가 연이어 감염되어 병사했으며, 일왕이 천연두에 걸려 출사를 못해, 정사를 돌보지 못하는 일이 일어났다.

그해 1월에는 신라에 파견되었던 사신들이 귀국했는데, 이때 천연두도 함께 일본에 들어왔다고 전해진다. 선진문화는 항상 서쪽에서 유입되었는데 바이러스 또한 서쪽에서 들어왔던 것이다.

더 과거로 올라가 보면, 552년에도 천연두가 유행했다. 당시 일본 조정은 불교 수용을 둘러싼 대립으로 시끄러웠던 시기로, 불상을 모셨던 소가노 이나메(蘇我稲目, 506?~570)는 천연두의 유행은 신들이 화가 난 증거라면서 비난을 받았다. 역병疫病이 있었다고만 기록되어 있어 과연 이것이 천연두였는지 아닌지는 판단할 수 없으나, 불교문화와 함께 들어온 천연두가 맹위를 떨쳤다고 보는 것이 옳을 것이다.

후세에 들어오면 쓰쿠시筑紫 어선이 신라로 표류한 후 귀국 길에 승선해 있던 사람들이 천연두에 감염되었다는 설이 유력하다. 그래서 천연두가 유행하면 민중들은 스미요시住吉의 신을 모시고 치유를

---

92 Edward Jenner, 1749~1823. 영국 의과의, 1796년 우두 종두법 발명.

기원했다. "스미요시 대명신은 삼한정복의 신이시다. 역병은 신라에서 들어온 병이니, 이 신을 모시면 병마를 물리칠 수 있다"고 설명하는 책도 있다.

헤이안 시대 이후에도 천연두는 주기적으로 발생했다. 예방접종이 당연히 시행되고 있는 오늘날에는 상상조차 할 수 없지만, 당시의 천연두는 일생을 살아가는데 반드시 거쳐야 할 관문처럼 여겨졌다. 병세가 경미하면 다행이지만 심할 경우에는 죽음으로 이어졌고, 죽음을 면할 수는 있어도 실명하게 되거나 또는 흉한 흉터가 얼굴에 남게 되었다. 여성에게 있어서는 죽음보다 더 잔혹한 병이었다.

1001년에도 「천하역사대성天下疫死大盛」이라는 기록이 있다. 이해는 후지와라노 미치나가(藤原道長, 966~1028)의 딸 아키코彰子가 이치죠 일왕(一条天皇, 980~1011)의 중궁이 된 다음 해이다. 궁정을 무대로 재원才媛들이 활약한 시대인데 그 재원들은 『겐지모노가타리에마키源氏物語絵巻』에 그려져 있는 아름다운 얼굴을 하고 있었을지 모른다. 꽃의 색깔이 변한 후의 비참함은 늙음의 도래만이 아니었을 것이다.

전염병이 있다는 것은 일찍부터 알려져 왔다. 그러나 정확한 치료법이 없었다. 단지 한 번 걸리고 나면, 나중에는 아무리 크게 유행을 한다고 해도 다시는 감염되는 일이 없다는 것은 경험 상 확인되어 있었다. 사람들은 그냥 조용히 천연두가 지나가기만을 기다렸다.

물론 여러 가지 소문도 생겨났다.

1796년 겨울부터 1799년 봄에 걸쳐 천연두가 유행한 적이 있었다. 당시 관청에서 근무하던 네기시 모리노부根岸守信는 가나神奈강의 혼마쿠에 '이모대명신芋大明神'이라는 것이 있는데 이곳에 있는 연못물을 떠서 천연두에 감염된 아이를 씻으면 병세가 가벼워진다는 이야기를 들었다. 이 이야기를 한 자는 당시의 의사로, 이 의사도 어떤 환자한테 들었다고 했다. "의사가 한 말이니 해로울 것은 없을 것이다. 한 번 시험 삼아 해 봄직하다"고 주위에서도 권유했다. 모리노부의 집에서도 아이가 천연두를 앓고 있었으므로 바로 사람을 시켜 물을 떠오게 했다. 하인이 물을 뜨고 있자 한 스님이 나타나 "천연두 때문에 물을 뜨러 온 것 같은데, 효능이 있을지 없을지는 모른다"고 했다.

쑥을 사료로 사육한 흰 소의 분糞이 천연두의 특효약이라고 기록한 책도 있었다. 또한 프란사스라인이라는 돌이 있는데, 천연두에 걸리기 전에 이 돌로 아이의 몸을 비비면 만일 천연두에 걸리더라도 가벼울 수 있다는 속설이 전해지고 있었다. 그 긴 이름의 신기한 돌은 네덜란드에서 건너온 살무사에서 나온 돌이라고 설명되어 있었다.

'오가와 요조우에몬小川与惣右衛門 배에서의 약속 건'이라고 써서 대문에 붙이면 또한 병이 가벼워진다는 말도 있었다. 이것은 천연두의 신이 간토關東에 내려올 때, 구와나桑名 해상에서 돌풍을 맞아 배가 침몰할 뻔 했으나 그의 활약으로 막을 수 있었다는 말에서 나왔다고 한다. 천연두신이 기뻐하여 "그의 이름이 붙은 집에 사는 아이들에게는 꼭 병을 가볍게 해 주겠다"고 약속했기 때문이라고 한다.

어떠한 주술이나 약도 천연두에 걸리지 않는다는 것이 아니라, 가볍게 걸린다고 하고 있는 점이 흥미롭다.

천연두가 유행하고 있는 곳에는 반드시 천연두신의 그림자가 나타났다. 50에 가까운 나이인데도 아직 천연두에 걸리지 않은 한 부인이 있었다. 저녁에 천연두에 걸렸다 나은 아이를 달래고 있었는데, 갑자기 목 부분에 냉기가 스치고 기분이 나빠졌다. 바로 집으로 돌아가자, 방에 작은 노파가 앉아 있었다. 들어온 부인을 위아래로 쳐다보면서 음침한 목소리로 "술을 받을 수 있을까"라고 말했다.

이상한 힘에 조종을 당하듯이 부인이 술상을 차리자 개들이 짖기 시작했다. 주인이 개를 좋아하여 6마리나 기르고 있었던 것이다. 개들이 갑자기 짖기 시작하자 노파는 몸을 움츠리고 마른 나뭇가지처럼 깡마른 손을 흔들었다.

노파는 "개들을 묶어줘요"라고 말하면서 앉은 채 뒤로 물러났다. 그러면서 갑자기 암흑 속으로 슬그머니 사라졌다. 동시에 부인은 몸이 가벼워지는 것을 느꼈다. 그 노파의 정체가 천연두신이었다는 것이 이 이야기를 들은 사람들의 대부분의 의견이었다.

신이 개를 무서워한다는 것은 좀 우습지만, 천연두신이 빨간색을 싫어한다는 것은 잘 알려져 있었다. 천연두에 걸리면 병실의 문을 닫고 입구에 빨갛게 염색한 면포를 걸고, 옷은 빨간색이 들어간 옷을 입었다. 환자도 빨간색으로 염색한 면을 입고 완쾌될 때까지 12일간은 옷을 갈아입지 않는 것으로 되어 있었다.

오무라번大村藩(나가사키현 오무라시)의 영토 내에서는 옛날부터 천연두를 무서워하여 환자가 나타나면, 사람들이 사는 곳으로부터 멀리 떨어진 산속에 임시로 오두막을 짓고 그곳으로 보냈다. 오두막에 들어간 환자는 정해진 사람 외에는 가족이라도 면회가 허용되지 않았다. 환자 가족들의 부담은 컸다. 오두막에 들어간 환자를 위해 사람을 고용하여 식량과 의약품을 보내야 하며 의사에게 진찰을 부탁해야 했다. 그렇게 해도 쾌유되지 않을 경우에는 100일간 집에 못 돌아갔다. 또한 오두막 안에서 사용한 가구나 옷들은 절대로 가지고 돌아갈 수 없었고, 산에서 태워버려야 했다. 그러한 연유에서 "천연두

백관"이라 했으며, 중산층 이하의 집안에서 환자가 나오면 집안이 망하고 가족이 이산되기 마련이었다고 한다.

이러한 비참한 천연두에 대한 젠너 이전의 의술을 보면 아주 힘들게 천연두와 싸워왔음을 알 수 있다. 천연두에 있어 선진국이었던 중국에서는 대체로 명대明代의 17세기경부터 인두법이 사용되었다. 이것은 환자의 부스럼 딱지를 가루로 만들어 관을 통해 콧속으로 넣는 방법이었다. 이 인두법은 1744년 항주杭州의 이인산李仁山이 나가사키에 와서 전수하고 갔지만, 우두와 달리 인두는 독성이 커서 오히려 천연두에 걸릴 위험이 있었다.

네덜란드어 통역사 모토키 쇼자에몬 쇼에이(本木庄左衛門正栄, 1767~1822)는 1810년 12월 넷째 아들인 후지키치로에게 인두법을 시술했으나 만 1살도 안된 이 어린 아이는 이듬해 1월 3일에 죽었다. 묘비에는 "추위가 심한 겨울에 인두를 시술받은 것은 잘못된 것이었으며, 득得을 보고자 해를 초래한 결과를 가져왔다. 너의 죽음은 전부 우리 부모에게 있다"고 하는 내용의 비통한 문자가 새겨져 있었다.

영국인 에드워드 젠너가 우두법을 발견한 것은 그 일이 있던 14년 전인 1796년이었지만, 이 절대적인 효과를 가지는 예방접종은 아직 일본에 전해지지 않고 있었다. 우두법 발견 소식은 이미 들어와 있었다. 네덜란드어 통역사로 어학에 뛰어난 재능을 가진 바바 사쥬로(馬場佐十郎, 1787~1822)는 교와(享和, 1801~1803)년간에 카피탄 헨드릭 도프[93]에게서 그 이야기를 들었다. 그리고 머지않아 그 방법을 자세히 기록한 책이 일본에도 들어올 것이라고 하여 기다리고 있었다. 사쥬로는 1808년 막부의 명으로 에도로 올라간 후, 1822년 36살이라는

---

93 Hendrik Doeff, 1777~1835. 에도 후기 상관장. 귀국 후 「일본회상록」을 저술.

젊은 나이로 끝내 그것을 보지 못하고 세상을 떠났다. 시볼트가 나가사키에 들어온 것은 사쥬로가 죽고 난 뒤 1년 후였다.

시볼트에 의해서 종두법은 전해졌지만 중요한 우두묘를 얻을 수가 없었다. 이것은 에도막부가 직접 나서면 쉽게 얻을 수 있었다. 시볼트의 접종이 실패로 끝나자 네덜란드인들은 일본에서 3~4명의 아이들을 자바로 데리고 가, 접종을 하는 게 좋겠다는 제안을 했다. 또한 1839년 아키호가 시도하고 실패했을 때에도 리슐은 유아를 유모와 함께 자바로 데리고 가서 접종한 후 일본에 오게 하면 좋을 것이라고 제안했다. 그러나 완고하게 쇄국을 내세운 에도막부에서 그런 일을 허가할 리 없었다.

나라바야시 소켄이 쇄국의 벽과 열대의 고열을 극복하고 우두묘를 손에 쥐기까지, 실제로 반세기동안 수백 명의 인명이 허무하게 희생되었다.

8개의 부스럼딱지

겐자부로의 오른팔에서 채취한 우두장牛痘漿은 다시 두 아이들에게 접종되었고 그 결과 성공적으로 감염되었다. 소켄은 우두접종의 성공을 바로 나베시마번鍋島藩(사가현 나베시마)에 보고했다. 번주 나베시마는 우두를 들여올 것을 소켄에게 몰래 지시했다.

8월 6일 소켄은 겐자부로를 데리고 사가佐賀로 갔다. 사가번에서는 일반인에게 보급하려면 먼저 의사들의 자녀들에게 시술을 해 봐야 된다고 했다. 그래서 의사 오이시 료에이大石良英 등의 3명의 자녀에게 접종했는데 결과는 성공적이었다.

22일에는 나베시카의 적자嫡子 준이치로가 접종을 받았다. 전대미문의 일이라 여관女官이 마쓰바라 신사에 가서 기원을 하는 등 엄숙한 분위기에서 시술이 행해졌다.

나가사키에 돌아온 소켄은 9월이 되자 정력적으로 우두 보급을 시작했다. 그리고 모닛케의 도움을 받아 『우두소고牛痘小考』라는 책을 저술하고 아이들한테서 채취한 부스럼딱지를 책과 함께 각지의 의사들에게 보냈다. 나가사키에서 싹이 튼 우두종牛痘種은 미신과 인습에 저해 받으면서도 착실하게 널리 보급되기 시작했다. 그리고 그중 하나가 교토로 들어갔다.

중국어 통역사 히데카와 시로하치潁川四郞八라는 사람이 있었다. 시로하치는 자신과 친분이 있는 네덜란드의학을 전수받은 의사 히노 데이사이(日野鼎哉, 1797~1850)로부터 우두묘를 얻어달라는 부탁을 받았다. 데이사이는 교토에 살고 있었고, 이는 에치젠번越前藩(후쿠이현)으로부터의 밀명이었다. 에치젠번에는 서양의학의 시조라고 불리는 가사하라 료사쿠(笠原良策, 1809~?)가 있었다. 그는 번주 마쓰바라 하루다케松原春嶽를 설득하여 우두묘를 가져오게 하도록 계획하고 있었다. 데이사이는 료사쿠의 스승이 되는 인물이었다.

모닛케묘苗가 성공하자마자 시로하치는 자신의 손자에게도 접종해 줄 것을 부탁했고 그 부스럼 딱지를 가지고 교토의 데이사이 앞으로 보냈다.

교토에는 소켄의 형인 에이켄이 있었다. 그곳에도 소켄으로부터 부스럼 딱지가 보내졌는데 시로하치의 부스럼 딱지는 에치젠번 직속 배달원公用飛脚이 가져온 덕분에 20일 정도나 일찍 교토에 도착했다. 9월 22일이었다.

이즈음 모닛케 두묘의 성공 소식을 들은 료사쿠는 스스로 그 두묘를 가지러 떠날 준비를 하고 있었다.

히노 데이사이는 분고 사람으로, 시볼트에게 배운 나루다키구미鳴滝組 중 한 사람이었다. 40이 넘어서 교토로 올라와 개업을 했는데, 오사카의 오가타[94], 교토의 히노라고 불릴 만큼 유명세를 얻고 있었다. 의술에는 뛰어났으나 성격에 문제가 있었다. 사람의 실수에 대해 조금도 용서하지 않고 비난하는 경향이 있어, 좀처럼 사귀기 힘든 인물이었다. 그의 집은 교토 히가시도인東洞院 다코야쿠시蛸薬師 구다루 모토다케다쵸下ル元竹田町에 있었다. 당시 이 주변은 무사시국 오시번(武蔵 忍藩, 사이타마현)의 저택이 있어, 화가画家 고슌呉春의 손자 마쓰무라 다마후미松村玉文도 살고 있는 조용한 주택지였다. 지금은 마을도 많이 바뀌고 교토풍의 민가들도 대부분 사라졌다. 길거리의 서쪽 편에는 '고슌家 터'라는 기념비가 서 있는데 데이사이의 집이 어디에 있었는지는 알 수 없다.

1983년 9월 22일 저녁 데이사이가 받은 소포에는 작은 병 8개가 들어 있었고, 그 안에 부스럼 딱지가 들어 있었다. 히데카와의 손자가 접종을 받고 7일째 되던 날 뗀 부스럼 딱지였다. 기뻐한 데이사이는 후계자인 히노 게이슈日野桂洲와 기리야마 겐츄桐山元中를 불러 그날 밤 자신들의 손자들에게 접종을 하게 했다. 그런데 발두가 시작할 3일째가 되어도 그런 기미가 보이지 않았다. 기대가 컸던 만큼 데이사이들은 몹시 상심했다. 병 안에는 모양이 나쁘다는 이유로 사용하지 않았던 부스럼 딱지가 하나 남아 있었다. 그것을 겐츄의 3살 되는

---

[94] 오가타 고안緒方洪庵, 1810~1863 에도 말기 네덜란드 의술을 습득한 난의蘭医. 오사카에 의원 개업. 종두시행.

아들 만지로에게 접종했다. 그러나 이틀 후에 봐도 상처는 없어지고 또한 착묘着苗할 기미도 보이지 않았다. 완전히 낙담하고 있던 그날 밤 연하고 작은 홍점이 나타나기 시작했다. 4일째부터 5일째 되는 날에는 홍점 주위가 붓기 시작했으니 감염된 것이 확실했다. 7일째 그 상처에서 뺀 장액漿液을 다시 데이사이의 손자와 겐츄의 8살 되는 조카에게 접종하여 둘 다 감염되었다.

이제 틀림없이 성공했다고 확신한 순간 그들의 기쁨은 거의 정신이 나갈 정도였다고 한다. 한시라도 빨리 에치젠의 가사와라 료사쿠에게 이 일을 보고하려고 할 때에, 당사자 료사쿠가 나타났다. 나가사키를 향하여 9월 30일에 후쿠이福井를 떠난 료사쿠는 5일간 체류할 예정으로 10월 5일에 교토로 들어왔다. 인사를 겸해 스승인 데이사이를 찾아온 것이었다. 료사쿠의 기쁨은 말할 것도 없었다. 그는 아주 자세히 천연두 접종을 위해 주고받은 서간들을 정성들여 베껴 『백신두용 왕래白神痘用往来』라는 책을 9권이나 남겼다. 10월 1일 번 의사한이 모토오키半井元沖 앞으로 보낸 편지에는 부스럼 딱지가 들어온 이후의 데이사이들에게 일어난 일들과 감염을 확인했을 때 미칠 듯이 기뻐했던 정경, 그리고 그 와중에 자신이 우연히 찾아갔던 극적인 감동 등을 계속 언급하고 있다.

우두묘를 근절시키면 안 되었다. 일정 기간이 지나면 부스럼 딱지를 남기고 완치되어 버리니까 딱지를 오래 놔두면 그 효력이 없어졌다. 계속해서 접종을 시켜나가야 했다.

료사쿠들은 데이사이들과 함께 10월 16일 신마치 니죠 구다루 가시라마치新町二条下ル頭町에 집을 하나 얻어 제두관除痘館을 열었다.

데이사이가 형 에이켄에게 보낸 부스럼 딱지는 좀 늦어서 10월 12

일 경에 도착했다. 에이켄은 후에 규도 구마타니鳩居堂熊谷의 원조로, 도미코지 아네코지富小路姉小路에 위치한 집 한 채를 제공받아 '유신당有信堂'이라는 종두소를 여는데, 요시사쿠, 데이사이 등이 운영한 제두관이 나가사키를 제외한 일본 최초의 종두시설이 되었다.

데이사이는 우두묘 접종의 성공을 바로 오사카의 오가타 고안(緒方洪庵, 1810~1863)에게 보고했다.

전부터 우두법에 관심을 가지고 있었던 고안은 바로 축하의 편지를 써서 보냈다. 10월 13일 오사카에 있던 데이사이의 동생 히노 가쓰민日野葛民과 함께 아이들을 각자 한 명씩 데리고 교토로 갔다. 두 묘를 나누어 받기 위해서였다.

이때 사소한 의견의 대립으로 데이사이가 동생 가쓰민을 혼내는 일이 벌어졌다. 시로하치가 보낸 모닛케묘는 에치젠번의 공용품이었으므로 에치젠에 보내기도 전에 나누어 갖는 것은 안 된다는 것이었다.

고안과 가쓰민은 실망하고 돌아갔는데, 그날 밤 논의한 결과 '나라를 위해, 천연두 근절을 위해'라는 명목으로 오사카에도 묘를 보내기로 결정했다.

오사카시大阪市 히가시쿠東区 도슈마치修道町 5쵸메, 과거에는 후루테마치古手町라고 불린 니시요코호리西横堀강과 가까운 선착장 일각에 오사카 제두관이 개원한 것은 1월 7일의 일이었다.

오전 10시 신위를 모셔둔 제단 앞에 데이사이, 고안, 가쓰민이 나란히 섰다. "오늘은 문하생이 아니니까"라고 데이사이가 말하자, 료사쿠는 제일 상석에 앉았다. 함께 신위 앞에서 절을 한 후 료사쿠가 분묘개관分苗開館의 인사를 했다. 그리고 교토에서 데려온 아이들에

게서 두장痘漿을 뽑아 먼저 료사쿠가, 그 다음에 고안, 가쓰민 순서로
접종을 받고 8명의 아이들에게 접종을 시술했다.

하얀 길

11월도 10일이 지나면서 눈이 오는 날이 많아졌다. 양력으로는 12
월말이었다. 교토도 3센티의 적설을 기록했다.

교토에 온 지 44일, 료사쿠는 이제 모닛케묘를 에치젠에 가져가야
했다.

벌써 후쿠이에서 불러들인 가키야 부부와 아카사카 부부가 각각
아이들을 데리고 숙소에 도착해 있었다. 신중한 료사쿠는 6박 7일의
여행 도중 두묘를 아이로부터 아이에게 옮기면서 돌아갈 계획을 하
고 있었다. 교토에서 접종을 하고 감염이 확인된 두 아이와 부모들을
데리고 일행 13명은 11월 19일 차가운 비가 내리는 날 출발했다. 북
쪽으로 가는 겨울 여행길은 산을 하나씩 넘을 때마다 점점 더 어두워
졌고 추워졌다. 19일은 오쓰에서 묵고, 다음날은 야바세矢走까지 배
를 타고 무사武佐(오미 야하타시)에 머물렀다. 고코쿠湖国의 산들은 벌
써 하얀 눈에 덮여 있었다.

21일 아이치愛知강을 넘어 얼마 가지 않아 길은 눈에 덮이기 시작
했다. 도리이모토鳥居本를 지난 지점에서 길은 나카야마도에서 기타
코쿠도北国道로 진입했다. 이카리伊雁(오미쵸 이카리) 부근에서는 서북
풍이 눈보라를 심하게 날렸다. 아이들을 업은 부모들이 움직이지도
못하고 멈추는 것을 계속 격려하면서 겨우 나가하마長浜에 도착했다.
밤새도록 덧문을 울리는 바람소리가 났다.

22일, 바람은 멈췄지만 도로는 하얀 눈으로 덮여 있었다. 나가하 마를 떠나 조금 더 가면 텐가와天川라는 곳이 나온다. 교토에서 데리 고 온 요시베의 아이에게서 두장을 채취해 후쿠이의 아이들에게 접 종한 후 요시베의 아이들은 돌려보냈다. 요시베의 아이들은 접종 후 7일이 지난 상태라서 두장痘漿을 채취할 수 있었다. 부스럼 딱지보다 확실하게 옮길 수 있었던 것이다.

하야미早見(고호쿠쵸)를 지나면서 눈은 더욱 깊어졌다. 이날은 기노 모토木之本에서 머물렀다. 날이 밝으면 이제 겨우 기타구니北国가도에 서도 제일 힘든 곳, 도치노키栃の木 고개를 넘어야 했다. 요고余吾강 골짜기의 구불구불하게 생긴 좁은 하얀 길을 따라 모닛케묘는 지금 일본해 쪽 지방으로 진입하려 하고 있었다.

야나세柳瀬에는 눈이 1미터 이상 쌓여 있었다. 전날 눈으로 막힌 길이 날이 밝아지면서 비로소 통행이 가능해졌으나 그래도 사람이 지나간 흔적이 있을 뿐이었다.

열이 나기 시작한 3명의 아이들을 안고 가는 7명의 남녀는 기노모 토에서 고용한 남자들을 뒤따라가면서 다시금 오기 시작한 눈 속에 서 첫 고개인 쓰바키椿 고개를 천천히 오르고 있었다. 세차게 불어오 는 눈보라 때문에 앞에 가는 사람의 그림자가 보이지 않을 정도였다.

요시사쿠는 에치젠 사람이라서 에고시江越 국경의 도치노키 고개 의 폭설에 대해 잘 알고 있었다. 그리고 요네하라米原를 지나고 나서 부터 계속 일행을 힘들게 한 이 눈이 본격적인 폭설의 시작인 것도 알고 있었다. 지금 넘지 못하면 봄까지 통행이 두절될지 모른다.

기노모토 숙소에서 아이들의 부모들에게 그 말을 전하고 고개를 넘어야 한다는 것을 납득시키고, 만일을 위하여 각자가 이틀 분의 식량을 가지고 가게 했다. 어렵게 쓰바키 고개를 넘어 나카코치中河內의 마을로 들어갔다. 기노모토의 남자들을 돌려보내고 그곳에서 길 안내자를 고용하려고 했으나 다들 누가 가느냐는 표정을 지어 보였다. 임금을 충분히 주는 조건으로 겨우 사람을 고용했다.

표고 527미터의 도치기노키고개는 적설량이 2미터를 넘었다. 길의 양쪽은 급한 경사로 이상한 소리를 내면서 눈사태가 빈발했다. 일행은 서로 말을 걸면서 격려했고 드디어 국경의 고개를 넘어섰다. 고개는 넘었으나 시간은 벌써 오후 4시를 넘고 있었다. 해가 지기 시작하면서 금세 어두워지기 시작했다. 추위로 감각을 잃은 다리는 조금이라도 긴장을 풀면 눈에 미끄러져 깊은 곳으로 빠지거나 넘어지게 되었다. 온몸이 눈으로 덮여 비틀거리면서 내려가고 있는데 밑에서 등불 2개가 올라왔다. 이들은 일행을 걱정하여 이타도리虎杖95에서 마중 나온 남자들이었다. 반가운 마음에 일행은 소리를 높여 기뻐했다.

다음날은 눈이 그쳤다. 고개를 내려가면 내려갈수록 눈은 거짓말처럼 급속히 줄어들었다. 이마죠今庄에서는 60센티, 유노오湯尾에서는 30센티, 그리고 이마쥬쿠今宿를 넘자 10센티도 안 되었다.

이마죠에서는 미리 연락해 놓은 후츄府中의 의사 사이토 사쿠준齊藤策順 일행이 후츄의 아이 4명을 데리고 기다리고 있었다. 신중함을 잃지 않고 있던 료사쿠는 이곳에서 또 접종을 시도했다.

25일 아침, 후츄의 숙소로 가마가 마중을 나왔다. 공교롭게도 진눈깨비가 섞인 날씨였으나 히노日野강 골짜기는 쉽게 통과했고, 후쿠이까지 남은 길은 20킬로 남짓이었다.

---

95 현재 板取.

이렇게 1849년 11월 25일 모닛케 묘는 북국의 성 주변 마을까지 전해졌다. 료사쿠가 번의 허가를 받아 개원한 제두관 터에는 지금 지방검찰청이 서 있다.

전쟁으로 마을의 93%가 타고 이어 발생한 매그니튜드 7.3의 지진으로 후쿠이시福井市에는 에도 시대의 건물이 거의 남아 있지 않다.

하루야마마치春山町 1쵸메, 검찰청 건물 부지의 한 구석에 있는 하나의 석비와 향토역사관에 보관되어 있는 종두용 도구, 우두묘를 가져왔을 때의 일기『전경록戰競録』만이 130년 전의 한 의사의 고전분투를 이야기하는 유물이다.

나가사키 데지마
네덜란드상회의 문양

나가사키 데지마의 지도

예도마치에서 본 데지마

참고자료

『우두소고』 나라바야시 소켄

『백신두용왕래』

『전경록』 가사하라 요시사쿠

『근세명의전』 마쓰오 고조

『일본질병사』 후지카와 류 (도요문고)

『시볼드선생』 구레 히데조 (도요문고)

『서양의술전래사』 고가 쥬니로

『사키요논고』 와타나베 고스케

『사가시사』

『신수후쿠이사』

『후쿠이현 의학사』

질풍노도의 항로

즈이켄瑞賢의 성장

나룻배는 이미 출발하고 있었다. 제방을 뛰어내려온 쥬에몽十右衛門은 양손을 흔들었지만, 사공은 한 번 힐끔 뒤돌아봤을 뿐 개의치 않고 노를 저었다.

"에이! 한 발 늦었네."

좀 배를 돌려서 와 주면 좋을 텐데 라고 생각도 했지만, 거지꼴을 한 초라한 자신의 모습을 보면 그것도 무리가 아니지 라고 생각하며 쥬에몽은 쓴웃음을 지었다.

제방을 뛰어내려온 탓에 땀이 흘렀다.

음력 7월 16일 한낮의 뜨거운 햇볕 아래 강가의 돌멩이는 뜨거웠다. 사가미와 무사시의 경계를 흐르는 다마多摩강을 건너면 이제 곧 에도였다.

제방에 있는 밤나무의 그늘 밑에 있으니 조금은 시원해졌다. 풀숲에서 하늘을 보고 누운 쥬에몽은 에도 하늘에 떠 있는 하얀 구름을 멍하니 바라보았다.

불과 나흘 전에 에도를 떠난 것이 아주 먼 옛날의 일처럼 느껴졌다.

"이렇게 빨리 돌아올 줄은 몰랐다……. 그러나 그 노인의 말은 큰 도움이 되었다. 에도는 유년시절 정착했던 곳. 이제부터가 진정한 도시이다."

그 노인과 쥬에몽은 오다와라의 한 여인숙에서 만났다.

쥬에몽이 에도에서는 별 희망이 없어 교토에 가서 새롭게 사업을 일으킬 생각이라고 말하자, 노인은 측은한 듯이 쥬에몽을 쳐다보았다. 그리고 "에도는 젊은이들의 도시인데 자네는 적응을 못하는가?"라고 했다.

그 말은 마치 그런 연약한 패잔병이, 인색하고 닳고 닳은 교토에 가면 성공하리라고 생각하고 있느냐 라는 질책과 조소가 섞인 듯 느껴졌다.

쥬에몽은 그 자리에서 에도로 돌아갈 결심을 한 것이다.

쥬에몽은 이세伊勢 와타라이군渡会郡 도구무라東宮村에서 태어났다. 간에이(寬永, 1624~1644) 7년(1630), 13세 때 에도로 상경하여 어느덧 10년이 지났다. 그동안 쥬에몽은 필사적으로 일을 했다.

몸을 의탁한 먼 친척 집이 아사쿠사에서 짐수레 관련 운반업을 관리하고 있어서 쥬에몽도 수레꾼 일을 했다. 건설이 한창이던 에도는 노동력을 많이 필요로 했기 때문에, 일을 하면 그럭저럭 생활하는 데는 어려움이 없었다. 그러나 그 이상의 것은 아무것도 없었다.

"이런 식으로 살다가는 나이만 먹지. 나도 이제 22살이다. 허둥지둥할 때가 아니야."

이러한 초조함과 조바심이 쥬에몽을 에도로부터 탈출하게 했던 것이다.

쥬에몽은 풀잎을 씹으며 생각했다.

"이제부터는 장사를 해야 한다. 뭐니 뭐니 해도 장사가 성공의 지름길이다. 그런데……."

가진 돈은 불과 3보(步=分)[96]도 채 안 되었고, 그것만 가지고는 장사는커녕 에도로 돌아가면 순식간에 없어질 것이었다. 그런데 어찌 된 일인지 여기까지 생각하고는 늘 생각이 꽉 막혀버리는 것이었다.

고민스러운 얼굴 위로 날아온 파리를 쫓는 사이에 수건의 땀 냄새가 코를 자극했다.

"어쨌든 수건을 빨아 얼굴이나 닦고……."

우선 할 일이 생각난 그는 가벼운 발걸음으로 강으로 내려갔다. 물은 벌써 가을 기운을 느끼게 하려는 듯 차가워져 있었다. 그 상쾌한 차가움을 느끼며 수건을 빨고 있으려니 손끝 쪽으로 뭔가가 떠내려 왔다. 짧은 대꼬치를 꼽아 말 모양을 만든 가지였다. 그러고 보니 어제가 15일이었다. 저승으로 가는 죽은 자의 혼을 보내기 위해, 오이나 가지에 대꼬치를 붙여 말 모양을 만들어 16일 아침 강으로 띄워 보내는 풍습이었다. 잘 살펴보니 그렇게 오이나 가지로 만든 말들이 강기슭 물웅덩이에 여러 개 떠 있었다.

"그렇다고는 해도 아깝다. 먹을 수 있는 것을."

바로 그때 쥬에몽의 머리를 스치는 것이 있었다.

'그 부근의 거지들에게 돈을 주고 가져오게 하고, 아는 사람에게 낡은 통을 빌려다가, 모은 오이, 가지를 소금에 절여 건축 공사장에

---

[96] 1兩=4步

다가 매일 그것을 판다.'(오키나쿠사翁草)

때는 간에이 말, 에도 전체에 건축 공사 망치소리가 끊이지 않았던 시기였다. 쥬에몽의 생각은 들어맞아, 공사장 일용직으로 드나드는 자들은 일단 싸고 간이 된 쓰케모노漬物를 점심 반찬으로 샀다. 원료 매입에 거의 돈이 들어가지 않았기 때문에 돈 벌이는 심심치 않았다.

쥬에몽 이후에 가와무라 즈이켄(河村瑞賢, 1688~1699)은 사람들이 버린, 죽은 자의 공양에 쓰인 오이와 가지로 출세의 실마리를 잡았다.

이 이야기는 가미사와 데칸(神沢貞幹, 1710~1795)의『오키나쿠사』에 나온다.『오키나쿠사』는 데칸이 교토 마치부교町奉行의[97] 히가시구미 보좌역에서 은퇴한 후, 모든 책자를 섭렵하여 자료를 베끼기기도 하고 자신이 보고 들은 것을 보충하여서 저술한 것이었다. '가와무라 즈이켄의 성립에 대해서'라는 부분도 무언가에서 옮겨 기록한 것이라고 생각되지만 그 원본은 명확하지 않다.

즈이켄의 생애를 뒷받침하는 자료는 극히 드물어, 그가 죽은 후 2개월이 지난 겐로쿠 12년(1699) 8월에 상속자 미치아키通顕가 가마쿠라의 겐쵸지建長寺에 세운 묘비문이 신뢰할 만한 유일한 것이라고 해도 될 것이다.『오키나구사』는 반세기 후에 이미 반은 전설화된 즈이켄의 일화를 모아 엮은 것인데, 이다 다타히코(飯田忠彦, 1800~1860)의『야사野史』등도 여기에 근거를 둔 듯하다.

묘비문에 따르면, 가와무라가河村家는 후지와라노 히데사토藤原秀郷의 핏줄을 이은 집안으로 사가미의 하촌河村에 살았기 때문에 그곳의

---

[97] 에도 시대에 에도·교토·오사카·나가사키 등의 큰 도시의 행정·사법·경찰 등을 관장하였고, 특히 도시 행정을 관할하여 소송도 맡았다.

지명을 따서 성으로 했다고 한다.

히데사토秀郷부터 따져서 11대 째인 히데키요秀清는 미나모토노 요리토모(源賴朝, 1147~1199)를 따라 오슈奧州 정벌에 임했으며 나중에 이세로 옮겨와 살게 되었다. 그 후 대대로 기타바타케北畠 씨를 섬기고 있었는데 덴쇼(天正, 1573~1592) 18년(1590)에 마사후사政房는, 가모 우지사토(浦生氏郷, 1556~1595)를 따라서 오슈로 갔으며 노후에는 이세로 돌아갔다. 그의 아들인 마사지政次는 칩거하여 섬기지 않았고 '미미한 존재는 나서지 않는다微而不顯'라고 되어 있었다. 이 사람이 바로 즈이켄의 아버지였다.

즈이켄은 겐나 4년(元和, 1618) 2월에 와타라이군의 남쪽 끝에 있는 구마노熊野 바닷가에 면한 한적한 마을 도구東宮(현 난토쵸南島町)에서 태어났다. 기이紀伊·이세 오십오만 석의 기슈번이 출현하기 정확히 일 년 전이었다.

메이레키明曆의 큰 불

겐쵸지의 묘비명에는 써 있지 않지만, 『오키나구사』에는 에도에서 있었던 즈이켄의 일화가 두세 편 더 들어 있다.

건축공사장普請場에 드나들면서 쓰케모노 장사를 하는 동안 즈이켄은 관료들의 눈에 들어 일용직 책임자로 일하게 되었다.

그리고 모은 돈으로 서민층이 사는 동네에 당당하게 점포를 빌려 깨끗하게 손질을 하고 이웃사람들과 동네 유지에게 크게 대접했다. 일을 대신 해 주기도 하고 모든 일에 솔선하는 모습을 보였기 때문에 사람들은 즈이켄을 대단히 유복한 상인일거라고 생각했겠지만 실제로 즈이켄의 주머니는 자주 텅텅 비어 있었다고 한다.

이르거나 늦거나 하는 차이는 있지만 일생을 살아가노라면 바로 이때라고 생각되는 기회가 한 번은 찾아온다. 그때 그 기회를 살리느냐 못 살리느냐에 따라 그 사람의 성공여부가 정해지는 것이다.

즈이켄에게 가장 큰 기회는 40세 되던 해에 왔다.

메이레키 3년(1657) 정월 18일 오후 2시 경, 혼고 5쵸메 뒤쪽에 있던 혼묘지本妙寺에서 불이 났다. 이 불은 하필 그때 불어오던 강한 서북풍 때문에 더욱 거세져 에도 마을 전체를 한 번에 휩쓸었다. 『무사시아부미武蔵鐙』에 따르면 거대한 재산을 가진 무사의 저택만 해도 오백여 채가 탔고, 하타모토旗本[98] 집까지 포함하면 천여 채가 넘는 가옥이 피해를 입었으며, 다 타버린 것이 오백여 정町, 사망자가 십만 이천여 명이나 발생했다고 한다. 흔히 말하는 후리소데카지振袖火事[99]가 바로 이때의 큰 화재였다.

사상 최악의 대화재를 지켜본 즈이켄은 처자를 피난시키고, 자기 집은 타거나 말거나 놔둔 채, 십 량 남짓의 돈을 끌어 모아 밤낮을 달려 기소木曽로 갔다. 큰 화재가 지나가고 난 뒤에 올 건축 수요를 미리 예측하고 기소의 재목을 몽땅 사들일 결심을 한 것이었다.

즈이켄에게는 신원을 보증해 줄 만한 것이 아무것도 없었다. 현금도 몇 푼 안 되었다. 그래서 즈이켄은 가장 큰 목재 도매상을 이용하려고 목표를 정했다.

집 앞에서 놀고 있던 그 집 아이를 본 즈이켄은 아이에게 얇은 엽전 세 닢에 칼로 구멍을 뚫고 노끈을 꼬아 엽전을 엮어 장난감이라며

---

[98] 5천~1만석의 중간급 무사.
[99] 싹쓸이 화재.

건네주었다. 흔들어 보니 맑은 소리가 났다. 아이는 좋아라하며 집으로 뛰어 들어갔다.

그 뒤를 따라 들어간 즈이켄은 대공사의 하청을 맡았기 때문에 대량의 목재가 필요하다. 대금은 고용인이 가져올 예정인데 우선 선수금을 지불하러 왔다고 말했다. 풍채를 보니 수려한데다 엽전을 아이의 장난감으로 건네줄 정도이니, 이 사람은 대단한 재력가임에 틀림없다고 생각한 도매상 주인은 두말하지 않고 목재를 팔기로 했다.

즈이켄은 그 집의 목재를 남김없이 사들이기로 인장을 찍고, 소개를 받아서 다른 도매상의 목재까지 묶어두었다.

한편 에도에서는 불탄 자리에 집을 짓느라고 재목이 부족했다. 목재상마저 몽땅 타버렸으니 그럴 수밖에 없었다. 복구 작업은 정체 상태가 되었고 목재 값은 천정부지로 급등했다.

에도의 목재 도매상들은 서둘러서 앞 다투어 기소를 찾았지만 거기서 그들이 본 것은 가와무라河村 인장이 찍힌 재목들뿐이었다. 에도에서의 수요는 촌각을 다투었다. 도매상들은 발을 구르며 속상해하면서도 즈이켄이 부르는 일방적인 가격을 지불할 수밖에 없었다. 즈이켄은 이때 수천 량을 벌었다.

즈이켄은 이리하여 일약 에도의 대사업가로 부상했다. 레이간지마靈岸島에 거대한 저택을 지어 많은 고용인을 거느리게 되었다. 그는 수중에 들어온 돈은 그대로 잠재워 두지 않았다. 적재적소에 돈줄을 활용하여 막부의 관료들을 제압하는 것 또한 잊지 않았으며 수족처럼 움직여 줄 인재를 가까이 두고자 노력했다.

막부 내각으로의 접근 방법은 맹렬하여, 당시 노년층이나 중장년층에게는 거의 빠짐없이 손을 써 두었던 듯하다.

단 한 사람 오다와라의 팔만오천 석 노인 이나바 미노슈 마사노리(稲葉美濃守正則, 1623~1696)에게만은 다가갈 기회가 보이지 않았다.

즈이켄은 마사노리가 하코네산 기슭의 시요타이지紹太寺를 보다이지로 하고 있다는 정보를 얻은 후, 커다란 동으로 만든 연꽃 모양의 쵸즈바치手水鉢[100]를 절에 기증했다. 노골적이라고 하면 그럴 수도 있겠으나 마사노리의 마음이 열리지 않을 리가 없었다. 적당한 기회를 포착하여 예의를 갖춰 인사를 했다고 한다.

건설이 한창이던 시절에 에도의 공공사업 수장을 단단히 붙들었으니 이 이상의 호재는 없었다고 할 수 있다. 하지만 아무리 연고를 이용해서 일을 따낸다고 해도 결과가 좋지 않으면 오래 갈 수 없는 일이었다. 그 점에서 즈이켄은 대단히 뛰어난 감각을 지니고 있었는데 기회를 살려서 다른 사람들이 생각하지 못하는 수완을 일을 통해서 보여주었다.

시바芝의 조죠지增上寺에서 범종이 떨어지는 큰 사건이 있었다. 종을 잘못 매달아서 칠 때마다 조금씩 내려오던 것이 결국엔 떨어져버린 것이다.

원래대로 끌어 올려서 다시 매달아야 한다고 얘기가 진행되어 입찰을 했는데 즈이켄이 낸 입찰 액수가 다른 사람에 비해 반액 이하로 싼 가격이었다. 디딤 터를 만들고 많은 인원을 동원해야 하는 일이었으므로 다른 업자들은 모두 어이없어하며 돌아갔다.

어떻게 할 요량인지 모두 주목하고 있었는데, 즈이켄은 이 삼십 명의 인원을 데리고 조죠지에 나타나서는, 절에서 가까운 쌀집에 사람을 보내 쌀을 많이 사려고 하니 가마니 채로 절까지 운반해 주도록

---

[100] 참배자가 손을 씻는 물통.

했다. 그리고 쌀가마니가 모이자 그것들을 종 주변에 놓게 한 후, 종을 조금씩 들어 올리면서 쌀가마니를 밑으로 밀어 넣어 아무 탈 없이 원래의 높이까지 들어 올리게 되었다.

일이 다 끝나자 디딤 터로 썼던 쌀가마니는 각각 한 말 정도의 쌀값을 더 쳐서 계산하여 차액만 거래 수수료로 계산해 주고 모두 쌀집으로 돌려보냈다. 거짓말 같은 비용으로 겨우 5, 6시간 사이에 범종을 매달아 보였던 것이다.

『오키나구사』는 이 일화 외에도 조죠지의 기와를 바꿔 입히는데 연을 날려 지붕에 줄을 걸치고 줄사다리를 만들어 사용한 일화를 소개하고 있다.

모두 즈이켄의 기지를 다룬 재미있는 이야기다.

간분 11년(寬文, 1671) 54세의 즈이켄에게 막부는 일본해의 항로를 체계화하라는 대대적인 사업을 명했다. 즈이켄은 이 사업에서 타고난 기민함과 면밀함으로 신중한 계획성을 십분 발휘하여 모두에게 보여 주었다. 한 고을의 사업가에 지나지 않던 즈이켄이 역사에 불후의 이름을 남기게 된 것은 이 대사업을 성공시켰기 때문이다.

오사카 상행 선박

1580년 에도만의 일각에 건설된 정치도시 에도는 해를 거듭하면서 대단한 기세로 소용돌이치듯 계속 팽창해 가더니 즈이켄의 시대에는 인구가 60만을 넘을 정도가 되었다.

교토는 팔백칠십여 년의 세월에 걸쳐 성장했으며 당시 인구는 약 사십만 명 정도였다. 그것을 훨씬 능가한 대도시가 시간으로 따지면

십분의 일인 팔십수 년 사이에 출현한 것이었다.

내륙 쪽 지방은 아직 미개발지인 들판이 많았기 때문에 생활에 필요한 모든 물자는 '천하의 주방'이라고 불리는 오사카를 거쳐서 올 수밖에 없었다. 넓은 지역 에도의 유통 구조가 아직 충분히 정비되지 않은 상태였으므로 60만 인구가 먹고 사는 일은 위정자에게 있어서는 실로 머리가 아픈 일이었다.

당시의 운송 방법이라는 것은, 육로를 이용하여 말馬에 실어 나르거나, 해로를 따라 배로 실어 나르는 두 가지 방법밖에 없었다.

예를 들어 천 석의 물량이라면 천이백오십 마리의 말이 필요했다. 마부가 한 사람씩 붙어야 하니까 사람도 천이백오십 명이 동원되었다. 오사카에서 에도까지는 어림잡아 125리, 순조롭게 이동을 한다고 해도 보름은 걸렸다. 현실적으로 125리를 한 사람이 한 마리의 말로 계속 이동하는 것은 불가능한 일이므로 숙박지에서 옮겨 싣는 작업을 해야만 하는 등 실로 엄청난 비용과 번거로움이 따르는 것이었다.

그런데 같은 천 석의 쌀을 해로를 이용해서 운반할 경우에는 쌀 천 석의 무게 약 50톤을 실을 수 있는 배만 한 척 있으면 충분했다. 선장 외에 15명 정도의 사람이 타고, 도중에 옮겨 싣거나 할 필요도 없이 열흘 정도만 걸리면 되었다. 비교할 수도 없을 만큼 효율적이었다.

그런 까닭에 간사이 지방의 물자는 거의 배를 통해 오사카로 운반되었고, 이것을 다시 에도로 실어 날랐다. 그런데 문제는 오우奧羽의 일본해 측에 있는 지방이었다.

막부가 즈이켄에게 명한 것은 데와出羽 모가미군最上郡에 위치한 덴료天領에 있는 쌀을 에도로 가져오라는 것이었다.

일본해 측의 항로도 일찍부터 열려 있기는 했다. 호쿠리쿠 지방의 쌀은 전부터 쓰루가郭賀나 오바마小浜에서 하역 작업을 했다. 거기에서 육로를 따라 비와호 북쪽 기슭으로 나온 후, 호수를 건너는 배를 이용하여 오쓰로 옮기고 다시 육로를 통해 오사카로 운반했다. 이것이 당시의 가장 효율적인 경로였다.

즈이켄은 일본해의 전통적인 항로라고 생각되었던 이 코스를 버렸다. 그리고 데와의 사카다酒田항에서 혼슈의 최서단인 시모노세키를 돌아 세토나이카이瀨戸内海를 오사카 쪽으로 빠져나간 후, 다시 태평양 연안을 따라 에도로 가는, 어처구니없는 장거리 해상 수송을 생각해낸 것이었다. 이것이 소위 '서쪽회선' 항로였다.

성공하면 일본의 해운 사상 획기적인 쾌거인 셈이었다.

하지만 즈이켄이 서쪽회선 수송을 처음으로 생각해낸 것은 아니었다. 가가번加賀藩에서 이미 극히 작은 물량이기는 하지만 1639년에 이것을 시험했다.

막번幕藩 체제가 정비되자 다이묘들은 산킨고타이參勤交代 제도 때문에 일 년 간격으로 에도에서 생활을 해야만 했다. 이 도시에서의 소비생활과 왕복 여행 경비는 자비부담이었으며, 막대한 액수였다. 게다가 그 비용은 쌀로는 지불할 수가 없었다. 어쨌든 지폐가 필요했다. 다이묘들은 자신의 영지에서 생산한 쌀을 전국 시장의 중심지인 오사카로 보내서 거기서 화폐로 바꾸는 수밖에 없었다. 이 역시 수송이 큰 문제였던 것이다.

가가번에서는 덴쇼 이래에 쓰루가, 오쓰 코스를 택해서 물자를 오사카로 옮기고 있었다. 쓰루가의 다카시마야高嶋屋, 오쓰의 히시야菱屋 등이 그 일을 독점하고 있었는데, 이 코스를 택하는 한 어쩔 수 없이 배에서 말로 세 번을 옮겨 싣지 않으면 안 되었다. 그때마다 짐도 상했고 비용도 막대했다.

증산정책에 심혈을 기울이던 3대 번주 마에다 도시쓰네(前田利常 1594~1658)는 해난의 위험도는 높지만 비용이 들지 않는 서쪽회선의 수송에 눈독을 들였던 것이다.

1637년 미야코시宮腰항을 출발한 가가번의 쌀을 실은 배는 풍랑의 일본해를 건너서 무사히 오사카에 입항했다. 겨우 백 석밖에 싣지 않았다 하니 작은 배였음에 틀림없었다. 하지만 이 작은 배야말로 훗날 바다의 대동맥이 될 서쪽회선 항로의 제 일선이었던 것이다.

즈이켄은 서쪽회선 항로의 개발에 착수하기 2년 전에 오슈 시노부 군信夫郡의 덴료의 쌀을 에도까지 수송하는 임무를 맡아 훌륭하게 성공시켰다.

이것은 '동쪽회선' 항로의 일부분에 지나지 않았지만 지금까지 힘들었던 항로도, 신중한 계획과 주도면밀한 준비만 갖춘다면 안전하다고 하는 것을 입증시킨 것이었다.

이러한 최근의 경험이 있고, 또 가가번에서 성공한 예도 있기는 했지만 그래도 사카다에서 서쪽회선으로 에도까지라고 하면 2900킬로가 넘는 초장거리 수송이었으며, 혼슈를 대략 3분의 2주周하는 셈이었다. 게다가 화물이 관미官米였으니 만일 실패할 경우에는 공들여 쌓은 즈이켄의 오늘날이 하루아침에 한낮 꿈으로 사라져버릴 게 뻔했다. 즈이켄만한 인물에게 있어서도 역시 생애에 단 한 번 있을 대모험임에 틀림이 없었다.

즈이켄은 이 대사업에 착수하기 전에 실로 면밀한 조사를 시행했다. 우선 항로의 연안 전역에 사람을 파견하여 해로海路의 상태, 날씨에 대한 통계, 항만의 설계 등, 손에 넣을 수 있을 만큼 정보를 입수하도록 했다. 그리고 그 보고 내용을 종합하고 검토하여 절대적으로 확신이 갈 때까지 계획을 다지고 또 다졌다. 결국, 모험을 모험이 아니도록 하는 일에 전력을 기울였던 것이다.

즈이켄의 사업은 이제까지 연안의 단거리 사이에 한정되어 있었던 해운을 조직화하여 장거리로 넓혀가는 일이었다. 그 때문에 사도佐渡의 오기小木, 노토能登의 후쿠우라福浦, 단바但馬의 시잔紫山, 이와미石見의 유노쓰溫泉津, 시모노세키, 오사카, 기이의 오시마大島, 이세의 호자方座, 시마志摩의 안노리安乘, 이즈의 시모다의 열 곳의 항구를 기항지로 정하고, 거기에 업무장立務場을 설치하여 수송선의 정비를 맡도록 수배했다.

배는 견고한 시와쿠선塩飽船을[101] 많이 사용하기로 결정했다. 나중에 '도토리 배'라고 불리게 되는 동체가 부풀은 기타마에선北前船은 배 밑바닥의 양측에 튼튼한 목재를 써서 위험한 풍랑에 견딜 수 있도록 고안된 것이었다.

종래의 회선回船은 한 번의 항해에 다량의 물자를 운반하기 위해, 하물을 적재할 때 가능한 많이 쌓았기 때문에, 한 번 거친 풍파를 만나면 순식간에 조난 사고를 일으켰다. 즈이켄은 엄중히 화물의 적재량을 규제하고 숙련된 상급 승무원을 뽑도록 했다.

이리하여 만반의 준비를 갖춘 후에 1672년 3월, 즈이켄은 드디어 에도를 출발하여 출항지인 사카다로 향했던 것이다.

---

101 세토나이카이瀬戸内海 중부 제도, 해운의 요지였음. 해운업 종사자가 많음. 그곳에서 건조한 배를 일컬음.

노도의 항로

시라부다카유白布高湯의 안쪽에서 시작되는 계류는 오키타마置賜, 무라야마村山의 강물이 모여 점차로 많아지다가 마지막에 데와 구릉을 횡단하여 쇼나이庄內 평야를 천천히 흘러 일본해로 들어간다.

이것이 모가미最上강.

그 우젠羽前, 우고羽後의 모태가 되는 강의 성장을 쫓아가면서 약 일주일간 여행을 하여 하구의 사카다시酒田市에 도착한 것은 10월 말경이었다.

겨울이 근접함을 알리는 한랭전선이 통과한 사카다는 이따금 돌풍이 불고 소나기가 많이 내렸다.

사카다는 전국시대의 말경부터 '지방교통의 중심지'로 번창했던 항구도시였지만, 서쪽회선 항로가 성립된 후에는 바다와 강 두 개의 해운 중심지로서 비약적인 발전을 이루었다.

이하라 사이카쿠(井原西鶴, 1642~1693)의 『일본에이타이구라日本永代藏』는 서쪽회선 항로가 만들어지고 16년 후인 죠쿄(貞享, 1684~1688) 말에 간행된 것인데, 그 작품에는 7번의 구라야도藏宿(창고업)를 하던 가이센돈야[102] 아부미야廻船問屋鐙屋 등의 번창하는 모습이 생생하게 묘사되어 있다. '북쪽 지방 제일의 쌀 매입'이라고 일컬어지는 이 아부미야鐙屋는 막부 말기에 한 번 화재를 당했지만, 지금도 나카쵸中町 1쵸메에 에도 시대의 회선廻船 도매업상의 자취가 남아 있다.

아부미야를 비롯해서 가가야, 우에바야시上林, 혼마本間, 등의 100여 곳이 넘는 큰 도매상과 소매상이 운집해 있던 사카다는 그야말로

---

102 화물운송 위탁업.

'쌀의 도시'였다. 항구에는 항시 수십 척에서 백 척을 넘는 배가 쌀을 실어 나르기 위해 대기하고 있었다.

히요리日和산 공원에 올라가면 사카다항이 눈 아래로 펼쳐진다. 하구의 천연항天然港이었던 이 항구는, 모가미강에서 떠내려 오는 토사의 침적에 끊임없이 시달리고 있기는 했지만 재래선 시대의 일본 해안에서는 손꼽히는 큰 항구였다.

지금은 콘크리트의 긴 방파제가 강을 세로로 나누어 항구와 구분 짓고 있다. 그 좁고 긴 수로의 기슭에 많은 크레인과 창고가 보이고 그곳에서 둔탁한 음이 울려 퍼진다.

여기에서 보는 모가미강는 더 이상 움직임도 없는 듯 평평해 보이는 물의 평원이다. 엷은 백색으로 빛나는 그 평원의 끝자락, 바다인지 강인지 알 수 없는 곳에 흰 파도가 보이고 대하의 끝은 장대하면서 모호하기까지 하다.

바람이 부는 대로 돛대가 가는 대로 하던 일본식 선박 시대(재래선 시대), 배는 항구에서 '순풍 대기'를 하는 일이 일반적이었다. 때로는 열흘 넘게 순풍이 부는 때를 기다리는 일도 있었다. 그런 때, 선장들은 항구에서 가까운 야트막한 언덕에 올라 구름이 가는 모양을 관찰하고 일기의 변화를 예측했다. 히요리산은 그렇게 하여 날씨日和를 예측했던 언덕이며, 같은 이름을 가진 언덕은 시마의 도바, 노토熊登의 후쿠우라 등, 여러 형태로 남아 있다.

항구를 내려다보는 일각에 방향석이 마련되어 있다. 12간지干支로 방위를 새겨 넣은 원형의 이 돌은, 옛 사카다의 번영을 말해 주는 몇 안 되는 유물 중의 하나이다.

바로 밑에 있는 송림 중간쯤에 서양식 목조 등대가 흰색 자태를 보인다. 1889년에 건조된 육각형의 이 등대는 1959년까지 등댓불을 밝히던 곳이다.

이 히요리산 꼭대기에 '즈이켄구라瑞賢倉'가 설치되어 있다.

쇼나이번莊内藩의 가토 마사쓰구加藤正従가 집성한 사료집 『게이로쿠헨鶏肋編』에는, 즈이켄이 하향했던 때의 문서가 수록되어 있으며, 그해 1672년 서쪽회선으로 처음 선박을 떠나보내려 하던 당시 사카다의 긴장된 분위기가 간결한 문체를 통하여 생생하게 느껴진다.

데와의 노베사와延沢, 우루시漆산, 오大산의 관미官米를 즈이켄의 손으로 에도까지 수송하게 한다는 내용의 서류가 쓰루오카鶴岡에 도착한 것은 아직 솔잎도 나오기 전인 정월 9일의 일이었다. 서류는 즉시 사카다 마치부교 나카다이 시키우에몽中台式右衛門의 손으로 넘겨졌다.

서류에 의하면 수송되는 관미는 예전처럼 고을 창고에 넣지 말고 야적野積[103]할 것, 그리고 그 장소와 적재 방법은 즈이켄의 고용인이 상세히 지시할 것임, 이라고 되어 있었다. 고을 창고를 피하는 이유는 만일의 화재에 대비하기 위한 것이었다.

정월 17일, 즈이켄의 고용인 구모즈 로쿠헤雲津六兵衛가 사카다에 나타났다. 로쿠헤는 회선 도매업상 가가야구자에몬九左衛門 집에 숙소를 정하고 사방을 검토한 끝에 히요리산에 야적창고를 설치하라고 지시를 내렸다.

정월 시작부터 사카다 마을에는 대소동이 일어났다. 21일에 지령이 떨어져 2월 중순경까지는 완성을 시켜야만 했다. 돌발 공사였다. '즈이켄 창고 건축'이라는 기록이 남아 있다.

---

103 밖에다 쌓아 놓는 것.

이해에는 늦추위가 기승을 부려서 2월 초가 되어도 눈보라 치는 날이 계속되었는데, 매년 천이삼백 명의 인원이 동원되어 밤낮을 가리지 않고 공사에 임했다.

즈이켄이 생각해낸 야적창고는, 동서 약 83칸, 남북 약 53칸의 부지에 토방을 만든 후 넓은 공간에 목책을 둘러치는 것으로, 히요리산에는 그 옛터가 보존되어 있다.

간신히 완성시키고 나서 한숨 돌릴 틈도 없이 2월 24일에는 모가미강로 실어 날라 온 관미官米의 첫 번째 편이 도착했다. 급히 부지에 목재를 깔고 그 위에 쌀가마니를 쌓은 후, 비를 맞지 않도록 위에 깔개를 덮었다. 그날부터 화재 감시원이 한눈팔지 않고 보초를 섰다.

관미는 계속해서 도착했고 히요리산의 일각에는 쌀가마니로 산이 만들어졌다. 실로 장관이었을 것이다.

즈이켄이 장자인 덴쥬로 마사토모伝十郎政朝와 많은 고용인들을 이끌고 에도를 출발한 것은 음력 3월의 중순, 벚꽃 봉오리가 꽃망울을 터트리기 시작할 즈음이었다. 일행은 56명이었다고 기록되어 있다.

4월 8일, 즈이켄 일행의 사카다 도착이 전해지자 사카다 마을의 노인들은 도중까지 마중을 나갔다. 즈이켄은 마상에서 내려와 인사를 나누었다.

일행은 가가야로 들어갔다. 한참 휴식을 취하고 여독을 풀었을 즈음에 마치부교와 공사를 담당한 무사 3명이 깍듯이 의관을 갖추고 찾아왔다. 조정의 관미를 한 손에 책임진 즈이켄의 위풍당당함은 참으로 대단했다.

야적창고에는 다섯 개의 나무로 된 문이 만들어져 있었다. 그 문을 통해 드디어 관미가 운반되는 것이었다. '관미선官米船'이라고 쓴 돛을 바람에 펄럭이는 범선을 보기 위한 사람들의 행렬이 개미처럼 왔다 갔다 했다.

이렇게 하여 5월 2일, 일본해 항로의 여명을 알리는 역사적인 서쪽 회선 제1호가 사카다항을 출범했다.

히요리산에 서서 망망한 바다의 아스라한 저편으로 사라지는 범선의 그림자를 바라보며 즈이켄은 아마 어떤 염려도 하지 않았을 것이다.

제일 힘들었던 단계는 이미 끝났다. 배는 안전하고 확실하게 에도에 닿지 않으면 안 된다.바람과 조수의 정도에 따라 다소 시간의 차이는 있으나 배가 어느 항구에 몇 월 며칠에 들어가는지를 거의 정확하게 맞출 수 있을 만큼 즈이켄은 주도면밀한 계획과 준비를 갖추고 있었던 것이다.

발상과 투기의 재치로 급부상했던 한 고을의 사업가가 자신이 가지고 있는 최대한의 힘을 발휘하여 당당하게 정면 대결한 결과가 이 서쪽회선 항로의 개발이었다.

즈이켄은 조사, 조직, 그리고 더없는 완벽함을 바탕으로 다른 사람이 생각할 수 없었던 대사업을 훌륭하게 실현해 보여준 것이었다.

즈이켄은 그 후에도 사카다에 머물면서 지휘를 담당했고 마지막 범선의 출항을 배웅하고 나서 5월 10일에 사카다를 떠났다.

일행 56명은 홋코쿠가이도北国街道를 남으로 내려갔다. 어디까지나 신중한 즈이켄은 호쿠리쿠에서 산의 북쪽과 남쪽, 그리고 회선이 정박하는 항을 현지에서 둘러본 것이었다.

시모노세키에서 규슈로 건너 나가사키까지 연장하고, 귀로歸路는 항로航路를 택하여 세토나이카이를 거쳐 오사카로 갔다. 그리고 새카

맑게 그을린 즈이켄 부자가 가을바람이 부는 에도로 돌아왔을 때, 그들을 기다리고 있던 것은 막부 내각과 에도 시민들의 환영의 갈채 소리였다.

사카다를 떠난 관미선은, 약 2900킬로나 되는 항로에서 단 한 척의 배의 손상도 없이 무사히 모두 에도에 도착했던 것이다.

신비의 기타마에선北前船

즈이켄이 닦아놓은 서쪽회선 항로는, 에도 시대부터 메이지 시대의 중반까지 광역 경제의 대동맥의 하나로 기세를 떨쳤다.

땅딸막한 축선이 위로 치켜 올라간 '기타마에선'이 이 항로를 왕복했다. 기타마에선은 게이한의 술, 면, 종이, 설탕 등을 싣고 일본해를 북으로 향해서 갔다가, 홋카이도의 청어절임, 청어알, 다시마 등을 싣고 돌아왔다.

기타마에라고 하는 것은, 산요山陽 세토나이카이 지방에서 주로 쓰던 명칭으로 호쿠리쿠에서 오우奧羽 근방에서는 '베자이선弁才船'이라고 불렀다. '北前(기타마에)'는 '北米(기타마이)'의 와전이라는 설이 있으며, 배가 항상 북쪽을 향해 나아갔기 때문이라는 설도 있다.

예전에는 25필의 돛을 올리고 일본해를 쾌속 질주하던 기타마에선船이었지만, 1897년경을 기점으로 갑자기 모습을 감춰버려서 지금은 전혀 볼 수 없는 '신비의 배'로 기억되고 있다.

그 자취를 쫓아서 노토 반도에서 호쿠리쿠연안의 항구를 둘러본 일이 있었다. 기타마에선船의 고향이었던 이 지역에는 아직 몇 개인가 그 잔영이 남아 있는 것을 느꼈지만, 그것은 너무나 미미해 별 의

미가 없었다.

와지마輪島에서는, 구라시마倉島의 오쿠쓰히메奥津比咩 신사에 커다란 모형이 있는 것을 보았다.

몬젠마치門前町의 니기시饒石문고에는 판자에 그려진 설계도가 있었다. 이러한 설계도는 선박을 만드는 목수가 참고로 그려두는 것이어서 배의 건조建造가 끝남과 동시에 지워버리기 때문에 남아 있는 일은 거의 없다고 들었다.

같은 몬젠마치의 옛집에서는 돛과 제등提燈을 보여 주었다. 검은 우단(비로드)으로 감싼 기다란 베개처럼 생긴 것으로, 선박의 이름을 금색으로 수놓았고 그 위에는 방울이 달려 있다. 계속 흔들리는 배 안에서 양초로 된 등롱을 사용할 수는 없다. 이것은 후나다마사마船玉様(물신)에게 올리는 선박 특유의 제등인 것이다.

도기마치富来町의 후쿠우라항福浦港은, 『속일본기』의 호키宝亀 3년 (772) 9월의 항項에 '후쿠로쓰福良津'로 표현되는 옛 항구이다.

입구는 육지로 깊이 들어와 있으며, 안쪽에서 남과 북의 둘로 갈라져 있기 때문에 파도가 심한 바깥 포浦가 있고 또 반대로 안쪽은 항상 푸르고 조용한 모습을 하고 있다. 옛날부터 절호의 피난항이라고 알려져, 발해渤海国의 사자들이 이 항구를 통해 귀향했다.

그 작고도 아름다운 항구가 내려다보이는 히요리산에는, 사카다의 그것보다도 더 작은 목조등대가 하나 외롭게 오뚝 서 있었다. 1876년에 건조되었다고 하니 현존하는 가장 오래된 서양식 등대인지도 모른다. 이곳에서는 1608년부터 주민 중 한 사람이 매일 밤 등대의 횃불을 점화하고 있었다. 그 후 점화당이 세워지고 등대지기는 대대로 불을 지켜왔다고 한다. 작은 등불이지만, 어두운 밤바다를 지나가는 선박에게는 고마운 등불이었을 것이다.

항구 가까이, 대략 4미터가 넘는 나무들이 무성한 숲 속에 사루타히코猿田彦신사가 있다.

밖에서 볼 때는 별다를 것 없어 보이는 신사지만, 배전 가운데로 들어가면 난간에 엄청나게 많은 에마絵馬[104]가 걸려 있다.

그것이 모두 기타마에선의 에마이다.

선주가 항해의 평안을 기원하여 배가 출범하기 전에 봉납한 그림이라고 짐작된다. 군청색의 바다 위로 떠오르고 있는 진홍빛 태양, 그리고 돛을 순풍에 불룩하게 펼치고 있는 센고쿠선千石船. 가끔 수척數隻의 배가 그려진 그림도 있다. 그런데 대개 그림의 분위기는 비슷비슷하고 취향에 따라 조금씩 색다른 것을 더하는 정도이다. 얇은 종이에 그린 그림을 판에 붙여서 만든 것 같으며 찢어지고 벗겨진 것들도 있다. 메이지와 함께 덴포(天保, 1830~1844), 가에이, 분큐(文久 1861~1864) 등, 막부 말기의 연호가 보인다.

파도 위에서 모습을 감춘 기타마에선이 오래된 판자 위로 죽 늘어서 있는 광경은 마치 눌러서 말린꽃을 보고 있는 것처럼 어딘가 애잔함을 느끼게 한다.

---

[104] 기원이나 보시를 위해 말을 봉납하는 대신 말 그림으로 신사나 절에 바쳤던 것.

사카다, 히요리산에서 본 모가미강의 입구

겐쵸지에 있는 가와무라 즈이켄의 묘

히요리산의 방향석

참고자료
『奧羽海運記』,『翁草』,『鶏肋編』,『北陸と海運』北陸総合調査団,『北前船』牧
野隆信 외

소운, 나라를 빼앗다

소운의 출생

"인간 50년, 하천下天 속에 비하면 몽환과 같다."

노부나가는 평소 즐겨 읊던 사치와카무幸若舞 중의 한 노래를 부르면서 덴가쿠田楽의 골짜기에서 사지死地로 향했다고 한다.

하천, 즉 사천왕의 하루는 인간계의 50년에 해당한다고 구사론俱舍論은[105] 말하고 있다. 옛 사람들은 그 하천의 하루, 즉 50년을 인생이라고 생각했다. 평균 수명이라기보다는 일을 완수할 시간으로 보았다. 50이 넘으면 남은 인생은 여생이다. 해야 할 일들은 그전에 다 끝내야 한다. 그만큼 당시의 사람들은 일찍 늙고 단명했던 것이다. 사치와카무의 한 종류인『아쓰모리敦盛』중의 한 노래를 불렀을 때 노부나가는 27살이었지만 현대인의 나이로 따지면 40대 중반쯤 되었을 것이다. 노부나가는 마침 그가 애창한 노래처럼, 49세 때 혼노지本能

---

105 범어 kośa, 俱舍宗.

寺의 불 속에서 생애를 마쳤다. 우에스기 겐신上杉謙信[106]이 죽은 것도 또한 49살이었다. 그의 좋은 라이벌이었던 다케다 신겐武田信玄[107]은 53살로 세상을 떠났다.

이들의 한 세대 후인 전국시대(戦国時代, 1493~1573)의 장군들이 빠른 걸음으로 50년을 달리려고 하는 나이에 호죠 소운(北条早雲, 1456~1519)은 이마가와今川 집안에서 식객 생활을 하고 있었다. 소운이 역사의 무대에 모습을 나타낸 것은 45살 때였고, 한 성의 성주로서 전국시대 전쟁의 시발점에 선 것은 56세가 되는 해였다.

소운이라는 사람은 아주 신비로운 사람이다. 그전 40여 년간, 그가 어디서 무엇을 했는지는 도무지 알 수 없다. 그의 출신과 성씨조차 확실하지 않다. 그렇게 대단한 인물인데도 알 수 없는 부분이 많다는 사실이 매우 신기하긴 하지만, 그는 자신의 과거에 대해 거의 언급하지 않았다고 한다.

그런 이유로 에도 시대에 들어가면서 5대에 걸쳐 정리된 호죠 집안의 홍망을 기록한 저서들이 나타났음에도 시조인 소운의 출생에 관해서 자신 있게 쓴 저서는 없었다.

『호죠기北条記』는 군기물의 흐름을 이은 일반용 도서였다. 이세 신쿠로(伊勢新九郎, 소운의 통칭)는 이세 헤이시伊勢平氏의 후손으로 빗쥬備中에 살고 있었지만 성장 후 상경하여 아시카가足利장군의 집에서 종사했다고 나와 있다. 『호죠5대기北条五代記』의 저자 미우라 죠신(三浦浄心, 1565~?)은 호죠 집안이 망할 때까지 가신으로 있었던 사람으로, 그가 지은 이 책은 여러 저서들 중에서 비교적 믿을 만하다.

---

[106] 1530~1578, 전국시대 무장.
[107] 1521~1573, 전국시대 무장.

그조차도 "여러 설이 있어서 출생에 대해서는 확실하지 않다"고 서두에 적고 있다. "출신지는 야마시로 우지山城宇治이다. 혹은 야마토 아리하라大和在原라고도 전해진다"고 기록하고 있다. 아시카가 장군의 집사였던 이세 집안의 차남으로 태어났다는 것이 『호죠5대기』의 주장이다. 소운의 출생지에 관해서는 여러 설이 있는데 에도 시대에는 그 후보가 5곳이나 되었다고 한다.

크게 나누어 보면 이세, 교토, 야마시로 우지, 야마토 아리하라, 빗츄로 나누어지는데 이세에서 교토로 갔다는 설, 혹은 빗츄에서 교토로 갔다는 설 등의 혼합설도 있다.

이세 신쿠로新九郎라는 이름에서 이세 출신이라고 추정하는 것은 근거 없는 설인 것 같다. 물론 이세 집안의 출신라고 생각할 수도 있다. 소운이 처음부터 거짓으로 자신을 칭하고 있었다는 추정은 신뢰도가 극히 낮다.

자신의 경력에 관해서는 거의 언급하지 않았던 소운이 단 한 번 자신의 출생에 관해서 언급한 기록이 있다. 이 기록은 오가사와라 집안에서 발견된 편지인데 세키우마노 죠関右馬允라는 인물은 "우리 성씨는 하나이다. 이세국에 세키関라는 곳이 있는데 그곳 이름에 유래해서 세키라 칭하였다. 같은 형제에서 갈라진 성씨이다"라고 기록하고 있다. 이것은 소운이 세키라는 성을 가졌다는 뜻이 아니라, 소운과 세키라는 성은 선조가 같은 이세의 다이라平 집안이라는 것을 의미한다.

야마토의 아리하라라는 토지가 어떻게 소운과 관계를 맺게 되었는지는 알 수 없으나 『호죠오대기』가 말하는 야마시로 우지는 우지시市 동남쪽에 펼쳐져 있는 고원인 우지타하라宇治田原를 가리킨다.

이세 신쿠로가 스루가駿河에 왔을 때 6명의 사람들과 함께 여행을 다녔는데, 이 중에 아라키 효고荒木兵庫, 다이도지 다로大道寺太郎라는 이름이 성姓과 지명地名으로 마을에 남아 있다.

덴분(天文, 1532~1554) 연간에 쓰인 『이마가와기今川記』에서는 빗츄에서 교토로 간 이세 신쿠로는 아시카가 요시미(足利義視, 1439~1491)를 섬겼고, 후에 스루가로 내려갔다고 한다. 이것이 빗츄 설說의 가장 오래된 문헌으로, 이다 다타히코의 『야사』도 이 설을 채록하고 있다.

오제 호안(小瀬甫庵, 1565~1640)의 『다이코기太閤記』도 빗츄 설을 인용하고 있는데 이것에는 조금 더 자세한 기록이 나와 있다. 다이라노 기요모리(平清盛, 1118~1181)의 8남 스케모리助盛의 후손으로, 빗츄국에서 삼백관의 녹을 받은 영주였으나, 그 땅을 팔아 여행 자금을 만들어 30명가량의 사무라이들을 데리고 도고쿠東国[108]로 궁술 수행을 떠났다고 하고 있다.

어쨌든 모두가 확실하지 않은 정보이며, 소운은 의식적으로 자신의 성姓을 감추지 않았나 추정된다.

그의 아버지의 이름도 확실하지 않고, 자신의 이름조차도 나가우지長氏 외에도 시게루茂, 모리토키盛時, 우지모리氏盛, 사다타쓰貞辰 등 여러 이름이 전해지고 있다. 어쩌면 이세 신쿠로라는 이름을 자칭한 다른 인물의 존재가 중복되어 있는 것인지도 모른다. 다만 여기서 주목할 점은 소운의 여동생이라고 불리는 기타가와 도노北川殿가 스루가의 이마가와 요시타다(今川義忠, 1436~1476)에게 시집을 갔다는 것이다. 이마가와 집안은 세이와 겐지清和源氏의 흐름을 계승한 아시카

---

[108] 미나모토노 요리토모源頼朝가 가마쿠라에 막부를 연 이후 일본은 가마쿠라와 교토를 도우고쿠東国와 사이고쿠西国로 나누어졌다.

가 집안이다. 아시카가 다카우지(足利尊氏, 1305~1358)가 만의 하나 자손이 단절되었을 때, 기라吉良에게 계승하게 하고, 기라도 끊길 경우 이마가와에게 계승하게 하라고 할 만큼 명문집안이었다.

요시타다는 교토에 있을 때, 기타가와 도노를 부인으로 맞이하고 함께 스루가로 돌아갔다. 기타가와 도노라는 이름이 붙은 이유는 아베安部강의 지류인 기타北강 근처에 집이 있었기 때문이라고 한다.

이마가와는 스이엔駿遠의 수호직을 맡을 만큼 명문 집안이었으므로 그의 정실은 출신이 확실하면서 그만큼 유명한 집안이었다고 생각할 수 있다. 일설에는 이세 사다치카(伊勢貞親, 1417~1473)의 딸이라는 주장도 있다. 그녀를 양녀로 삼아 시집을 보냈다고 할 수도 있으나, 만약 실제 딸이라면 당연히 소운도 이세 집안 출신인 셈이다.

그러나 이렇게 많은 추정들은, 소운이 이룩한 대사업을 생각했을 때 왠지 좀 허무한 느낌이 든다. 소운은 가미가타上方에서 도고쿠에 처음으로 발을 딛었을 때, 앞으로 자신이 살아가는 데에는 집안은 아무 상관이 없으며 믿을 것은 자신의 기량 하나만이라는 각오를 확실하게 가슴에 새겼음에 틀림없다.

소운에게는 6명의 동료가 있었다. 아라키 효고, 다메 곤베에多目権兵衛, 야마나카 사이시로山中才四郎, 아라카와 마타지로荒川又次郎, 다이도지 다로, 아리타케 효에노죠有竹兵衛尉, 그리고 소운을 합쳐 7명이었다.

그들은 이세 신궁을 참배하면서 어떠한 경우에 처하더라도 서로 싸우지 말고 서로 배신하지 않을 것, 그리고 7명 중에 한 명이 성공을 하면 나머지 6명은 그의 부하가 되어 원조할 것이라고 신전에 맹세했다. 성수를 마시고 맹세한 7명의 벗들은 도고쿠를 향해 걸어 나갔다.

'기다리는' 사람

소운이 순푸에 나타난 것에 대해서도 여러 설이 전해지고 있다.

『다이코키』 등에서는 1457년이라고 기록하고 있는데, 그의 사망 년도에서 역으로 계산을 하면 26세 때라 추정할 수 있다. 이것이 가장 빠른 시기로, 이어 1469년, 1476년, 1487년 등 여러 설이 전해지고 있다.

1476년은 소운이 역사 상 처음으로 모습을 드러낸 해로, 45살의 나이에 그는 이마가와 집안에서 일어난 분쟁을 조정하는 큰 역할을 했다.

이해 2월 도토우미遠江의 요코치横地와 가쓰마타勝間田 두 장군이 모반했기 때문에 이마가와 요시타다는 스스로 군사를 거느리고 토벌에 나섰다. 500마리의 기마를 이끌고 7일간 공격한 끝에 양 장군의 머리首級를 베어 들고 귀향하는 도중, 오가사小笠군의 시오카이塩買 언덕에서 잔당들에게 습격을 당했다. 요시타다는 분전하여 이들을 물리쳤으나 불행하게도 날아온 화살에 맞아 중상을 입었다.

순푸에 돌아온 요시타다는 이 상처로 인해 4월 6일 41살이라는 젊은 나이에 세상을 떠났다. 요시타다와 기타가와 도노 사이에는 아들 류오마루(竜王丸, 후의 우지치카)가 있었지만 6살이라는 어린 나이였던 관계로 가독 상속을 둘러싼 분쟁이 일어났다. 이 분쟁은 오랫동안 문제되어온 것이었으나 요시타다의 사망을 계기로 표면화된 것이었다. 가신들은 류오마루를 옹립하는 파와 요시타다의 사촌이 되는 고지카 노리미쓰小鹿範満를 옹립하는 파로 갈라지면서 아주 심각한 대립을 보이기 시작했다.

스루가의 명문 존속이 위험하다는 소문이 퍼지자 이즈의 호리코에堀越 구보公方인[109] 아시카가 마사토모(足利政知, 1435~1491)는 우에스기 마사노리上杉政憲를 파견하여 이 소동에 개입했다. 마사노리는 노리미쓰의 조부가 되는 인물이었다. 한편 오우기타니扇谷의 우에스기 아키후사上杉顕房도 오타 도칸太田道灌[110]을 보냈다. 양쪽 다 300기의 기마병을 거느리고 각각 기쓰네가사키狐ヶ崎와 야하타八幡산에 포진하여, 무슨 일이 생기면 무력으로 개입하려는 자세를 취하고 있었다.

위험을 느낀 기타가와 도노는 류오마루를 데리고 야마니시山西로 피난을 갔다. 히가시마시즈東益津에는 오빠 소운이 객장客將의 자격으로 이시와키성石脇城을 지키고 있었기 때문이다.

여기서 소운이 사태 수습을 하러 나서게 되었다. 소운은 오타를 만나 이야기를 끝내고 양쪽의 주요 인물들을 아사마 신사 신전으로 불러 화해시켰다. 조정안은 일단 노리미쓰가 순푸성에 들어가 영토를 통괄하나 류오마루가 성장하면 가독을 넘긴다는 조건이었다. 양쪽 대표들은 소운의 안案에 동의했다.

이 사건으로 이마가와 내에서의 소운의 위치는 한층 더 올라갔고 류오마루 모자는 마루고丸子의 저택으로 들어갔으며, 소운은 순푸성駿府城과 구노성久能城의 중간 역할을 하는 야하타성八幡城을 지키는 신분이 되었다.

소운은 기타가와 도노의 오빠였지만 이마가와 집에서 보면 객장, 즉 사돈 관계가 되는 식객이나 다름없었다. 한 식객이 갑자기 나타나서 이러한 큰 역할을 해냈다는 것으로 봐서, 몇 년 전부터 스루가에

---

[109] 무로마치 시대 이후 정이대장군征夷大将軍의 호칭.
[110] 1432~1486, 무로마치 중기의 무장, 가인.

살았다고 보는 것이 타당할 것이다.

소운이 이마가와 저택에서 더부살이를 하게 된 경위에 대해서는 재미있는 일화가 전해지고 있다. 도고쿠에 내려가던 중 삿타薩埵고개에서 도적을 만난 소운은 모든 것을 빼앗겼다. 어쩔 수 없이 순푸에 되돌아가 아사마 신사 문 앞에 앉아 있었는데, 여자를 태운 아름다운 행렬이 지나갔다. 그 안에 있었던 사람은 기타가와 도노였다. 도노는 소운이 자신의 하인들에게 의복을 달라고 구걸하는 모습을 보고 깜짝 놀랐다. 그녀는 아무 말도 안 하고 하얀 비단 의복을 준 뒤 그를 데리고 성으로 돌아갔다. 그리고 다시 새로운 의복과 검 등을 주고 신분을 밝힌 후 남편인 요시타다에게 추천했다고 한다.

이 이야기 속에서는 기타가와 도노는 소운의 고모로 되어 있다. 어쨌든 이마가와 집에 들어오게 된 당시의 소운은 매우 초라한 모습이었다는 것이 흥미롭다.

그런 소운이 계승자 분쟁에서 두각을 나타내고, 작은 성이기는 하지만 야하타성을 지키게 되는 지위까지 올라선 것이다.

아사마 신사에서의 서약으로 이마가와 집안은 일단 안정을 유지했다. 그리고 11년의 세월이 흘렀다. 마루코 저택에서는 류오마루가 성장하여 우지치카(氏親, 1473~1526)라고 칭하게 되었다. 즉 약속의 날이 온 것이었는데, 노리미치는 순푸성을 떠날 기미를 보이지 않았다. 소운은 1487년 군사들을 이끌고 노리미치를 공격하고 그를 자해하게 만들었다. 이리하여 우지치카는 드디어 이마가와 7대 성주 자리에 올랐다.

이 공으로 소운은 후지군富士郡 12향鄕을 하사받고 고코쿠지성興国寺城으로 옮겨 갔다. 56세 때의 일이었다. 11년간이라는 오랜 세월을 인내하면서 야하타성을 지켜, 비로소 자신의 성城을 가지게 된 것이었다.

고코쿠지는 누마쓰시 하라마치沼津市原町 북쪽에 있었다. 아시타카愛鷹산의 산등성이를 이용한 성으로, 원래 있었던 고코쿠지興国寺라는 절을 옮겨 축성했으므로 절 이름이 그대로 성 이름으로 되었다고 한다. 당시에는 지금과 달리 아시타카의 산기슭에 늪이 많았다. 산과 늪에 둘러싸인 척박한 땅이었다.

소운은 200여 명의 병사들을 거느리고 이주해 왔다. 방랑의 식객으로 생활한 후에 출세한 것이지만 신분은 여전히 이마가와의 한 무장이었다. 소운은 이 성에서 4년간 생활을 하게 된다. 1476년에서 계산하면 15년의 세월이다. 15년이라는 세월은 길고 긴 시간이다. 45살이었던 소운은 60살이 되어버렸다. 60살이면 환갑인데, 보통 평균수명을 사는 현대인들도 자신이 걸어온 인생의 마무리를 지을 생각을 하기 시작하는 시기이다. 더군다나 일찍 늙었던 중세 사람들은 보통 이 나이가 되면 짜증과 조바심으로 자신의 능력에 한계를 느끼는 것이 당연한데 소운은 달랐다.

소운은 아시타카산 기슭에 자리 잡은 조그마한 성에서 눈앞에 펼쳐지는 이즈코쿠伊豆国을 바라보며 그곳을 수중에 넣기 위한 방법을 생각하면서 오직 '시간'을 기다렸다.

고코쿠지성에서 니라야마성, 오다와라성의 세 성을 정복하기까지 소운은 8년이 걸렸다. 8년간 소운의 최고의 라이벌은, 묵묵히 무정하게 지나가는 '시간'이었을 것이다. 소리 없이 다가오는 '노쇠老衰'와의 전쟁은 전쟁터를 질주하는 것보다 더 힘들었을 것이다.

소운이 후에 가신들에게 수칙으로 남긴 『소운 장군 21개조早雲寺殿

卄一箇条』라는 것이 있다. 비슷한 가법家法은 다른 전국시대 다이묘들도 각자 정하고 있었으나, 소운의 21개조는 그중에서도 제일 오래된 것으로 유명하다.

거기서 소운은 '아침에는 일찍 일어날 것'이라고 하여, 인시寅時[111]에 일어나 대야에 흐르는 물을 받아 몸을 씻어 그 물을 신불神佛께 바칠 것을 권하고 있다. 밤에는 오후 8시가 되면 자도록 되어 있어, 즉 일찍 자고 일찍 일어날 것을 명하고 있다.

출발이 늦었던 소운은 다른 사람들보다 1년, 2년이라도 오래 살아야 했다. 다행히도 강인한 체력을 갖고 있었던 것은 자신의 건강관리에 신경을 썼기 때문이다. 일찍 자고 일찍 일어나는 습관은 그가 실천했던 건강법의 하나였다.

결단의 날

소운은 오닌의 난(応仁の乱, 1467~1477) 중에 여동생에게 의지하여 이마가와 집안에 들어온 것인데 그 목적은 당초부터 도고쿠에 있었다.

교토가 전에 없던 전란에 휩싸여 있었다고는 하나, 당시 중앙정부의 소재지인 교토에는 장군, 그리고 그 아래의 관령管領[112], 두가頭家[113] 등의 명문집안들이 모여 있었다. 혼란을 틈타 일을 일으켜 성공을 하기에는 아무리 행운이 따라 준다고 해도 한계가 있었다.

---

[111] 오전 5시 전.

[112] 장군의 보좌직.

[113] 다이묘大名, 영주급 명문가의 장손.

그러나 간토는 달랐다.

간토에는 옛날부터 무로마치 막부의 출선 기관인 간토구보關東公方가 가마쿠라鎌倉에 있었고 그곳은 관령 우에스기上杉 집안이 보좌하고 있었다. 이 간토구보는 4대째인 아시카가 모치우지(足利持氏, 1398~1439) 대에 한 번 끊겼지만, 그의 남은 아들인 시게우지(足利成氏, 1438~1497)가 1449년에 새 구보 자리에 앉았다.

그러나 새로운 구보와, 관령 야마우치山內·오기타니와의 두 우에스기 집안 사이는 날이 갈수록 악화되어 전쟁을 하게 되었다. 그 결과, 패배한 시게우지는 시모우사의 후루가古河로 물러났고, 막부는 장군 요시마사(足利義政, 1436~1490)의 이복형제인 마사토모를 간토구보로 임명했다. 이것이 1457년의 일이었다. 소운이 26살 때의 일이었다.

마사토모는 불에 탄 가마쿠라에 가지 않고, 이즈의 호리코시에 저택을 지었다. 결과적으로 간토구보가 두 명인 셈이었다. 분쟁이 일어나지 않은 것이 신기할 정도였다. 관령의 두 우에스기 사이에서도 갈등이 심화되고 있었으니, 간토에서는 후루가와, 호리코시의 두 구보와 오기타니와 야마우치의 두 우에스기 집안이라는 네 개의 핵을 중심으로 각지의 토호들이 이합집산을 계속했다. 병화가 끊이지 않았다. 즉 간토는 간사이보다 거의 100년이나 일찍 전국시대에 돌입한 셈이었다.

소운은 지금이 기회라고 생각했다. 이 생각은 정확했고 그 견해는 아주 좋았다고 할 수 있다.

소운은 고코쿠지성에서 4년간 세월만 보낸 것이 아니었다. 병을 핑계 삼아 슈젠지修善寺라는 절로 들어가, 사람들로부터 이즈의 민정을 듣거나 신앙생활이라고 하면서 이즈라는 나라를 구석구석 둘러보고 연구했다.

그는 민심을 잘 이용했다. 연공을 면해주어 농민들의 마음을 사로잡고 그중에서 쓸만한 자를 선발하여 병사를 조직했다. 농민들은 이런 자비심 많은 성주를 어떻게 하면 나라의 주인으로 모실 수 있을까 하고 동네사람들끼리 서로 의논했다는 내용이 『호조 5대기』에 기록되어 있다.

그리고 그때가 1491년으로 15년 만에 돌아온 것이었다.

소운이 점찍은 이즈는 교토에서 보낸 호리코시구보 아시카가 마사토모가 다스리고 있었는데 마사토모가 57살의 나이로 병사했다. 그리고 판에 박힌 공식처럼 분쟁이 일어났다. 마사토모에게는 두 아들이 있었는데 첫째가 차차마루茶々丸, 둘째가 준도시潤童子였다. 둘은 이복형제 간이었는데 차차마루는 아버지가 죽자 바로 상속권을 주장하고는 경쟁상대인 동생과 그의 어머니를 살해했다. 준도시 측에 있었던 가신들은 차차마루를 비난하게 되었고 이즈는 혼란에 빠지게 되었다.

고코쿠지성은 호리코시 어소御所에서 20킬로 떨어진 곳에 위치했는데, 그 소식을 들은 소운은 속으로 기뻐했을 것이다. 지금 이때를 놓치면 다시는 기회는 없다고 결단을 내렸다. 병선 10척에 나누어 탄 500명의 병사들을 이끌고 가서 이즈반도 서해안의 아라리安良里, 닷코田子, 니시나仁科, 마쓰자키松崎에 동시에 상륙시키고, 소운은 스스로 병사들을 이끌고 호리코시 어소를 야습했다. 농민병은 이때 아주 큰 역할을 했다고 한다. 구보관公方館은 바로 불타올랐고 차차마루는 일단 도망쳤으나 이제 갈 곳이 없다는 것을 알고 간세이슈인願成就院

이라는 절에서 자결했다.

소운은 생애 두 번 중대한 결단을 내리고, 그 결단과 함께 크게 비상하게 된다. 두 가지 결단 중의 하나가 이즈 출병이었다.

소운 스스로는 의식하지 않았겠지만 이 사건으로 새로운 시대의 막이 열렸다. 그때까지의 내전은 출병에 나름대로의 이유와 명분이 존재했다. 일방적이면서 이기적인 이유지만 일단 세상을 납득시킬 만한 구실을 쌍방에서 준비하고 시작했다. 그런데 소운의 이즈 출병에는 아무런 이유가 없었다. "이즈를 갖고 싶다. 지금이면 가질 수 있다" 단지 그것뿐이었다.

소운은 실력 투쟁의 시대가 시작되었다는 것을 스스로 세상에 보여준 것이다. 가지고 싶으면 탈취하라, 약하면 망할 수밖에 없다, 이것이 소운이 앞으로 나아갈 새로운 세상의 모럴이었다. 후세의 역사가들은 그 시대를 전국시대라고 불렀다. 소운은 자신의 손으로 전국의 막을 연 것이다.

이즈 서해안에 상륙한 병사들에게는 빈집에 들어가서는 가재도구에 손을 대지 말 것, 한 푼의 돈이라도 빼앗지 말 것 등 엄한 규율을 만들어 민정의 안정을 도모했다.

그때 서西이즈 일대에서는 독감이 유행하고 있었다. 이 때문에 마을로 들어선 소운의 병사들은 당혹스러워 했으나, 그들은 집들에 남겨진 환자들을 간호해 주었다. 이로서 산중으로 도망갔던 사람들이 자신의 집으로 돌아왔다고 한다. 소운은 집으로 돌아온 농민들에게 5할 바치게 되어 있던 연공을 4할 바치는 것으로 개정한 것을 알려 농민들을 기쁘게 했다. 다른 나라의 농민들이 이 사실을 듣고 "우리나라도 신쿠로 씨의 나라가 되었으면 좋겠다"고 했다는 이야기도 전해진다. 그렇게 인심을 얻기 위해 노력하면서도 반항하는 자들에게는 엄격했다. 남南이즈에 있는 이노자와稲生沢강 상류에 위치한 후카네深根라는 곳에 호리코시구보의 친척이 되는 세키도 요시노부関戸吉信가 있었다. 세키도는 소운을 따르지 않고 고성古城을 점령한 후 500여 명의 병사들과 농성을 벌였다. 이에 대한 소운의 대응은 일말의 인정조차 보이지 않을 정도로 냉엄했다. 2천 명의 병사들을 이끌고 공격하여 바로 성을 탈취했는데, 이때 성내의 병사들은 물론, 여자에서 법사까지 모두 목을 베어 성 주변에 매달았다고 한다. 이 일이 전해지면서 이즈국의 사무라이들은 모두 놀라 황급히 소운에게 달려가 항복했다고 한다.

이렇게 하여 이즈국의 평정은 거의 한 달 만에 이루어졌다. 4년이라는 세월을 생각하고 생각한 작전이었으니만큼 당연하다고 할 수도 있겠다. 이즈를 수중에 넣은 소운은 니라야마에 성을 건축했다. 나이 60에 꿈꿔온 대로 한 나라 한 성城의 주인이 되었다.

소운 자신은 호죠라는 성을 한 번도 자칭하지 않았지만 이 즈음부터 '이즈의 소운', '이즈 호죠의 소운'이라 불리게 되었다.

소운의 생모가 호죠 후손이었다거나 니라야마에 사는 호죠라는 성을 가진 여자를 후처로 삼았다 등 여러 이야기가 전해지고 있으나 확실한 이야기는 없다. 단지 당시의 소운이 마음속으로 간토를 제압하겠다는 큰 야망을 품고 있었음에는 틀림없다. 야망은 처음부터 갖고 있었을지도 모르지만 그것이 꿈이 아니라 실현 가능한 꿈으로 서서히 형태를 바꾸기 시작한 것이다.

『호죠기』는 소운이 겐페이源平 교체 사상을 바탕으로 천하에 꿈을 건 것이라고 설명하고 있다. 호리코시구보와 후루카와구보는 아시카가 집안으로 겐지源氏 계통이었다. 그러했기에 호리코시는 이미 망했으니 후루카와 쪽도 빨리 몰락시켜야 했다. 한편으로 우에스기 집안은 후지와라 씨의 계통이므로 정권을 빼앗을 이유가 없었다. 즉 헤이시平氏 계통인 자신이 간토의 패자가 되어 마땅하다는 것이 그의 이론이었다.

소운은 이즈에서 가장 큰 미야미시마다이묘신宮三島大明神께 간토 제패와 더불어 7대 자손의 번영까지 기원했다.

1493년 소운은 첫 꿈을 꾸었다. 넓은 들에 크고 오래된 두 삼목나무가 있었다. 어디서 나타났는지 쥐 한 마리가 그 삼목을 뿌리부터 먹기 시작하더니 두 나무를 다 먹어버렸다. 그러더니 쥐는 호랑이로 변하고 한 번 크게 울더니 바람소리와 함께 들로 사라졌다.

소운은 자년子年에 태어났다. 두 나무는 두 우에스기였을 것이다. 미시마의 신령의 계시라며 소운은 크게 기뻐했다고 한다.

하코네를 넘어

이즈를 장악한 소운은 옆 나라 사가미相模를 바라보고 있었다. 그러나 이즈와 사가미 사이의 산들은 높고 험했다. 높이 1000미터 정도 되는 산들이었는데, 그것이 철벽과 같은 장벽처럼 소운을 막고 있었다. 그것은 하코네의 오다와라 동쪽 기슭에 오모리大森 씨가 자리 잡고 있었기 때문이었다.

오모리 씨는 하코네의 서쪽 순토군駿東郡 북단에서 일어난 호족으로, 12대 요리하루頼春가 1416년에 우에스기 젠슈上杉禅秀 난에서 공을 세워 도히土肥 씨를 대신하여 오다와라에 거주하게 되었다. 현재의 오다와라성의 원형이 된 이 성은 이때 세워진 것이다.

이 요리하루의 넷째아들 우지요리氏賴는 오기타니의 우에스기 집안에 종사하고 있었으며 문무양도로 이름이 높았다. 소운이 이즈를 장악했을 때, 우지요리는 은거하여 이와하라성岩原城으로 물러났으며, 차남인 후지요리藤賴가 오다와라성에 들어갔다. 우지요리가 감시하는 한 용감한 소운도 쉽게 하코네를 넘을 수 없었다.

오다와라성은 지금과 같이 웅장한 성이 아니었다. 늪지의 낮은 구릉에 세워진 작은 성이었는데 지리적 조건이 좋았다. 간토로 진입하는 입구를 막는 모양으로 자리 잡고 있어 이 성을 장악하지 않으면 간토에 진출하는 것은 불가능했다.

소운은 기다림에 익숙했는지 인내심이 아주 강했다. 총력을 기울이고 공격하면 성공할 수도 있었으나 결코 무리하지 않았다. 예를 들면 감이 충분히 익으면 나무에서 자연스럽게 떨어진다. 이것을 가만히 기다리는 것이다. 떨어져버리면 누가 주워갈 수도 있다. 소운은 떨어지기 직전까지 기다리다가 그때가 왔다고 생각한 순간 감나무를 흔드는 것이었다.

니라야마의 소운이 두 번째 결단을 내리는 날이 왔다. 1494년 8월, 당시까지 계속 방해가 되던 오모리 우지요리가 77세라는 고령으로 세상을 떠났다. 감은 이제 막 익으려 하고 있었다. 소운은 손에 침을 묻히고 서서히 일어섰다.

다음 해 1492년 2월 소운은 오다와라성 오모리 후지요리에게 이러한 요청을 했다. 사실은 요즘 이곳에서 사냥을 하는데 사냥감인 사슴들이 모두 하코네산으로 도망가 버렸다. 괜찮다면 하코네산에 우리 병졸들을 투입하여 사슴들을 이쪽으로 몰아오게 해 주었으면 한다는 내용이었다.

하코네의 연산連山들은 오다와라성을 지키는 자연 성벽과 같은 것이었다. 그 성벽 너머에 눈 깜빡할 사이에 이즈국을 제압한 노인이 앉아 있었다. 후지요리도 결코 경계를 소홀히 하지 않고 있었으나, 소운이 오기타니의 우에스기를 위해 병사들을 내주는 일도 있었으므로 동료의식을 느끼고 있었다. 또한 온화한 분위기의 문장에 그냥 넘어가버린 것이다. 후지요리는 "그럼 그렇게 하시죠"라고 답변을 보냈다. 동란 시대에 이렇게 쉽게 허가를 내주었다는 것만으로도 전국 시대의 무장으로서 실격인 셈이었다. 소운이 치지 않았더라도 후지요리의 멸망은 시간문제였을 것이다.

소운은 입가에 미소를 지었을 것이다. 2월 16일 소운 쪽의 많은 병졸들이 계속해서 하코네산으로 들어갔다. 그들은 닛킨日金 고개를 넘어 산에 올라가 이시바시石橋와 유모토湯本에 집결하여 날이 저물 때까지 기다렸다.

후지요리는 사냥이 끝나면 사슴 한두 마리 정도는 보내올 것이라는 정도로만 생각했을 것이다. 그러나 사냥될 사냥감이 자신이라는 것을 알아채기까지 그리 많은 시간이 걸리지는 않았다. 깜깜한 하코네산의 조용한 어둠 속에서 갑자기 커다란 소리가 울렸다. 밤을 기다리며 잠적해 있던 병사들이 큰소리로 외치며 오다와라성을 습격했던 것이다. 후지요리가 크게 당황한 그 짧은 순간 그의 영혼은 바로 하늘로 날아갔다.

이때 소운은 '불소의 계략火牛の計'을 썼다고 한다.

『호죠기』에 "천 마리 소의 뿔처럼 송진에 불을 붙이고 이시가키石垣산과 하코네산을 올라갔다"고 기록되어 있는 것을 보면, 병사들이 많은 것처럼 보이려고 한 작전이었던 것 같다.

뿔나팔 소리를 신호로 유모토의 주력은 이타바시板橋 부근의 민가에 불을 지르고 오다와라성으로 달려갔다. 오우기타니에 원병을 보내 성에 병사들의 수가 적었던 오모리 측이 소운의 병사들을 막아내기에는 역부족이었다. 후지요리는 어두운 틈을 타 탈출하여 오스미군大住郡의 사나다성真田城으로 도망쳤다. 이렇게 오다와라성은 허망하게 소운의 것이 되었다.

이렇게 단숨에 하코네 고개를 넘은 이즈의 늙은 호랑이는 드디어 그렇게 꿈꾸던 간토로 진입했다. 소운이 사가미의 겐토原頭에 모습을 나타낸 것은 그의 나이 63살 때였다. 소운은 88살이라고 하는, 당시로서는 천수에 해당하는 수명을 받았다. 전국 다이묘들 중에서는 가장 오래 산 셈이었다.

오다와라성을 손에 쥔 소운은 남은 25년 동안 사가미 주변을 복종시키고 사가미에서 무사시武蔵로 진출하여 구세력을 대표하는 야마우치·오기타니의 우에스기 집안들과 일전을 벌이려 했다. 그러나 그 시점에서 불세출인 그는 결국 돌아오지 못할 여행을 떠났다.

두 삼목 나무를 먹는 일은 2대 우지쓰나(氏綱, 1487~1541)에게 인계되었다. 소운은 시작이 너무 늦었다. 그러나 우지쓰나도 3대인 우지야스(氏康, 1515~1571)도 무장으로서의 자질을 갖추고 있었다. 그들은 마치 소운의 분신처럼 싸워 드디어 간핫슈関八州를[114] 제압했다.

간토를 목표로 정한 소운의 생각은 정확했지만 하코네를 넘어선 시점에서 호죠 집안은 '천하'와의 인연을 끊은 것이었다. 소운이 혹시 슨푸에 자리 잡았다면 아마도 미노美濃의 사이토 도잔(斉藤道三,

---

114 関東八州.

1494~1556)처럼 주력 세력인 이마가와 집안을 먹어버리고 큰 세력으로 올라섰을지도 모른다. 소운에게는 그것을 해낼만한 기량이 있었다.

그러나 그는 하코네를 넘었다. 넘은 산은 날마다 높아져 호죠 집안의 뒤에 큼직하게 서 있었다. 그 산을 다시 넘어 돌아가서 서쪽으로 전진하는 일은 어려웠다. 오다와라성을 몰락시킨 뒤에 소운은 우지쓰나를 성에 거주시키고 자신은 니라야마를 본거지로 했다. 그러나 이것은 이마가와 집안과 연대하여 서쪽을 지키기 위한 것이었고 그가 바라보는 곳은 항상 동쪽이었다.

소운 정도의 인물이 처음부터 '천하'에 관심을 두지 않았다고 생각하기에는 무리가 있지만, 현실적으로는 '천하'에 등을 보이는 행동을 했다. 호죠가는 후에 그 '천하'를 목표로 하다가 멸망하게 되는데 그 원인은 소운 자신이 만들었다고도 할 수 있다.

비 오는 절

우산이 필요할 정도는 아니지만 안개와 같은 비가 하루 종일 내리는 늦은 가을의 어느 날이었다. 오랜만에 찾은 오다와라에서 성터 공원에 가 보았는데 천수각에서 바라다보는 하코네의 연산은 회색의 운무雲霧에 덮여 있었다. 왠지 급한 마음으로 성터에서 내려가자마자 유모토로 향했다. 골짜기를 지나가는데 해질 무렵처럼 점점 주위가 어두워졌다. 날이 저무는 것도 빨랐지만, 안개 속으로 들어와서 더 그런 느낌이 들었다. 하야무강을 건너서 좁은 옛 길를 걸어가니까 오른편에 소운지무雲寺가 나왔다. 차에서 내려 쌀쌀한 냉기를 느끼다가

볼에 삼목나무에서 떨어지는 물방울이 닿은 순간, 전에 이 절에 찾아왔을 때에도 비가 온 것이 생각났다.

문을 지나 들어가 보니까 단풍잎이 빨갛게 타오르고 있었다. 화산지 특유의 끈적끈적하고 검은 흙 위에 떨어진 단풍잎의 색깔은 아주 화려했다. 타오르는 듯한 느낌이었다.

긴유金湯산의 소운지는 소운이 죽은 후 3년째 되던 해(1521) 그의 아들 우지쓰나가 건립했다. 소운은 살아생전에 유모토에 소운안早雲庵이라는 암자를 가지고 있었다. 나라야마에서 오다와라로 오면 온천욕과 치료를 겸하여 이 암자에 머물렀다고 한다. 지금의 본당 뒤 구릉 위에 있었다고 전해지고 있다.

우지쓰나는 소운안을 산문山門·불전佛殿·법당法堂·식당 등을 정비한 대사찰로 증축했다. 소운은 젊었을 때, 교토의 절 다이토쿠지大德寺에 들어가 슌포 소키(春浦宗熙, ?~1496) 밑에서 참선한 적이 있었다. 동문이었던 도케이 소보쿠(東溪宗牧, ?~1517)가 "동해로東海路에 무사이면서 선을 하는 자가 있다. 이름은 소즈이宗瑞라고 하는데 스스로 소운 암주라고 칭한다"고 술회하고 있으니 틀림없을 것이다.

스루가에 내려가기 전, 소운이 그런 시절을 보냈다는 사실은 소운의 출생을 알아보는 한 정보가 될 것이다.

그건 둘째 치고 소운은 보다이지의 가람伽藍 배치를 다이토쿠지와 같은 양식으로 할 것을 유언으로 남겼다. 승승장구하던 2대 우지쓰나 시절에 못할 일이 없었다. 우지쓰나는 소운지를 다이토쿠지와 똑같이 만들어냈고 슌포春浦宗熙[115]의 법손法孫에 해당하는 이텐 소세이以天宗淸에게 부탁하여 절을 열었다. 나중에는 야마우치에서 오다와

---

[115] 1409/16~1496, 무로마치 시대의 승려, 임제종.

라에 걸쳐 많은 절들이 세워졌고 소운지는 간토에서 명실상부한 유명한 사찰이 되었다.

1590년 도요토미 히데요시(豊臣秀吉, 1536~1598)가 오다와라를 공격하면서 호죠 집안의 운명의 날이 다가왔다. 소운지의 주지 메이소 소후(明叟宗普, ?~1590)는 절을 나와 오다와라성을 방문, 호죠에게 히데요시와의 화친을 권했다. 그러나 호죠는 받아들이지 않았다. 메이소는 농성한 후 단식을 하다가 죽었는데, 그의 주변에서 무슨 일이 벌어졌는지는 알려지지 않고 있다.

빈집과 마찬가지가 된 소운지를 히데요시는 본진으로 사용했다. 무계획한 농성 끝에 호죠가家는 항복한다. 소운지의 승려들은 뿔뿔이 흩어졌고 그 유명한 대사찰은 불이 나 가람이 모두 타버렸다. 소운지는 절주인 호죠 집안과 함께 사라진 것이다.

히데요시가 투항한 적의 사찰을 불태웠을 리는 없고, 전란 중 시중 잡배들이 방화했을 가능성이 높다. 소운지가 재건된 것은 도쿠가와 시대인 1626년의 일이다.

소운지의 한 방에서 차를 마시면서 그런 이야기를 주지한테 들었다. 주지는 가늘면서도 힘 있는 말투로 말을 했다. 듣고 있는 사이에 비 때문인지 산속이라서 그런지 추위가 느껴졌고 바깥은 더욱 더 어두워진 느낌이 들었다.

소운지에는 주요문화재로 지정된 호죠 소운의 그림이 있다. 사진으로밖에 못 본 그림을 한 번 보고 싶다고 생각했는데, 우연히 사이타마현埼玉県에서 개최되고 있는 전국시대 무장전에 이 그림을 출품했다는 소식을 들었다.

이 그림에서의 소운은 승려의 모습을 하고 있다. 마른 몸에 사나운 표정을 짓고 있다. 높은 코와 굳게 다문 입술, 그리고 맹수를 연상케 하는 사나운 눈이 인상적이다.

『아사쿠라소우테키기朝倉宗滴記』는 연가사連歌師 사이오쿠켄 종장(柴屋軒宗長, 1448~1532)의 말을 빌려 "이즈의 소운은 바늘도 창으로 이용할 만큼 잘 모아둔다. 무사들을 대할 때에는 옥玉도 부숴버릴 것처럼 보이는 사람이다"라고 기록하고 있다. 그림 속의 소운을 보고 있으면 그 말이 잘 어울리는 것 같다.

승려의 모습을 한 무장의 초상화라고 하면 다케다 신겐·우에스기 겐신이 떠오르는데 이 두 장군들은 어느 쪽인가 하면 아주 살찐 모습으로 그려져 있어 소운과는 아주 대조적이다. 태연하고 무슨 일이 있어도 동요하지 않을 것 같은 두 장군에 비해서 소운은 조금이라도 눈을 떼면 어디론가 가버릴 듯한 느낌을 준다.

아무것도 가진 것 없이 교토를 떠난 그는, 인생을 마무리할 나이에 겨우 머리를 들어 고코쿠지, 니라야마성, 오다와라성을 장악하면서 호죠 집안의 시조가 되었다. 아마 소운은 살찔 틈조차 없었을 것이다.

뒤쪽에는 우지쓰나의 동생 호죠 겐안(北条幻庵, 1493~1589)이 만들었다고 전해지는 정원이 있다. 아마도 소운지가 재건될 때에 만들어진 것 같은데 소박하고 거친 돌의 조화는 편안한 느낌을 주어서 좋다. 비는 그쳤으나 생각보다 어두워진 정원에 드문드문 핀 노란 국화꽃이 더욱더 선명하게 보인다.

주지에게 인사를 하고 그의 묘에 가기로 했다.

소운지 묘지의 호죠 5대에 걸친 묘비는 가와치 사사야마河内狭山 6천 9백석의 호죠 우지노리(北条氏規, 1545~1600)가 건립했다. 우지노리는 니라야마성을 사수한 공이 인정되어 히데요시에게 등용된 인물이다. 호죠 집안에서는 작은 번藩이었지만 에도 시대까지 살아남은 유일한 집이었다.

길에 깔아놓은 검은 잔돌을 밟으면서 가 본, 묘지 끝 구릉의 기슭을 점령하고 있는, 호죠 5대의 묘지는 나무들이 우거져 더욱더 어둡다. 묘석은 모두 같은 모양으로 오른쪽부터 소운·우지쓰나·우지야스·우지마사氏政·우지테루氏照 순서로 나란히 서 있다. 전국시대의 100년의 역사가 나란히 서 있는 것 같다.

누가 가져왔는지 돌 위에는 귤이 하나씩 올려져 있어 어두운 땅거미 속에서 화려한 색채를 더하고 있다. '소운지전早雲寺殿'이라는 글씨도 아주 가까이 다가가지 않으면 보이지 않는다.

집안을 일으킨 자도 그것을 망친 자도 같은 모양의 차가운 돌 아래서 쉬고 있다. 가을비가 내리는 소운지 묘지에 땅거미는 점점 깊어져 간다.

호죠 소운 상

니라야마 성터

오다와라성

참고자료

『호조기』
『호조오대기』
『이마가와기』
『호안 다이코우키』
『오다와라시 자료 역사 편』 나카노 케이지로

『日本のパン四百年史』刊行会

『パンの明治百年史』刊行会

『パン由来記』安達巖

『茨城の顔』茨城新聞社

『横浜沿革誌』太田久好

『武江年表』東洋文庫

『とちりな きりしたん』岩波文庫

『ハリス日本滞在記』岩波文庫

『山葉虎楠翁』銅像建設事務所編

『山葉虎楠翁と楽器の製造』川上嘉市

『獄陽名士伝』山田万作

『洋楽事始』東洋文庫

『南極探検』白瀬矗

『白瀬中尉探検記』木村義昌　他

『朝日新聞』1910年~1912年

『日本人の冒険と探検』長沢和俊　他

『明治煙草業史』岩崎穂一

『タバコ』植原路郎

『たばこ王村井吉兵衛』大渓元千代

『たばこの本』石崎重郎

『銀座百話』篠田鉱造

『コロンブス航海誌』岩波文庫

『本朝食鑑』東洋文庫

『新聞集成明治編年史』

『松代町史』『定本富岡日記』上条宏之校訂

『信濃教育』1032号 和田英特集

『琵琶湖疏水及水力使用事業』京都市電気局

『琵琶湖疏水要誌』京都市参事会 他

『田辺朔郎博士六十年史』西川正治郎

『聖フランシスコ デ サビエル書翰抄』上・下 新異国叢書

『日本史』ルイス フロイス 東洋文庫

『鹿児島のおいたち』『堺市史』『山口県文化史』

『牛痘小考』楷林宗建

『白神痘用往来』『戦競録』笠原吉策

『近世名医伝』松尾耕三

『日本疾病史』富士川遊 東洋文庫

『シーボルト先生』呉秀三 東洋文庫

『西洋医術伝来史』古賀十二郎

『奥羽海運記』『翁草』『鶏肋編』

『北陸と海運』北陸総合学術調査団

『北前船』牧野隆信

『北条記』『北条五代記』『今川記』『甫庵太閣記』

『小田原市史料歴史編』中野敬次郎

일본문화의 선구자들

초판 1쇄 발행일 • 2007년 7월 2일
초판 1쇄 인쇄일 • 2007년 7월 6일
지은이 • 고마 도시로
역　자 • 임명수 · 문순희
펴낸이 • 박영희
표　지 • 정지영
편　집 • 정지영 · 허선주
펴낸곳 • 도서출판 어문학사
　　　　132-891 서울특별시 도봉구 쌍문동 525-13
　　　　전화: 02-998-0094 / 팩스: 02-998-2268
　　　　홈페이지: www.amhbook.com
　　　　e-mail: am@amhbook.com
　　　　등록: 2004년 4월 6일 제7-276호

인지는
저자와의
합의하에
생략함

ISBN 978-89-91956-16-2 03300
정　가 • 12,000원
※ 잘못 만들어진 책은 교환해 드립니다.